李广宇作品

李广宇（2018年摄于最高人民法院第四巡回法庭）

裁判是怎样写成的

李广宇 著

法律出版社

目 录

开场白

我们现在谈谈裁判文书的写作。在整个司法过程中，一名法官的最后一项工作也许就是撰写裁判文书了。裁判文书是裁判的载体，是整个司法过程的总结，是所有审判成果的结晶。可以说，撰写裁判文书是一名法官应当具备的最为基本的技能。但是，裁判文书应当怎样写，却还是一个远没有达成共识的话题。我自己这些年做了一些摸索，有心得，也有遗憾。在离开审判岗位两年之后，利用空闲时间做了一些梳理，不足为训，聊志岁月而已。

第六合议庭

随着新《行政诉讼法》的施行，再加上立案登记制的启动，行政案件大幅增加。即使在最高人民法院，也是如此。这迫使院里给行政庭增加了两个合议庭。但是，问题来了——缺少够资格的法官担任审判长。我们的庭长找到我，说只好咱俩暂时各兼一个合议庭的审判长。这样，我就兼任了第六合议庭的审判长，重回办案一线。也正是从这时起，我开始直接操刀撰写裁判文书，并着手进行一些写作方法的探索。

除了上述因素，有这样几件事也为我的裁判文书探索提供了义务要求和制度保证。第一，《最高人民法院关于人民法院在互联网公布裁判文书的规定》颁布施行，与此同时，中国裁判文书网也上线运行。公开是压力，也是动力，丑媳妇见公婆总不能太寒碜。第二，《行政诉讼法》修改时增加规定："人民法院应当公开发生法律效力的判决书、裁定书，供公众查阅。"更为重要的是，按照新的法律规定，驳回再审申请也要以裁定作出，实行了很多年的驳回申诉通知书再不能蒙混过关了。第三，最高人民法院稍后又制定下发了《关于加强和规范裁判文书释法说理的指导意见》，这就要求，裁判文书不仅要上网公开，还要理由公开。过去的老黄历已经过时了，必须加以改变。

裁判文书的改变先要从合议方式改起。我在主持第六合议庭合议的时候，一直致力于群策群力，把“理”吃透。当时的合议庭成员霍振宇法官曾经这样回忆那时的场景：

> 在最高人民法院西区四楼的某间会议室里，李广宇副庭长常常和他的合议庭成员相向而坐，一盏清茶或一杯咖啡，左边一本胡芬的《行政诉讼法》，右边一本中村的《新民事诉讼法讲义》，间或回趟办公室，取两本我国台湾地区的繁体讲章，借助一个个案件，讲解与聆听，交流与争论。深夜、休息日，别人都走了，他却坐在电脑前、书堆旁，继续深思与耕耘。

但我那时更习惯手写，通常是使用没有格子的打印纸，似乎暗喻着不愿受条条框框束缚的心志。如果是助理或者合议庭其他成员写初稿，我总是请他们把打印稿的页边留得足够宽，我好在空白处改写。笔随意动，笔总是慢半拍，所以只能龙飞凤舞，搞得助理和书记员们总要比赛谁认得字更多。当时的书记员孔冰冰好几年后还在回忆当时的情形：

> 有幸曾和李法官在一个合议庭，学到很多。当然，作为李法官的书记员压力有时也很大。往往我报上去一个裁判文书，李法官能改上好几稿，每改一次就让我去印刷厂拿一次清样，有时候改得有感觉了，一个文书能改上六七次，至今还记得印刷厂厂长要把我撕了的眼神。

裁判还能这样写?!

文不厌改，这话我深有体会。有的时候，写的过程很费劲，笔头滞得很，即使勉强成篇，也觉得有些言不及义。遇到这种情况，索性放上两天，不定哪个时刻就会灵感突来，豁然开朗。杨吉全案就是这样，甲乙丙丁写了好几段，总觉得缺个魂儿似的。有一天在食堂吃午饭的时候，突然来了感觉，赶紧扒拉几口，回去拿出纸笔，一气呵成：

> 行政复议和行政诉讼并称行政争讼制度，它们不仅共享重要的适法条件和法律标准，而且也服务于共同的目标：对行政行为的合法性进行审查，并且解决行政争议。申请行政复议和提起行政诉讼是法律赋予公民、法人或者其他组织的权利，他们既可以选择行政复议，也可以选择行政诉讼，还可以在选择行政复议之后再行提起行政诉讼，除非法律规定行政复议决定为最终裁决。再审申请人杨吉全就是先选择行政复议，对行政复议决定不服提起了本案诉讼。但再审申请人的问题在于，他在提起行政诉讼之前，针对同一事由连续申请了三级行政复议——先是就青岛市市南区司法局所作答复意见向青岛市司法局申请复议；然后就青岛市司法局所作行政复议决定向青岛市人民政府申请复议；再就青岛市人民政府所作行政复议决定向本案再审被申请人山

东省人民政府申请复议。这种主张权利的方式显然违反了国家对于行政复议和行政诉讼衔接的制度安排。《行政复议法》第五条规定："公民、法人或者其他组织对行政复议决定不服的，可以依照行政诉讼法的规定向人民法院提起行政诉讼，但是法律规定行政复议决定为最终裁决的除外。"法律并没有规定对行政复议决定不服还可以向其上一级行政机关再次申请行政复议。由此可知，我国实行的是一级复议制度。对于明显违反、甚至是一再违反一级复议制度的申请，行政复议机关可以在口头释明之后不作任何处理；申请人对此不服提起行政诉讼的，人民法院可以不予立案，或者在立案之后裁定驳回起诉。本案中，再审被申请人仍然正式作出不予受理复议申请决定，这种不厌其烦的耐心和依法行政的意识值得钦佩。原审法院判决驳回再审申请人的诉讼请求，亦是对再审被申请人合法处置的正当支持。但是，这种支持显然还不够到位。对于一个毫无事实根据和法律依据的指控，即使最终判决被告胜诉，也是对被告的不公平，因为将他们传唤到法院应诉本身已经使他们承受了不应承受的花费和压力。固然，从救济权利、监督权力的制度功能出发，行政诉讼可以适度向原告倾斜，以求得他们与公权力机关的实质平衡，但在任何一个发达的司法制度中，以牺牲被告的利益为代价考虑原告的利益，都是有失公允的。因此本院认为，对于此类明显违背行政复议制度、明显具有任性恣意色彩的反复申请，即使行政复议机关予以拒绝，也不应因形式上的"不作为"而将其拖进一个没有意义的诉讼游戏当中。鉴于本案已经实际走完诉讼程序，一、二审法院经实体审理后亦未支持再审申请人的诉讼请求，本案便没有必要通过审判监督程序提起再审后再行裁定驳回起诉。但本院所阐述的法律原则，可以供将来处理同类起诉时参考。

这样的一个裁判，在当时，可以说“惊世骇俗”。不仅外界，即便是我们自己的同事，也是双目圆睁：“裁判还能这样写?!”这也难怪，长期以来，我们写的都是几乎不怎么说理的“驳回申诉通知书”。但他们无疑也非常兴奋，慢慢也就接受了我这种“放开说话”的写法。还记得有一天晚上，李纬华加完班要走了，从我房间过，本来只是要打声招呼，但一聊起裁判文书，就忘了走了，生生站着聊了一两个小时。有好几篇探索性的文书，像陈前生案、杨学奎案，就是我和他合作的产物。法官助理李秀丽帮我起草初稿最多，每次我改完，她总是以一种打破砂锅问到底的精神让我讲出为什么。这样，碰到连我自己都讲不通时，就只好改辕易辙。

除了第六合议庭，我还分管另外两个合议庭，由于不直接担任审判长，介入的力度就小一些，但碰上值得一写的案子，我就加入进去，直接上阵。像郭传欣案，一开始我就没有担任审判长，裁定报给我之后，我觉着如果不从诉讼类型化的角度考虑问题，案子难以解决，一个好的素材也就平白浪费了，于是重新调整合议庭，执笔写了那个裁定。这是我开始触及诉讼类型化的第一篇文书，后边还会专门谈到，这里先略过不表。要说的是，这样的日子很短，也就从秋到冬。临近年底的时候，变化来了。

第四巡回法庭

那是2016年的岁末，党中央决定，最高人民法院增设四个巡回法庭，而我被派往郑州，担任第四巡回法庭分党组副书记、副庭长。岗位变了，对于裁判文书的探索并没有停止，反而有所深化。这是因为，虽然建设和管理任务很重，但我所要承担的办案任务更重。行政案件占了半数以上，而行政主审法官只有我和阎巍。在第一年里，阎巍带领的团队办了近千件案子，我自己的团队也办了几百件。此外，巡回法庭“改革试验田”的定位，也为这一探索提供了更为广阔的空间。我曾在《别样的乐趣》一文中写道：

> 作为第四巡回法庭的第一代建设者，作为日常主持工作的负责人，我和我可敬可爱的同事们度过了一年半不平凡的峥嵘岁月。在繁重的建设和管理工作之余，我坚持挤时间承办尽量多的案件——这本身就是司法改革的题中应有之义——并且有意识地深化对于诉讼理念、办案方法和文书写作的探索。

而在《做一名主审法官》中，我又描述了巡回法庭的改革氛围，以及我们日常审判工作的状态：

> 由裁判者负责，让审理者裁判

新的司法责任制面前，你会真切体会
什么是落笔踟蹰，什么是夙夜难眠
放权不能放任，权力不是任性
你将体会到肩上的责任重于泰山
你也将始终听到人民对于公平正义的呼唤
你还要有足够的心理准备
一大堆案件已经在等着你
日常的生活就是这样一种简单重复
不是在开庭，就是去开庭的路上
你要炼就敢把法椅坐穿的本领
你要学会结案季抢人合议的招数
你要培养庭前会议能开到月明星稀的功夫

撰写裁判文书，只能经常利用晚上和周末时间了。好在单打独斗三个月之后，我的法官助理骆芳菲来报到了，她是人民大学行政法专业的研究生，又在朝阳法院审理过不少行政案件，干净的文风也跟我很对路子。她不仅帮我打理团队，同时也承担了所有文书的初稿撰写工作。她曾经记录下当时我们的工作方式：

有时，我们写好初稿，他拿去改写；有时，他干脆铺开白纸，直接操刀。有时，他会沉吟旬日，苦思冥想；有时，他会迅雷狂风，一挥而就。经典文书来源于对案件的精准把握，也来源于法学理论的深厚积淀；来源于理性外表下的殷殷情怀，也来源于对话式文书的孜孜以求。快乐合议，快乐书写。青灯黄卷，其乐何如。

就地办案

在《做一名主审法官》里，还有这样的句子：

为了巡回审判，我们把家安到了中原
中原不仅是原，更有大江大河、峻岭崇山
我们也会泛舟长江尾，挺进大别山
为了让巡回区的百姓都能感受到
家门口的最高人民法院

我也时常到巡回区各省就地办案，有的裁判文书还真托了巡回审判的福，才能灵光一现。汪年流案就是如此。那是四巡第一年的春天，拿到了汪年流案。汪年流是安徽绩溪一位居民，他提起诉讼，是要求撤销绩溪县政府为第三人胡鹏飞颁发的土地使用权证。一审法院驳回了他的诉讼请求，二审维持了原判。汪年流在申请再审时称，其享有合法的土地使用权，但当地干部胡鹏飞建房时占用了他的宅基地。究竟是如何"占用"的，再审申请书里说得扑朔迷离。又据安徽高院的同志说，他们一直在努力调解，尚存调解的可能。于是我们决定去当地办案，把一些情况了解清楚。到了绩溪，直奔现场，汪年流已经在巷子口等着，说本来在外面做生意，知道我们来看现场，特意从外地赶了回来。看起来还是比较有教养，并不是一个胡搅蛮缠的人。汪年流的宅基地仍然空在那里，胡鹏飞的门楼紧挨着他的空地。我们在绩溪法院举行了听证，胡鹏飞也来了，他说："一审没来，二审没来，再审我必须来。最高法院都巡回到了家门口，再不来就说不过去了。"听证过程中试图再做做调解工作，但没有达成。不过倒是查明了一些情况，原来，就胡鹏飞"占用"他的宅基地问题，汪年流曾经提起过一个民事诉讼，结果败诉了，法院并没有认定存在"占用"行为。这个情况让我当场产生了一个比较新颖的想法，就像裁判文书中所说的：

根据《最高人民法院关于适用〈中华人民共和国行政诉讼法〉若干问题的解释》第三条第一款第九项的规定，'诉讼标的已为生效裁判所羁束的'，应当不予立案；已经立案的，应当裁定驳回起诉。本条所称'生效裁判'，既包括生效的行政裁判，也包括生效的民事裁判。生效裁判对于后诉的这种羁束效力，源于生效裁判的既判力。虽然一般认为，既判力的范围只及于相同的当事人以及相同的诉讼标的，但在有些情况下，判决遮断效的范围与诉讼标的的范围可以存在错位。亦即，尽管前后两诉的诉讼标的不同，但前诉判决遮断后诉。当前诉的诉讼标的成为后诉的先决条件，或者后诉在实质上是对前诉展开的再度争执时，就是如此。具体到本案，虽然前诉是民事诉讼，后诉是行政诉讼，前诉与后诉的诉讼标的并不相同，但前诉的诉讼标的'胡鹏飞的建房占用了其宅基地'，恰恰是汪年流是否与后诉被诉行政行为具有'利害关系'、进而是否具备原告资格的先决条件。虽然汪年流将民事诉讼转换成了行政诉讼，作为民事诉讼被告的胡鹏飞成了行政诉讼第三人，但在实质上仍是对于'胡鹏飞的建房占用了其宅基地'的再度争执。由于这一'利害关系'问题已为生效民事判决所羁束，汪年流就不具有提起行政诉讼的原告资格。

既判力问题非常复杂，《行政诉讼法》和司法解释规定很少也很原则，以往的学说和司法观点中，也没有见过有人从这个角度进行论述，所以具有一定的新意。我的助理当时就说："这类案件我们处理过很多，通常也就很原则的一句话处理掉了，从没有想到能从平常当中提炼出不平常的东西。"我说这也是巡回审判带来的好处，如果我们不来现场，不在听证会上当面锣对面鼓，也许真就不会"顿悟"这当中的法理了。

汪年流虽然没有达到申请再审的目的，但面对这样的说理，应该也是能理性接受的。即使那些法律问题略微有些玄奥，但我们来到现场办案，本身就表明了认真负责的态度，相信他在拿到这个充分说理的裁判时也不会有太多怨言。值得一提的是，虽然我们指出，正确的做法应当是在最初就不予立案或者驳回起诉，但也并没有因此而推翻从实体上驳回诉讼请求的原审判决，这是基于"实质法治主义"以及诉讼经济的考虑，因为将案件提起再审之后再出一个驳回起诉裁定，没有任何意义。裁定书对此还专门写了这样一段话：

> 按照前述司法解释的规定，本应裁定不予立案或者驳回起诉。一审法院受理案件并在实体上驳回原告诉讼请求，二审维持原判，虽然有违前述规定，但考其初衷，无非出于解决邻里争议的良苦用心。本院在审查期间，亦曾前往当地举行听证、查勘现场，并再次尝试调解，惜无结果。

这样做，既面向未来，又不纠结过去，会使得下级法院接受起来更少抵触的心理。

到塌陷区去

夏天快到的时候，又来了一个湖北的案子，助理拿着再审申请书跟我说："这个情况可能比较紧急，再审申请人黄石市明灯食品厂说，他们的厂房地处地质塌陷区，随时会有塌陷的可能，而当地政府对搬迁重建一事迟迟不予落实。"我把相关材料快速翻了一遍，感到处理不及时的话也许后果不堪设想，于是决定立即前往湖北黄石。

案发地是大冶的一个国营铁矿，因多年的挖掘地底下都快空了，因此才有整体搬迁的动议。车子开到那个区域时，感觉林木茂盛，鸟静山幽，跟想象中的矿区不是一个景象。从一个立着地质灾害警示牌的路口往里走，很快就来到了明灯食品厂。工厂的老板是个瘦瘦的男人，见我们到来，忙不迭地将地面上一处一处的裂缝指点给我们看。厂房是个二层民居，底楼的几个房间就作了车间，几台食品机械靠墙而立，有些萧索。老板说，由于随时面临塌陷的危险，停产已经有些日子了。

看完现场，就在金山店镇政府召开听证会，政府一边来了好多人，带队的副市长自我介绍说，此前他也是一名法官，后来做了政府法制工作。双方各自发表自己的观点，争议的焦点主要集中在这样几个方面：案件所涉及的《委托协议》到底属于民事合同还是行政协议；合同是否只能约束合同当事人；大冶市政府、金山店镇政府是否具有为明灯食品厂搬迁安置的法定职责。围绕这些焦点，双方各说各的理，有时眼看要和风细雨了，突然又响起一阵惊雷。现场也进行了调解尝试，明灯食品厂坚持要以厂区标准对其进行安置，政府一方则认为其现在的厂房属于住宅性质，只能按住宅的标准安置。由于调解无望，原判又确实存在问题，回去后我们作出了提审裁定。

经过再审审理，最终撤销了原一、二审判决，责令大冶市人民政府、大冶市金山店镇人民政府三个月内就黄石市明灯食品厂的搬迁避让和补偿安置作出处理。判决书对本案的三个焦点问题进行了充分说理，首当其冲的就是“民事合同与行政协议”的区分，这不仅是本案最大的争点，也是那个时期司法实务界比较困惑的一个问题。结合本案案情，判决书对两者的关系进行了辨析，并且提出：认定是否属于行政协议是有客观标准的，当事人的主观认识并不能成为判断标准。这一部分是这样写的：

> 一个协议，到底属于行政协议，还是属于民事合同，有时的确较难判断。本案就遇到了这样的问题——对于案件所涉及的《委托协议》，再审被申请人大冶市政府和金山店镇政府均坚称其属于民事合同，一审和二审法院也认可了这一观点。但通说认为，协议的属性应由协议本身客观判断，协议当事人的主观意思并不能作为判断标准。当时生效的《最高人民法院关于适用〈中华人民共和国行政诉讼法〉若干问题的解释》第十一条第一款规定：“行政机关为实现公共利益或者行政管理目标，在法定职责范围内，与公民、法人或者其他组织协商订立的具有行政法上权利义务内容的协议，属于行政诉讼法第十二条第一款第十一项规定的行政协议。”据此，认定行政协议的客观标准应当包括以下三个方面：第一，协议的一方当事人是行政机关；第二，协议的内容涉及行政法上的权利义务；第三，协议的目

> 的是为实现公共利益或者行政管理目标。本案中，《委托协议》的乙方大冶市政府和丙方金山店镇政府均属行政机关；协议所约定的乙方和丙方的义务——“征地及征地手续的办理”、“土地权属登记、发证”、“搬迁”及“与被搬迁者签订相关补偿协议”、“组织地表设施及附属物拆除”、“搬迁新址选择、规划设计、迁建组织工作”等，均属行政职权范畴；协议的目的——“治理重大地质灾害”、“实现安全生产”，显然也具有公共利益性质。再审被申请人一再主张，系根据武钢金山店铁矿的委托对家庭户财产进行拆迁安置，但如果被委托方不是行政机关，仅是一个普通的民事主体，断然不会具有被委托的这些权能。因此，对于再审被申请人的抗辩以及一审和二审法院对于“民事合同”的定性，本院不予认可。

解决了协议性质只是第一步，政府还主张，即使认可它是一个行政协议，但该协议也只能约束合同双方当事人，而黄石市明灯食品厂并非其中的一方。所以我们就在判决书里继续讨论“合同相对性与第三人效力”问题，原文如下：

> 再审被申请人在答辩中提出了“合同只能约束合同双方当事人”的问题，一审和二审法院亦以“合同相对性原则”为据，否定再审申请人要求大冶市政府、金山店镇政府履行合同约定的搬迁安置义务的请求权。固然，民事合同原则上仅具有相对效力，其权利义务关系仅可约束合同双方当事人。行政协议既采民事合同之形式，合同相对性原则亦应遵循。但行政协议之所以属于“行政”，自有其不同于民事合同之处。当行政协议属于补充或者替代诸如征收拆迁这样的单方高权行为，当行政协议具有针对诸如

竞争者、邻人等第三方的效力，则不应简单地以合同相对性原则排除合法权益受到行政协议影响的第三方寻求法律救济。本案中，再审申请人尽管不是《委托协议》的当事人，却是《委托协议》约定的“整体搬迁重建”范围内的利害关系人。《委托协议》既然约定了再审被申请人的搬迁安置义务，则应当赋予搬迁安置的对象寻求法律救济的权利。行政协议的功能是为了丰富行政机关的行政手段，增进行政相对方的合作与信任，扩大解决问题的弹性余地，如果法律、法规没有作相反规定，行政机关原则上有权以协议方式活动，但不能通过协议方式扩大法定的活动空间，使之成为规避依法行政的特殊领地，更不能借此减损行政管理相对人的合法权益与救济权利。

最后一个问题：大冶市政府、金山店镇政府是否具有为明灯食品厂搬迁安置的法定职责？再审判决指出：

至于判决方式，则应针对再审申请人具体的诉讼请求。经查，再审申请人的诉讼请求是：判令大冶市政府、金山店镇政府履行职责，安排明灯食品厂搬迁并负责恢复重建。对此，本院认为，无论是基于《委托协议》约定的义务，还是基于湖北省关于治理重大地质灾害、实现安全生产的指示，对采矿塌陷区内的土地征用和地表设施搬迁所涉及的住户给予妥善安置，都是大冶市政府及金山店镇政府的法定职责，理应履行。事实上，两再审被申请人也一直在与再审申请人进行协商，只是在是否以厂区标准进行安置问题上达不成一致。基于行政先行处理原则，在双方没有协商一致且行政机关尚未作出安置补偿决定的情况下，人民法院不宜就具体安置补偿标准和方式迳行作出裁判，只能判决行政机关从人民生命财产的安危出发，尽快依法履行法定职责。同时，本院也建议再审申请人依法务实地予以积极配合，以使纠纷尘埃落定，早日重建家园。

在四巡的两年中，我还去过一次湖北的恩施，那次去的是一个比塌陷区还令人恐怖的地方，在一条国道上，短时间内连续发生塌方滚石事件，几个开车路过的家庭车毁人亡，但赔偿问题一直得不到落实，起诉也在民事和行政之间被踢皮球。我和阎巍法官一起实地踏勘了那个死亡路段，听证会上死者家属撕心裂肺的哭声至今犹在耳边回响。法官助理朱瑞强后来回忆说："我听你庭审不多，但就是那一次，充分感受到了你的气场。"我们的确把政府的代表挤得无话可说，只可惜他们太顾虑赔偿之后的追责，以至于在我离开四巡的时候还没有结果，好在留下来的阎巍和仝蕾法官终于将我的一个心愿化为了现实，政府拿出巨款赔偿了这几个不幸的家庭。这个案件的代理律师我并不认识，但他在我的裁判文书下面留下了这一段真切的话语："我代理的 318 国道地质灾害行政纠纷再审一案，主审即为李广宇法官，提审为阎巍、仝蕾等法官。对最高院行政庭这几位法官表示感谢。拜读他们的著作，为其精深的法理和人文精神所折服。"

对话式裁判文书

正是在第四巡回法庭，我首次提出了“对话式裁判文书”的概念。在金寨参加安徽省行政审判工作座谈会时，我这样说：

> 我也在尝试一种“对话式裁判文书”。所谓“对话”，首先要跟当事人对话。在一审阶段，要逐项回应原告的诉讼请求；在二审阶段，要逐项回应上诉人的上诉理由；在审判监督阶段，要逐项回应再审申请人的再审理由。只有有的放矢，充分说理，才能有效提升司法裁判的接受度。裁判文书还要跟行政机关对话。“今天的判决将决定明天的对错”，对于行政机关来说，行政裁判无异于行政行为合法性的试金石，对话越充分，方向越明确，依法行政的目标就越接近。还要跟下级法院对话，通过对话，讲明白错在哪里，就是在发挥对下指导功能，并能统一法律适用的尺度和标准。最后是要跟社会公众对话。“谁执法，谁普法”，裁判文书就是最佳的普法平台。要通过辨法析理，引导公众理性行使诉权，培养全社会的法治意识。

“对话式裁判文书”引起了法院内外的注意。一些微信公众号连篇累牍地刊发我的裁判文书，一家专注于民商事审判的有影响的公号，也破例刊发一篇，并称之为“最高法史上最温情判决”。一位行政机关的法制工作者说："对话式文书独具风骨，往往是公众号刚一推送出来，圈内就已疯传。其中许多理念、方法、措辞，都被复议应诉同行们津津乐道，有的甚至直接拿到行政复议决定书和答辩书中参考引用。"有不少当事人也开始在再审申请书中大段摘抄我们的判词，每当拿到这样的案子，助理们都会忍俊不禁。一位行政审判法官则撰文指出："宏大目标，点滴努力，桃李不言，但开风气，一切都在潜移默化，一切都在变化之中。不得不承认，受这类裁判风格的影响，越来越多有水平的行政判决书不断出现，越来越多行政审判的有识之士也开始反思既有的审判思路和裁判标准。他们正致力于将理论探索不断引入个案审判当中，使行政诉讼朝着更加广阔和精细的方向迈进。"

新风格的文书也为法学研究和教学提供了素材。最高人民法院的行政裁判文书越来越多地成为课堂、论文、案例沙龙的材料。听说有一位硕士研究生的学位论文就是围绕我所办理的梁志斌案展开。在几位行政法资深学者主编的《行政判例百选》中，"对话式裁判文书"也占了相当大的比重。该书主编章剑生教授撰文指出："我们可以深深地感悟到，中国行政法理论发展的动力不仅仅是立法者和学者，更是我们的行政法官们。"清华大学教授何海波说："这是中国司法的新气象：法官审案更加独立自主了，最高法院更加积极主动了，裁判文书更加注重说理了，而说理方式也更有个性了。"中国政法大学校长、中国法学会行政法学研究会会长马怀德教授撰文指出："广宇庭长独创的'对话式裁判文书'是一种全新理念，对行政审判实践具有开创意义和示范性作用。"

对话是为了说服

在裁判文书所具有的一系列功能中，最基本也是最重要的是宣示功能。司法裁判的目的是解决纠纷，所以，裁判文书作为当事人之间法律关系宣言书的功能是首要的和根本的。也就是说，裁判文书最初始和最基本的任务，是要回应当事人的诉讼请求，对诉讼争议作出司法裁断，对当事人的权利义务进行分配，为当事人实现实体利益提供依据。

从案件当事人的角度也是这样。他最关心的是结果，收到判决书，他最先急于了解的，恐怕也是裁判主文。所以，不少国家在设计裁判文书结构时，通常是把判决主文放在篇首，就是考虑到了判决书的核心之所在。民国的时候，判决书还是这样一种“主文—事实—理由”的三段结构。陕甘宁边区法院的裁判文书也沿袭了这样一种结构，例如马锡五审理的封捧儿案就是如此。我们现在的裁判文书，主文是在最后，但这并不是说主文不重要，而是“大头在后边”。结论最后才闪亮登场的这种结构，更要求我们在前面要进行充分的铺垫，到了结论出来的时候，大家都觉着不出所料、就该如此，那就达到了预期效果。

如果裁判文书仅仅具有宣示功能，那也就不用对话了。因为司法是用国家强制力作保障的，告诉他结果就行了，还用对什么话。但情况并非这么简单，正如波斯纳法官所言：“老实地说，法律的最后手段确实是强力，……它依赖强力，也依赖说服。”彼得·威斯莱-史密斯教授说得更干脆：“法律规定的条文，就是说服过程的一部分。”司法判决固然是一种国家权威的行为，但同样是法院对诉诸司法的公民的一种合理回答。“判决正确还是不够的——它还必须是公正的、合理的、容易让人理解的。司法判决的认为是向整个社会解释，说明该判决是根据原则作出的、好的判决，并说服整个社会，使公众满意。”这是一位美国法官的言论。我也注意到，美国联邦最高法院对于书面判决的要求，五项当中有四项与说服功能有关联，这就是：清晰明白；能够为公众所理解；有说服力；雄辩的。

我们以往不太注重裁判文书的说服功能，突出的表现就是“不说理”，主文前面，除了毫无表情的事实证据的粘贴，就是干巴巴地引用几个法条，至于为什么适用这个法条，为什么作出这样一个判决，则惜墨如金。但在现代社会，这样做是无法让人信服的。哈贝马斯就曾指出：传统法和现代法的其中一个主要区别，在于它们的正当性依据有所不同。为什么人们必须要服从法律？有什么道义上的理由，去说明法律是应当遵守的？在前现代阶段，宗教和传统使得这个问题具有不证自明的约束力，但现代，社会的世俗化和价值的多元化，使得法律的正当性那原有的基础土崩瓦解，所有传统都受到理性的检验和批判。英国学者佩妮·达比希尔显然也注意到了这一重大变化，她的《坐堂问案》一书专门就“公众的服从与尊敬”问题对诸多法官进行了访谈。法官们不约而同地回应：变化确实存在。我可以给你们摘录其中的几条：

> “如今的法院使用者不像以前那么尊敬和害怕法官。……这也反映了社会的变化。”
>
> “是有些变化，但这种变化与公众对老师或医师以及其他专

业人士的态度的变化一样。与以前相比，如今的人们更可能会挑战所谓的权威阶层。”

“与其他许多事情一样，我想形式方面的讲究都下降了。有好几次，被告人对我说‘行啊，兄弟’。为这样的事情动肝火不值得。”

这种变化在中国似乎更明显。在长达几千年的时间里，司法官都是以父母官的面目君临当事人的，一直到清朝末年，诉状的开头还要首先写上：“伏乞青天大老爷迅赐作主施行。”另一面，“青天大老爷”们所写的判词，也是张口就骂，不容分辩。但是，当法官成了“兄弟”，就要适应“兄弟”的处境。最好的解决之道不是“大动肝火”，而是“理性对话”。哈贝马斯提出了一个“沟通理性”的概念，所谓“沟通理性”，其实就是“对话理性”。他认为，法律仅仅凭借其强制力迫使人们服从是不行的，它必须同时得到人们的认可。而从独白走向对话，就是解决司法合理性的根本路径。对话的主体不仅是由法官所组成的专业共同体，而且还把争讼双方也包括进来，因为他们是司法过程中的参与者，判决直接关系着他们的利益，而且判决的合理可接受性问题也预定了争讼双方的特殊重要性。这样，法官、争讼双方就共同进入了一个“合作地寻找真理的论辩过程”。

有趣的是，古代中国分别表示刑事和民事诉讼的“狱”和“讼”，都有一个“言”字。在拉丁文中，“法官”一词的词根也有“说话”。我的同事何帆在《法官裁判文书写作指南》的“译者序”里说：

法官不是“官”，但代表国家适用法律，判断是非，判定对错。英语称法官为 Judge，称大法官为 Justice，等同于正义的化身。其实，“正义”（Justice）一词源自拉丁文 Justitia，其词根 Jus 即指“法律”。“法官”的拉丁文写法是 Judex，恰好由 Jus（法律）和 dicere（说话）两个词根组成，与法官“解说法律”的职责相对应，而这解说法律的载体，便是裁判文书。

我们可以想象一下，诉讼程序是不是自始至终都是在“对话”中进行。首先，原告和被告之对簿公堂，就是在公堂上对话。他们之所以对簿公堂，就是因为他们两造之间私底下的对话已经无法继续下去，法庭则为他们提供了一个理性对话的平台。在法庭之上，两造对话之外的另一种对话得以产生——原告和被告固然继续着他们之间的对话，但这种对话，与其说是发生在两造之间，不如说是分别发生在两造与法官之间。无论原告还是被告，都试图说服法官，自己才是掌握真理的一方，并努力使法官能够认可他的主张。在法庭之上，法官并不经常地参与到对话之中，他更多的是倾听，所以中国古代有“听讼”的说法，但这种倾听是在为稍后的对话进行准备，他的对话，最终体现于他的裁判文书。换句话说，裁判文书，就是法官与两造当事人的一个对话文本。

对话还远远不止这些。在法官提交对话文本之前，先已进行了他们内部之间的对话——合议庭的评议正是如此。在英美法系，这种法官之间的对话甚至是公开进行的。法官往往独自发表自己的见解，而那些多数判决、附随判决、异议判决，固然是不同的法官与当事人的分别对话，但同时也是法官之间的对话。他们试着说服对方，或者，即使说服已经成为不可能，也要立此存照，去说服后世相信我说的话是对的。对话还产生于上下级法院之间。下级法院的判决为什么要详尽地说明理由？一方面是说服当事人，另一方面，也是为了日后——如果案件上诉的话——说服上级法院。对于这一点，英国学者佩妮·达比希尔在做访谈时发现，“审理民事案件的法官在撰写判决书时感觉上诉法院法官就坐在自己肩头”。伦敦中央民事司法中心常驻法官保罗·柯林兹坦言：“法官的判决书是写给两方面看的：一个是败诉方，另一个是上诉法院。”莎士比亚法官则说，她的判决很少被上诉，因为都很详尽。“我觉得判决书很好地向当事人表述了判决本身。”

找话题

与当事人对话是裁判文书的“主业”，其他的对话都是延伸功能而已。怎样跟当事人对话？第一步是要找准“话题”。话题在哪里找？一审就在起诉状，二审就在上诉状，再审就在再审申请书。所谓诉讼，审的就是“诉”。我们还常说，要判诉对应。“诉”就体现在上述三种书状当中。

受审级的限制，我日常审理的几乎都是申请再审案件。我拿到卷宗的第一个工作，就是阅读再审申请书，这是工作的起点，也是对话的源泉。同样的道理，初审法官第一步要做的，也是阅读起诉状，首先要看看他的诉讼请求是什么，赖以支持他的诉讼请求的理由又是什么。搞清楚这些，诉讼的走向就不会偏。等到在裁判文书中跟他对话时，他在诉状（当然也包括言词审理）中所提出的那些理由就成为对话的话题。上诉审也是这样，也要搞清楚他的上诉理由是什么。对于上级法院来说，不仅要看他为什么上诉、为什么申请再审，从源头上知道他为什么打这个官司也是很必要的，所以有时我会先撇下再审申请书不看，直接从原始的诉状开始。念完诉状，我会让助理依次去猜：被告会怎么答辩？一审会怎么判？其实都是有一个逻辑在内的。如果判决结果跟我们认为的逻辑不一致，那就要审查一下，究竟发生了什么。这样，审查的重点也就出来了。

找话题并不是件容易的事。你们可能都有体会，那些起诉状、上诉状、再审申请书，真的是千人千面，无奇不有。这一方面是当事人的能力所限，另一方面也因为我们对书状格式的要求比较宽松。其实，早在宋朝的时候，就对书状格式有严格的要求了。我在浙江丽水参观龙泉司法档案时，也见过清朝光绪年间的传统诉状格式以及宣统二年浙江官纸局统一印制的状纸，真是规范到了每一个细部。不想百多年过去，我们现在的状纸反而那么粗放不讲究。另外，“意在怂准”是每一个原告的天性，“控情愤激”之下定会出现“语必不实”。针对这样一个状况，法官就要有披沙拣金的功夫。有的法官可能不太愿意在这方面用力，所以总是采取自然主义的方法，眉毛胡子，剪刀浆糊，全都粘贴上去；有的可能习惯把这类“脏活”交给助理甚至书记员去做，觉着不过是简单劳动而已。殊不知这真的不是一项简单劳动；那些法官也不知道，这个工作一点儿都不无聊，自己动手寻找整理的过程，就是一个吃透“来头”、理清脉络的过程。

如何整理再审理由？我有这么几点体会：第一是不能杜撰。要尊重当事人的原意，即使他的观点看起来很荒谬。你如果凭空杜撰，即便没有任何恶意，也会惹来大麻烦。第二是善于加工。不要原封不动地摘抄，那些个多字少字啊，错字语病啊，可以改造得更规范一些。句句是他的话，句句又不是他的话，乃是最高境界。第三是学会归纳。既要充分体现他的主张，又不能重复啰嗦。第四是注意排序。多条理由之间要有一个符合逻辑的顺序，比如，先实体，后程序；先重要，后次要，就是一种排序方法。第五是埋下伏笔。你所罗列的当事人的几点主张，兴许就是随后你要展开说理的提纲。哪些值得对话，哪些不值得对话，也能成为一个汰选话题的标准。第六是脏话不录。那些带有攻击、侮辱色彩的话必须剔除，不管对象是法院、行政机关还是其他当事人。当然，也不排除在有些情况下，这些话恰恰成为妨害诉讼的证据材料，那也要看是不是都适合公之于众。

找好话题之后，便可以对话了。所谓对话，无非就是解疑释惑。他对法律理解错了，就给他讲清楚法律的正确含义；他误解了行政行为的性质，就跟他说明白这个行政行为的性质究竟是什么，会带来什么样的法律后果；他对原审的诉讼程序有质疑，就分析原审的诉讼程序是否违反法律规定。不回避、不掩饰、不王顾左右而言他，开诚布公、坦诚相见，就能获得当事人的认可。例如在张远凤案中，我就是侧重给当事人讲清楚法律的正确含义：

> 我们理解，再审申请人之所以执意申请再审，在于他们认为，按照《行政诉讼法》第七十四条第二款第三项的规定，对于在诉讼过程中履行了法定职责的，如果不需要判决履行，就必然应当确认当初不履行或者拖延履行法定职责违法。仅仅从字面上理解，这一见解难说错误。但是，每个法律规范都是统一的法律整体的一部分，也是某一法律部门的一部分，它的功能的发挥是以与其他规范相互配合为条件的。因此，为正确理解和适用某一个法律规范，就必须同其他法律规范联系起来，通过解释前后法律条文和法律的内在价值与目的，来明晰这个具体法律规范的含义。

在李平案中，我们围绕对于政府信息公开形式的理解与当事人展开对话：

> 再审申请人还认为："其在政府信息公开申请中写明了'公开、公布'，原审未查明这就是申请公开政府信息的形式要求。"这一认识并未理解法律规定的真实含义。《政府信息公开条例》

第二十六条规定："行政机关申请公开政府信息，应当按照申请人要求的形式予以提供；无法按照申请人要求的形式提供的，可以通过安排申请人查阅相关资料、提供复制件或者其他适当形式提供。"这一规定体现了依申请提供政府信息"以申请人指定的形式为原则，以法律规定的其他形式为例外"的原则。按照《政府信息公开条例》第二十六条第二款第三项的规定，政府信息公开申请应当包括"申请公开的政府信息的形式要求"，这种形式要求不是指泛泛地说一声"公开、公布"，而要指定具体的获取信息的方式，例如，查阅档案、复制档案、获取经过核实的副本、获取电子邮件、通过传真获取，等等。既然法律要求申请书中应当包括"申请公开的政府信息的形式要求"，在此项内容欠缺的情况下，行政机关告知申请人作出补充，应属必要。

在王小伏案中，金水区大铺村连片改造项目指挥部与王小伏签订了一个连片改造项目搬迁补偿安置协议书，但该指挥部后经调查核实，王小伏刻意隐瞒了与他人合作建房的事实，金水区政府认为，若此协议履行必将损害其他二十二户居民的合法权益，乃作出解除协议决定书。再审申请人申请再审，主要主张行政机关仅有变更行政协议部分内容的权力，并不具有解除协议的权力，因为其仍享有搬迁补偿安置协议中的大部分权益，并非全部权益应被抹去。针对他的这一疑惑，或者说担心，我们这样回应：

本院经审查认为，无论是金水区政府的解除协议决定书，还是一审和二审判决，均没有否认再审申请人在搬迁安置补偿中所应享有的合法权益。金水区政府之所以解除协议，而不是变更其中的部分内容，是因为原搬迁补偿安置协议书的主体发生错误，必须解除之后另行与持有该宅基地上建筑物《建筑许可证》的各户居民分别签订搬迁安置补偿协议。解除协议决定书的第二项正是明确重新签订协议的问题。因此，本案当中对于协议的解除，并非彻底的解除，而是解除之后分户重新签订，其实质更像是变更。对于这样一个解除协议决定书，并不存在撤销的必要。再审申请人所享有的合法权益完全可以在重新签订搬迁补偿安置协议中实现。再审被申请人也有义务以正当程序与再审申请人协商一致后及时作出处理。

在张艳君案中，再审申请人提出："一审和二审程序违法，都是以谈话的形式代替开庭。"我们立即向一二审法院做了核实，情况确实如此。说实话，我们为此纠结了一段时间，因为二审还好说，一审不开庭是一个无论如何也绕不过去的硬伤。最后我们是这样回应的：

"正义不仅要实现，而且要以看得见的方式实现。"公开审判是《行政诉讼法》第七条、第五十四条明确规定的诉讼原则和诉讼程序，在没有法律特别规定的情况下，人民法院作出第一审行政判决均应当经过依法公开开庭审理。《行政诉讼法》第十条还规定："当事人在行政诉讼中有权进行辩论。"而辩论权的实现也依赖于言词审理。本案中，再审申请人主张一审程序违法，是以谈话的形式代替开庭，该再审理由本院予以认可。但是，根据《行政诉讼法》第九十一条第五项的规定，仅仅"违反法律规定的诉讼程序"并不必然构成再审事由，还须具备影响公正审判的可能。也就是说，如果实体判决正当，不能仅以违反法律规定的诉讼程序为由提起再审。就本案而言，生效裁判责令行政机关履行法定职责的实体判决并无不当，即使依照法定程序重新审理也还会得出同样的判决结果，从诉讼经济原则考虑，并无提起再审的必要。

这样一种处理，既不回避当事人的质疑，郑重宣示公开审判和言词审理的制度价值，又在具体处理上体现出一种实质法治主义的态度。关于实质法治主义，并没有一个现成的高度概括的定义，我在《新行政诉讼法逐条注释》中曾经这样提到它：

“法治主义是行政法赖以存在的基础，也是行政法的基本原理。但随着社会历史的发展，法治主义也呈现现代化的趋势”——由“形式法治主义”向“实质法治主义”的转变。“形式法治主义要求行政机关严格地依法行政，而不问法律的内容是否公正，此时，法治主义对行政诉讼的要求就是符合法律，而不论行政诉讼制度是否能够充分救济国民的权利利益。而在实质法治主义中，不仅要求行政诉讼符合法律，而且，要求行政诉讼制度必须能够充分救济国民的权利利益。”这种“充分救济”，包括救济的“实效性”在内。例如日本，“在法院就是否应当作出或不作出某种行政行为的要件明确时，可以作出课予义务判决或停止判决”。尽管曾几何时，“首次判断权理论对于行政诉讼的影响在于从理论上否定了设置课予义务诉讼或停止诉讼等给付诉讼的可能性”。再如美国，虽则格外强调法院“不能代替行政机关行使权力”，“对于需要重新作出决定的行为，只能发回行政机关重新处理”，但在政府信息公开诉讼中却一反常态，当“行政机关不能证明公众要求的文件受到该法规定的免除公开的保护时，法院必须判决命令行政机关提供请求人所要求的文件”。

在修改后的《行政诉讼法》中，增加了不少具体、直接、到位的判决方式，例如，第七十二条规定："人民法院经过审理，查明被告不履行法定职责的，判决被告在一定期限内履行。"第七十三条规定："人民法院经过审理，查明被告依法负有给付义务的，判决被告履行给付义务。"甚至幅度较大地扩充了变更判决的适用情形，除原有的"行政处罚显失公正"修改为"行政处罚明显不当"外，对于"其他行政行为涉及对款额的确定、认定确有错误的"，人民法院亦可以判决变更。凡此种种，都会使行政诉讼能够实际解决问题的能力得到有效提升。

我后来进一步思考，"实质法治主义"所说的救济的"实效性"，一方面包括"使行政诉讼能够实际解决问题的能力得到有效提升"，另一方面也包括权利保护的必要性，一个没有任何权利保护必要的起诉也要进入诉讼程序，就是一种"形式法治主义"。随后我们在讨论"诉的利益"问题时，还会对此进一步展开。在我的裁判中，"实效性"还体现于对推翻一个生效裁判的严格把握，如果提起再审对于当事人的权利救济没有任何帮助，那么把正确的法律观点阐释清楚就完全可以了。

与下级法院对话

审级制度之设立，不可避免地促成上级法院与下级法院的对话。但我们对这种对话显然重视不够，或者是藏着掖着，啥都不说，宁可在内部函或者内部会议上去说；或者是敢说而不会说，一味要上级法院的权威。其实，上级法院的裁判能不能让下级法院接受，也有个说服的问题，也有个正当性的证明问题。在通常情况下，与下级法院的对话更多地产生于不能认同下级法院的观点时。有时，是整个案子被改判，你就要向下级法院讲清楚你为什么要改判；有时，虽然案子的结果是维持了下级法院的裁判，但原判当中有的观点是不妥的，为了保证法律认识的统一，也有进行一番对话的必要。

德国的一个裁判充分地展示了如何与下级法院对话。这是联邦行政法院 1985 年 2 月 22 日作出的判决，案件编号是 BVerwG,Urt. v.22.2.1985–8 C 107 / 83–。在这个案件中，被告提起的法律审上诉被受理并获成功，普通审法院的判决被推翻，所以，判决书在裁判理由部分基本是跟普通审法院进行对话。由于篇幅较长，我只摘录前半部分内容。

1. 普通审法院认为，根据 1976 年 5 月 25 日颁布的德国《联邦行政程序法》第 44 条第 1 款，1981 年 10 月 5 日针对原告作出的容忍决定无效。上述观点恰恰违反了这一条款。根据《联邦行政法院法》第137条第1款，这属于法律审的审查范围。尽管根据《柏林行政程序法》第1条第1款之规定，本案应当适用州行政程序法，但《联邦行政程序法》第44条第1款与州行政程序法一致，因而也可以被审查。由于普通审法院的判决对于一审判决的否定没有其他理由予以支持，本院认为应当撤销普通审上诉判决，对原告的诉请不予支持。

原告明确要求确认容忍决定无效，正如普通审法院所认可的那样，根据《联邦行政法院法》第43条第1款，这一诉求可以被提起。原告的权利究竟是应当通过形成之诉（此处：撤销之诉）还是给付之诉予以保障，在此无判断之必要。因为《联邦行政法院法》第43条第2款第2句并没有排除针对行政决定提起无效之诉的可能性。还有一点是普通审法院忘记提出的，即原告享有《联邦行政法院法》第43条第1款中的诉之利益。

普通审法院认为，根据《联邦行政程序法》第44条第1款，1981年10月5日作出的容忍决定无效。本庭不认同这一观点。根据上述条款，只有在行政决定具有重大瑕疵，且以正常理性考虑所有相关情形后判定该瑕疵具有明显性，才能认定行政决定无效。与普通审法院意见不同的是，本庭认为本案中的容忍决定并不具有《联邦行政程序法》》第44条第1款中的重大瑕疵，因而本案讨论的关键也并不在于瑕疵是否具有明显性这一问题。

2. 普通审法院主张，1981年10月5日的容忍决定自作出之时便存在重大瑕疵。这一瑕疵是指，由于收费决定未能送达原告以及期限届满等因素，原告的缴费义务自1979年12月31日起已不存在，但被告仍然误认为，基于公共负担的原因原告的土地仍具有物权上的负担。因此，被告的行为具有重大瑕疵。只有与《强制拍卖与强制管理法》第10条第1款第3项与第156

条之规定相联系，基于法律规定的公共负担才被赋予重要意义。基于此，特别是在《土地登记管理法》第54条已排除公共负担的登记义务情形下，为了保护土地所有权人的利益，作为债权人的市镇应当对个人债务是否存在这一抵押责任存在之必要前提进行尤为谨慎之调查。被告并未履行这一调查义务。

普通审法院的观点与《联邦行政程序法》第44条第1款规定的精神并不一致。法院认为，该条款中的"重大瑕疵"特指行政机关的瑕疵行为，这意味着它认为在多大程度内能够将瑕疵归责于行政机关，即同样重大的可责性非常关键。普通审法院的这一观点并不符合《联邦行政程序法》第44条第1款的规定，只有当具有重大瑕疵时，行政决定才能被认定为无效。该条款中提及的"瑕疵"仅仅及于行政决定，而非及于与行政机关相关的任何行为。从《联邦行政程序法》第48条第2款第1项也可看出这一点，即便是通过（恶意欺诈、胁迫或）行贿促成的行政决定也并非无效，仅仅是可撤销而已。另外，根据《联邦行政程序法草案的官方意见说明》，《联邦行政程序法》第44条第2款中列举出的无效情形可以作为解释第1款内容时的参考。从上述情形并不能推导出，行政机关行为的可归责性程度对于重大瑕疵要件的判断具有重要意义。

通过对法律条文的解读，可以发现，普通审法院的上述结论也是不正确的（《联邦行政法院法》第144条第4款）。

早在《联邦行政程序法》生效之前，联邦行政法院就已经指出，只有当行政决定在任何情况下均违背现行法秩序时，才能认为行政决定具有重大瑕疵。与此相反，仅仅对于具体法律规定的违反，并不足以被称为"重大瑕疵"，即便该法律规定比较重要。"重大瑕疵"的内涵在《联邦行政程序法》生效后并无改变。"重大瑕疵”一如既往地是指，它使得行政决定完全无法令人接受，亦即行政决定与相关的宪法原则或法秩序中包含的重要价值观念完全不一致。本案中的容忍决定尚不具有此种程度上的瑕疵。

我们所摘抄的这几个段落，都是针对普通审法院的错误观点所做的澄清——以普通审法院的主张打头，随即针对它阐述自己认为是正确的主张。这是一种非常典型的对话形态。我们注意到，这种对话基本上是通过对于相关法律条款的解读来进行的，这非常符合法律审的特点，也让我想起丹宁勋爵说过的一句话：

几乎在每一个你必须对之提出意见的案件中，你都不得不对某项成文法进行解释。

在这个判决书的后半部分，还用几个段落分别论述“普通审法院的下述观点是正确的”，以及“普通审法院加以搁置未予讨论的问题”。充分展示出，与下级法院的对话是全方位的，不只是纠正其错误的观点，也会肯认其中正确的观点，甚至会论述其没有提及的问题，这就是法律审的全面审查的特点。但是，全方位不代表漫无边际，对话始终聚焦核心法律问题。既阐述法律，又紧密结合具体案情；既着眼于普遍的法律原则，又紧扣个案的实际解决。

说到与下级法院对话，有一句法律格言你们可能都很熟悉——“我们是终审并不是因为我们永远正确，相反，我们永远正确仅仅因为我们是终审。”这句话出自杰克逊大法官的一篇司法意见。那段话的完整版本是这样的：

只要一个法院的判决被另一个法院审查，那么它们中总会有

> 一定的百分比遭到撤销。这反映了不同法院的组成人员通常在视角上有区别。但是，一个高级别法院撤销低级别法院的判决，并不能证明正义就得到了更好的伸张。毫无疑问，如果存在着一个超级最高法院，那么我们对州法院的撤销中有很大一部分也会被撤销。我们是终审并不是因为我们永远正确，相反，我们永远正确仅仅因为我们是终审。

波斯纳法官对此评论说："认为最没有能力的最高法院大法官也要比最能干的低级法院法官更有能力，那是一个错误。"波斯纳一辈子也没做到最高法院大法官，直到退休，他都是低级别法院的法官，所以说这话未尝没有一点点酸意，但他说的却都是大实话。有教养的上级法院法官总是对下级法院法官彬彬有礼，丹宁勋爵就曾说："'怀有敬意'是个时髦用语。上议院在推翻下级法院的判决时常用这个用语。他们'怀有敬意'——有时候是'怀着极大的敬意'，偶尔是'怀着极大可能的敬意'——地提出不同意见。这只是表示他们完全不同意的一种礼貌的说法。"

丹宁自己也做过初审法官，有一次他审理了一个案子，五人被判有罪，一人被判无罪。那五个人提出上诉，他们的判罪被撤销。虽然仅仅是因为指控是错的，但丹宁还是对这个结果感到遗憾，"毕竟我们下了很大的功夫"。甚至担心此案可能会危及他到上诉法院任职的机会。虽然没有发生他担心的事情，但他多年后还在感慨："初审法官的教训是：在你的判决被上诉法院推翻时，不要心烦。"在他成为上诉法官后，他很庆幸有这一段初审法官的经历："为了成为一名优秀的上诉法官，你应该当一段时间的初审法官。"因为，"一个人只有通过经验才能了解困扰初审法官的问题"。我揣摩，他所说的就是换位思考和将心比心。

我自己在所有层级的法院都干过，多少了解一些各级法院法官的处境、优劣与局限。在我做下级法院法官时，就不介意自己的案子被上级法院改判，我问心无愧认真做了，改不改你说了算。在做了最高法院法官之后，我会非常注意在案件的处理乃至语言的表达上多给下级法院一些体恤和尊重。例如，不改判也能解决问题的轻易不去改判，但要把道理说清楚，把路径指明白。这方面的例子有一些，我们且以恒运矸石厂案为例。

这个案子的原告包括恒运矸石厂等好几家企业，他们一起提起诉讼，请求“确认颍上县政府强拆众原告厂房设施的行为违法”。一审法院虽然以“起诉缺乏事实依据”为由驳回起诉，但其准许合并审理却符合法律规定，也有利于诉讼经济。二审法院虽然认为该起诉属于人民法院行政诉讼受案范围，但对合并审理并不认可，他们指出：“对涉案十四家企业厂房设施的拆除非同一行政行为，上诉人作为共同原告提起诉讼不符合法律规定，故各上诉人对各自厂房设施被强制拆除的行为可分别另案提起诉讼。”再审申请人对此提出了质疑，他们认为：“一审法院有权将不服强拆行为的诉讼合并审理，二审认定当事人必须分开起诉，没有法律依据。应分开另案起诉也不是不予受理和驳回起诉的法定理由。”我们在审查之后认为，再审申请人的主张是有道理的，二审法院的观点并不符合《行政诉讼法》第二十七条规定的精神。我们在裁定书中对该条规定作出如下解读：

> 将当事人一方或双方为复数的诉讼进行合并审理，在诉讼法上称为共同诉讼。法律设置共同诉讼的目的在于节省法院与当事人的时间与劳动，而且也可以避免出现不同法院作出的裁判相互抵触的情形。按照《行政诉讼法》第二十七条的规定，共同

诉讼分为两种类型：一是“因同一行政行为发生的行政案件”；二是“因同类行政行为发生的行政案件、人民法院认为可以合并审理并经当事人同意的”。其中后一种共同诉讼的具体情形，既包括复数当事人分别起诉，人民法院建议合并审理，也包括复数当事人合并提起共同诉讼，人民法院经审查予以认可。通常情况下，复数当事人无论是针对同一行政行为提起诉讼，还是针对同类行政行为提起诉讼，只要具备以下程序上的权利，人民法院就应当准许合并审理：第一，各诉讼的诉讼标的可以适用同一程序；第二，受诉法院对各诉讼标的具有管辖权；第三，没有其他专属管辖的规定，且没有禁止合并审理的规定。本案中，各再审申请人的第二项诉讼请求是“确认颍上县政府强拆众原告厂房设施的行为违法”，据此，其所针对的是同类行政行为，在符合各项程序要件的情况下，一审法院准予合并审理，符合法律规定，也符合诉讼经济。

随之而来的问题是案件如何处理。有的法官可能会选择再审本案，因为法律适用错误是显而易见的。但我们并没有贸然提起再审，而是向下级法院了解此案的现状。正如裁判文书中所说的：“经向二审法院了解，二审裁定作出后，包括再审申请人在内的原审原告均已就强拆行为分别另案提起了诉讼，且法院也已受理，目前案件正在审理过程中，因此，就这一问题没有提起再审的必要，但二审法院的上述错误应予指出。”

尊重下级法院法官，并非不讲原则，一团和气，对于下级法院裁判中存在的错误必须指出，即使判决结果并没有变动。这种较真的态度，既是上级法院指导监督功能的职责所在，也能借此纾解当事人因对原判决不满而淤积的怨气。清朝末年的法官樊增祥在《批华州诸牧词讼册》中就曾说过类似的话："案已断结，无复翻之理，本司特论其理耳。因原判以为必如此方为情理两得，似系错误，故以质诸同人。"

对下级法院的体恤，也体现在行文的口吻上。同样的话，盛气凌人的语气跟彬彬有礼的语气效果就大为不同。斯蒂文斯法官说过："在这个地方，大家经常有不同意见，但从来没有伤过和气。"前英国最高法院院长廖柏嘉也曾告诫："尽管愤怒可能是刺激因素，但持少数意见的法官不应对多数意见进行言辞攻击或表现出粗鲁态度。正如斯卡利亚（Scalia）法官痛斥性的异议意见的批评文章所指出的，这样会贬低法院的声望。无论如何，法官应当对其观点和表达方式具有足够的信心，让论理来说明一切。"我们虽然不存在异议意见制度，但这种态度和信心却是应当具备的，无论是对同一法院的同事，还是对下级法院的同行。

有时，上级法院的法官说出几句"责己"的话，不独不会有失体面，反而会更见胸襟之阔大。樊增祥就能做到这一点。他在《批三原县德令禀》中这样说：

> 接阅来禀，愀然不安。本司素重该令，以为后来之儁。四月二十九日劫案，忽为泾阳禀讦，不惟本司不悦，抚宪亦弗善也。端午夜，该令禀报到司，词涉粉饰。若在俗吏出之，本司决不动气。因平日爱之深，一旦同于滑吏所为，则怒之亦愈甚。既怒则奋笔严批，如东坡书竹，芒角森利。及今思之，殊觉言之太过也。李西平曰"武夫性直"，正本司之谓。

我在裁判文书中，往往不吝对下级法院的赞同之语，即使他们的观点当中既有好的又有不好的，也要对当中好的观点明确表示赞同。

例如王吉霞案裁定中说："从以上我们讨论的请求合并的角度来看，一审法院和二审法院驳回起诉的理由显然不能成立。但两审法院还认为，《中止行政复议通知书》属于处理行政复议过程中针对程序性事项作出处理的告知行为，不具有终局性，对当事人的权利义务未产生实际影响，因此不具有可诉性。本院赞同这一观点。"接着，又对所赞同的这个观点进行了更为系统和深入的阐述：

> 通常情况下，中止行政复议的决定因为属于一个过程性和中间性行为，不应当在行政复议程序尚未终了、行政复议机关尚未作出最终决定的情况下单独寻求司法审查，行政复议申请人可以在最终起诉行政复议决定时一并主张程序违法。但是，旷日持久地中止行政复议程序，必然会对行政复议申请人的权利保护造成延宕，甚至还会影响其进一步请求司法救济，因此也不宜一概否定中止行政复议决定的可诉性，应当根据案件具体情况作出判断，例如，根本不存在一个中止行政复议的法定情形，或者中止的期限异乎寻常地长久。

我在裁判文书中也时常注意表现出对下级法院的体恤。例如，前边提到过的汪年流案曾说："按照前述司法解释的规定，本应裁定不予立案或者驳回起诉。一审法院受理案件并在实体上驳回原告诉讼请求，二审法院维持原判，虽然有违前述规定，但考其初衷，无非出于解决邻里争议的良苦用心。"有时，即便实为批评，也可以以肯定的口吻表达。例如杨吉全案裁定这样说："本案中，再审被申请人仍然正式作出不予受理复议申请决定，这种不厌其烦的耐心和依法行政的意识值得钦佩。原审法院判决驳回再审申请人的诉讼请求，亦是对再审被申请人合法处置的正当支持。但是，这种支持显然还不够到位。”当然，这种貌似肯定的口吻，也并非全是虚情假意，行政机关和下级法院的做法毕竟有值得肯定之处，只是他们的处置还可以更完美。

对下级法院的赞扬也要有个限度，在这一点上，前英国最高法院院长廖柏嘉曾有精辟的论述，他说："上诉法院应该更乐意去论及下级法院判决，哪怕是一段话，并或明或暗给予肯定。”当然了，他也顾虑，“如果上诉法院对被上诉的每一个优质判决都予赞扬，会使得赞扬流于形式，而一旦未获赞扬，法官无疑会认为是一种耻辱。”正确的做法应当是，出于自然，发自内心。都去赞扬，也就失去了赞扬的目的；不该赞的也赞，不仅流于形式，更成了虚情假意，而且会有损判决的严肃性。

与下级法院对话，一方面是对作出原判的下级法院，另一方面也是对潜在的被上诉的下级法院。我们之所以不惜篇幅对法律原义进行阐释，之所以对下级法院的一些不合适的观点揪住不放，设定的听众就是所有下级法院，是为了让大家在以后不再犯类似的错误。这是上级法院应尽的一份职责，这也是一份裁判能不能将功效超越个案的关键所在。

司法理念

香港大学教授彼得·威斯莱－史密斯在《香港法律制度》一书中说："律师和法官通常对法学理论和法理学，也知之不多，但是，他们仍可以较为自如地解释和执行各种法律。"作为知名法官，丹宁勋爵的话印证了这一观点。他说：

> 不是许多法官——即使是上诉法院法官——都有明确的法律哲学的；不过每个人都会下意识地提出他自己的哲学。在我任高等上诉法官期间，我发现我慢慢地形成了我自己的法律哲学。我把它应用到提交到我面前的案件中去。

卡多佐也说过：

> 事实上我们每个人，即使是我们当中那些没有听说过甚至是痛恨哲学名词和概念的人，都有一种支撑生活的哲学。我们每个人都有一种如流水潺潺不断的倾向，不论你是否愿意称其为哲学，却正是它才使我们的思想和活动融贯一致并有了方向。法官一点也不比其他人更能挣脱这种倾向。

法官的哲学便是司法理念。裁判是司法理念指导下的产物，裁判文书是一个法官司法理念的集中体现。我们要写好一件裁判，首先依靠的不是写作技巧，而是司法理念。我们研究裁判文书写作，同样不应仅仅限于写作技巧的探讨。我对裁判文书的关注，受到一本书的很大影响，这就是《美国法官裁判文书自选集：爱德华兹集》，以至于我后来出版三种裁判文书集，也袭用了“自选集”的称谓。这本书的译评者傅郁林教授就说过这样一段话：“如果对于裁判文书的探讨、分析、思考和探索仅仅停留在写作方法等技术层面，缺乏对决定裁判文书结构和风格的法律制度、价值目标、法制理念和法律文化背景的深层次探究，那么关于裁判文书的研究就难以在更高层次上达成共识。”

我在这本小册子里无意也无力对法律制度、价值目标、法制理念和法律文化背景等等这些宏大议题进行论述和比较，如果那样做，我这本小册子也不再是裁判文书写作的漫谈，而成了一部法律文化的百科全书。但我还是认为，在讨论写作技巧之前，有必要对直接指引裁判过程的司法理念和裁判方法进行一番讨论。我想谈这样几个关键词：理性诉权观，诉的利益，实质法治主义，诉讼类型化，司法的温度，司法权界限。这恰巧是我的三卷裁判文书自选集的书名。

理性诉权观

理性诉权观，既是讲给当事人，也是讲给法官的。对于前者来说，是否有必要行使诉权，应当理性地加以考虑；对于后者来说，诉权是否需要保护、如何加以保护，也要理性对待。

诉权这个概念是舶来品，在中国原是没有的。在长达几千年的旧中国，只有“必也使无讼乎”。关于这个固有的无讼观念以及为了贯彻这一观念而采取的一些立法和司法对策，我曾在《判词经典》当中的《如何避免成为诉讼大国》一文中做过介绍，这里也就不再重复了。相比较而言，西方对诉权问题更关注，这甚至可以追溯到古罗马时期。从那以后，关于诉权问题的争论几乎没有停息过。法史学家劳政武曾经说：“现代西方的‘权利本位’观念，是鼓励人们去争权夺利，甚至以‘别让您的权利睡着了’为标榜，实在是在鼓励兴讼。”这种看法有一定道理，但也有些过于绝对。就我所接触到的西方一些法史资料来看，诉权绝不是可以不加限制地任意行使的。例如有一本《法国民事诉讼程序的起源》就讲到：“有意思的是，教会法诉讼程序从罗马法中借鉴了‘过分请求理论’（plus petitio）和优士丁尼法典中应对这种‘不道德诉讼’的大部分法律规定。这主要是为了预防轻率地提起诉讼，并且让原告变得谨慎。”在现代，美国有一句非常出名的话——“择案而审”，是说联邦最高法院每年只从超过7000份调卷令申请中选出约100个案件进行审理。对于行政诉讼来说，由于它一方是老百姓，另一方是政府机关，所以更具有特殊性。丹宁勋爵就谈到过行政诉讼的双重目的：

> 一方面它给予臣民针对公共权力机构的充分救济，另一方面它保护公共权力机构免受好事者和怪人的侵扰。……如果不对滥诉进行规制，我将很快看到本国的公共权力机构将不胜各种无穷无尽的——而且是建立在非常脆弱的基础上的——诉讼的烦扰。

为了确保行政诉讼目的的实现，一些颇具特色的“门槛性规则”应运而生。像英美法系的“穷尽行政救济”、“成熟性”、“最终决定”等，像大陆法系的“权利保护必要”、“权利抛弃”、“诉的利益”等，都属于“门槛性规则”。美国学者弗兰克·克罗斯说过：“门槛性规则是原告在其案件受审之前必须跨越的法律程序上的屏障。”可以说，无论是英美法系还是大陆法系，都一直努力在充分保障诉权与避免无谓侵扰这两者之间寻求一个最佳的平衡点。

中国行政诉讼起步较晚，制度还很不完善，制度环境也还没有培养成熟。在《行政诉讼法》修改之前，一直面临着立案难、诉权难以保障的窘境，所以那些年诉权保护一直是主要矛盾，我本人主持起草的相关司法解释和司法政策就有好几件是这一主题的。但在新的《行政诉讼法》施行之后，情况发生了根本好转。一来是因为新法扩大了受案范围，加强了诉权保护力度；二来也得益于立案审查制到立案登记制的转变。这是一个革命性的变化，长期困扰行政审判的诉权保护问题基本上成为历史。

但是，新的问题又出现了——案件急剧增长，滥诉问题突出，法院不堪重负，政府疲于奔命，而老百姓也不满意，他们的案件虽然能够立案了，但随后却又被一纸裁定驳回起诉。法院的一些领导也不理解，认为驳回起诉占的比重这么大，行政案件的含金量很低。也有一些地方法院尝试繁简分流，打算把不予立案、驳回起诉的案件划入简案当中。可是，不从事行政审判的人很难知道，恰恰是这类能不能进入门槛的问题，才是最为复杂的。就我经手的案件来说，出问题最多、导致上诉申诉不止的，也正是这类看似简单的案件。我觉得，其中最大的原因，就是理性诉权观没有树立起来。

对被告的不公平

理性诉权观究竟包含哪些内容，我并没有来得及将它体系化，也不想去开中药铺，甲乙丙丁地去玩概念。只想提示一些实践中所欠缺的理念。例如，理性诉权观要求，不能以牺牲被告的利益为代价考虑原告的利益。你可能还记得我在前面提到过的杨吉全案，在那个案件中，原审法院尽管并非故意，甚至可能还以为是对被告做到了公允，但事实上是有所欠缺的。我在裁定中指出：

> 本案中，再审被申请人仍然正式作出不予受理复议申请决定，这种不厌其烦的耐心和依法行政的意识值得钦佩。原审法院判决驳回再审申请人的诉讼请求，亦是对再审被申请人合法处置的正当支持。但是，这种支持显然还不够到位。对于一个毫无事实根据和法律依据的指控，即使最终判决被告胜诉，也是对被告的不公平，因为将他们传唤到法院应诉本身已经使他们承受了不应承受的花费和压力。固然，从救济权利、监督权力的制度功能出发，行政诉讼可以适度向原告倾斜，以求得他们与公权力机关的实质平衡，但在任何一个发达的司法制度中，以牺牲被告的利益为代价考虑原告的利益，都是有失公允的。

我写这段话，实际上是受到了一位外国法官演讲的启发，有几句话甚至是原封不动地从他那里“抄袭”而来。他叫哈利·爱德华兹，当时是美国华盛顿特区联邦上诉法院的首席法官。有一年，他到中国访问，发现了一些有趣的现象。他说：

> 在我的讲座的讨论中，中国法官几乎总是考虑原告的利益、需要和权利，而且几乎都假定被起诉的人肯定做了什么错事，这一点令我震惊。他们所关心的是如何调查和证实被告的错误行为，如何针对拒绝履行的被告来强制执行判决。在任何一个发达的司法制度中，以牺牲被告利益为代价考虑原告的利益显然是不公正的、误导的。被告也许根本没有做错事，他们被起诉后要被迫在案件中辩解，并承受诉讼中无法避免的花费和压力；即使被告在诉讼中最终胜诉，在为自己辩解时也付出了代价。所以诉讼双方都同样有受到不公正的可能性。为了尽量做到公正，司法制度应当强调保持诉讼双方的合法利益；无论是从程序角度还是从实体角度，公正需要的是“一碗水端平”。

当时读了我就很受震动——他说出了我们司空见惯却谁也没有意识到的一种倾向。这个倾向不仅仅是在行政诉讼当中存在，在刑事诉讼、民事诉讼当中同样存在；这不仅仅是司法理念问题，也是一种法律文化。你们很多人可能都听到过这样一个段子——两个熟人在街上遇到，来了这么一番对话：

> 甲：大哥，好久不见，忙嘛呢？
>
> 乙：咳！打官司呢。
>
> 甲：打官司呢？原告被告啊？
>
> 乙：原告。

甲：原告好啊！

乙：好嘛啊！你嫂子让人强奸了！

虽属笑谈，但这个段子还是在不经意间透露了在一般人心目中对于原告和被告所持的不同态度。就司法者来说，是不应该存有这种偏见的，无论对于任何一方，都不应该有先入为主的情感倾向。“一碗水端平”，要求在考虑原告诉求的同时，必须考虑被告会不会由此受到不当骚扰。在西方早期的民事诉讼中，早就有“保护被告”的制度设计，例如，法国的教会法规定，如果被告确实是债务人，但原告的诉讼请求超过了债务金额或范围，原告将被判处承担所有诉讼费用；如果被告确实是债务人，而原告在债务尚未到期时提起诉讼，被告将被赦免本次诉讼并获准额外延长一倍剩余的债务履行期。中国古代也很注重这一问题，反坐制度兴许就是为此而设立。大量的案例也体现了这一观念，例如樊增祥《批葭州赵牧思诚详》就说：

> 魏占阙诬告越诉，拖累多人，岂能薄责即了。况该刁徒并无尺寸之地，平空讹赖白云山道人，因此一讹，而道人十六垧香火地平分一半与学堂为业，使被诬被讹者坐失八垧之地，而诬人讹人者仅仅打手掌数击。……今由本司定一新章，凡有上控不实者，量其情节之轻重大小与被告受累之浅深，勒令罚款自赎，免其反坐，即以此项罚款随多随少，解充刑部饭费。

樊增祥的另一篇判词《批乾州监生黄玉贤呈词》，则用诙谐的笔法批评了原告上控的率性：

至被告姓名，尔未打听的确，率行写入呈词，今又呈请更正。周狗儿改为郑狗儿，周、吴、郑、王四姓，一人遂占其二，将来一本《百家姓》不够尔上控使唤矣。

行政诉讼的被告虽然不是私人，但公共机构也不是只负责陪着原告进行诉讼游戏的，无谓的时间精力的浪费无疑将减少公共机构为其他确有需要的民众提供服务的机会。

起诉条件是一个系统

理性诉权观也要求把起诉条件作为一个整体看待。有人仅仅把受案范围等同于起诉条件，在他的裁判中，无论是不符合哪个起诉条件，都会表述为不符合行政诉讼的受案范围。有人尽管视野更宽一些，但也仅仅是把起诉条件聚焦于《行政诉讼法》第四十九条所规定的四个方面。其实，起诉条件远不止这些，而且，起诉条件是一个系统，需要全面了解，整体把握。对此，我在李小征案裁定中就曾说：

> 行政诉讼的起诉条件具有多样性，在一个案件中，既有可能仅仅违反其中的一种，也有可能同时违反多种，并不必然是一种非此即彼的关系。

在这个案件中，一审和二审法院都认为李小征的起诉不符合起诉条件，但对于不符合哪一种起诉条件认识并不一致。好在两级法院的裁定都对自己的认识说得比较明白。一审法院认为构成重复起诉，二审法院则认为被诉的行为压根儿就不能单独提起诉讼。我们则认为，两者同时构成。裁定说：

> 再审申请人的诉讼请求是确认未依法送达行政复议决定书的行为违法。就权利保护而言，再审申请人在逾期没有收到复议

决定的情况下，完全可以提起要求判令复议机关履行行政复议法定职责的诉讼，而不是单独针对送达程序提起确认违法之诉。事实上，再审申请人此前也确实已经以河南省政府不履行行政复议法定职责为由提起了诉讼。在此情况下，其提起本案诉讼，既不属于行政诉讼受案范围，同时也构成重复起诉。虽然一审法院和二审法院在认定不符合起诉条件的具体情形上有所不同，但是，行政诉讼的起诉条件具有多样性，在一个案件中，既有可能仅仅违反其中一种，也有可能同时违反多种，并不必然是一种非此即彼的关系。二审法院既可以以自己的正确认定代替一审法院不正确的认定，也可以在认可一审法院认定的基础上补充认定违反起诉条件的情形。只要一审的裁判结果并无不当，即可在补充完善理由之后予以维持。

所以，这个案件也给我们一个教训：上级法院否定下级法院的观点，一定要思虑成熟，不要以为你的是对的下级法院的必定是错的，不要以为只有一条路能够通往罗马，在你走过的路之外就没有其他的路可以到达。此外，这个案件在讨论过程中，还有人问：李小征不符合起诉条件的情形有两个，但一审法院和二审法院都只认定了其中一个，这种情况算不算错案？我们认为不应该算错案。一个裁判，核心的是判决主文，所谓判决裁定确有错误，指的就是判决裁定的主文错误。就驳回起诉来说，只要具备一个不符合法定起诉条件的情形就足够了。此外要说的是，不符合起诉条件的情形有很多，有的好分辨有的不好分辨，所以通常的做法是先易后难，由远及近。也可以说，越是远的，越易；越是近的，越难。所谓远近，指的是与本案具体事实的密切程度。越是不用考虑具体事实，当然就越远，也就越易。此外，各个起诉条件之间也大致有个先后顺序问题。例如伯纳德·施瓦茨在《行政法》一书中说：

> 复审法院在回答第一个问题（可否复审？）时，它必须回答下列问题：
>
> 1. 立法机关是否准许复审？
> 2. 有无适当的原告提起诉讼？
> 3. 在提起的诉讼中有无适当的被告？
> 4. 要求复审的诉讼提得是否适时？
> 5. 被告的行政行为是否达到了可以复审的阶段？
> 6. 复审诉讼的形式是否用得适当？

按照正常的顺序，应当先解决受案范围问题，再解决原告适格和被告适格问题，等这些都过关了，再去考虑期限、管辖和起诉形式等问题。只要发现一个不符合要求，就可以立即停下来。如果穷尽力气将所有问题都逐一审查一遍，那就使得驳回起诉的制度宗旨被虚置了。

摘下蒙眼布

有趣的是，伯纳德·施瓦茨在谈及法定复审的法律规定时，也曾使用“道路”作比喻。他说：“就复审而言，这些法律规定决定一切。法定复审的道路则成了唯一的道路。”他还说：“即便法律为指控物价管理局违法的当事人提供了一条很狭窄的道路，只是在很短时间内开放的道路，此法律仍得到了法院的认可。”这就让我想起丹宁勋爵也说过的一段关于道路的话。大家知道，几百年来，人们一直是这样画公正女神的：眼睛被一块布蒙着，一手持剑，一手拿天平。为什么要把公正画成是蒙着眼睛的？约瑟夫·艾迪生是这样解释的：“公正摒弃朋党、友谊、善良，因此总是被画成是蒙着眼睛的。”但丹宁勋爵对此有新的想法。在“琼斯诉国家煤炭委员会案”的判决中，他说：

> 把公正画成是蒙着眼睛的，固然不错，但如果不用那块布蒙着眼睛，就更好了。对偏袒或偏见，她的确应该闭上眼睛，但也要摘去那块布看看哪条路通向真理，哪条路灰尘越少哪条路就越好。

摘下蒙着眼睛的布，是为了去找更多的路，找前人没有走过的路。“如果我们不做任何前人没有做过的事情，我们就会永远呆在一个地方，法律将停止不前，而世界上其他事情将继续前进。”摘下蒙着眼睛的布，是为了能够看清法律这块编织物上的皱折。法官当然“不可以改变法律编织物的编织材料，但是他可以，也应当把皱折熨平”。应该随着生活的变化和时代的发展创立出与生活的步调相一致的新的、公正的判案原则。摘下蒙着眼睛的布，是为了抬头看天，视野更为广阔。“只关心法律事实上是怎样，而不是它应该是怎样”，充其量只是一个“只知砌砖而不对自己所建筑的房子负责的泥瓦匠”。

我和一些同仁们就曾有过摘下蒙眼布抬头找路的经历。这又涉及政府信息公开问题。《政府信息公开条例》颁布之后，我曾认真地做了一些研究，并在随后主持起草相关司法解释。在论证过程中，争论最多的，恰恰是政府信息公开诉讼的诉权问题。有观点主张，仅仅起诉行政机关拒绝提供政府信息是不行的，原告还要证明该拒绝行为确实侵犯了他的合法权益。这个合法权益在当时就是特指人身权和财产权。我们认为，《政府信息公开条例》既然规定了公民、法人或者其他组织申请公开政府信息的权利，同时又规定了行政机关依法提供政府信息的义务，那么“依法获取政府信息”就是一项合法权益，拒绝本身就构成对合法权益的侵犯，并不需要再额外增加侵犯其人身权和财产权的条件。有人又问：你这样说有何法律依据？我们说，《行政诉讼法》第十一条第二款就是法律依据。该条第一款虽然将权利保护范围限定于人身权和财产权，但第二款又规定：“除前款规定外，人民法院受理法律、法规规定可以提起诉讼的其他行政案件。”该款并没有将合法权益限于人身权、财产权，而《政府信息公开条例》就是该款所授权的“法规”。正是《政府信息公开条例》，将第十一条第二款这个“休眠条款”激活了。司法解释最终采纳了这一观点，这一努力对于扩大权利保护范围具有深远意义。

但是，在实践中也出现了比较严重的滥诉现象。由于政府信息公开申请和诉讼的门槛都比较低，一些人就把它当做了“出气口”或者“敲门砖”，大量申请、大量起诉的情况在各地都不同程度地存在。许多法官苦于没有法律手段应对，因为具体到每一个案件，都难说有什么不符合起诉条件的情形，但一个人却可以提起成百上千个这样的案件。有一天，南通法院的高鸿给我打电话，讨论此类问题的解决办法。我说，这个现象其实是预料中的事。在英国，在韩国，在许多刚刚实行政府信息公开制度的国家，都曾经面临这样的问题。怎么解决这个问题，各国也各有自己的招数。例如，在行政机关和法院之外设立一个独立的纠纷解决机制就很有效，法国就是这样做的，我去做过考察，效果很好。又如，收费就是一个行之有效的调节机制，美国，还有很多国家都有这种机制。收费并不是为了创收，也不是为了给人民增加负担，但收费确实能在一定程度上对付那些好事者的恶作剧。再如，黑名单制度也很给力。在英国，如果一个人在短时间内反复申请、反复起诉，而又明显带有恶作剧的性质，法官就可以将他列入黑名单，明确告诉他几年之内不会受理他的同类诉讼。我们的法院是冲在第一线的，收费制度也没有配套，搞黑名单又没有法律依据，那我们就要在法律框架内寻找道路，在没有具体规定可以援引时就要求助于立法目的。

高鸿他们后来作出了陆红霞案的裁判，产生了非常大的影响。那个裁判虽然略微繁琐了一些，却具有标志意义。我也很高兴在“幕后”贡献了我的一些想法。后来，我自己也在一系列政府信息公开案件中继续这种“道路的追寻”。例如崔志惠案就是以《行政诉讼法》第一条规定的立法本意为依据进行裁判：

“无诉则无判”，诉乃发动审判权的前提。然而，是不是只要诉具备了法定形式并符合法定程序，人民法院就必须进行实体审理？现有法律虽然未作出明确规定，但根据审判权的应有之义，结合立法精神以及司法实践可知，答案并非绝对的。诉最终能否获得审理判决还要取决于诉的内容，即当事人的请求是否足以具有利用国家审判制度加以解决的实际价值和必要性。就本案而言，再审申请人虽是因不服再审被申请人逾期未作出行政复议决定而提起诉讼。但根据原审法院已经查明的事实可知，崔志惠等八人系对天津市滨海新区驴驹河实施整体拆迁中所涉的滩涂权属、拆迁等问题有争议。包括本案再审申请人在内的驴驹河集体经济组织成员二十余人交叉组合，就七份相关政府信息向天津市海洋局提出三十份政府信息公开申请，天津市海洋局已经公开了部分政府信息，上述人员并未根据已获知的政府信息寻求实质救济，而是针对天津市海洋局予以公开和不予公开政府信息的行为，均以政府信息公开行为违法为由分别向天津市政府申请行政复议，继而提起包括本案在内的三十起行政诉讼案件。据此可知，再审申请人无论是申请政府信息公开还是采取行政复议、行政诉讼等救济手段均不是为了保障其可以依法获取政府信息。原审法院认定上述人员欲采取这种多人多次重复申请公开相同、同类政府信息，继而申请行政复议、提起行政诉讼的方式，是为了达到扩大影响、反映信访诉求的目的并无不当。原审法院以崔志惠等八人的起诉不具有依法应予救济的诉讼利益，与《行政诉讼法》第一条的立法本意相悖，浪费了行政资源和司法资源，已构成诉讼权利的滥用为由裁定驳回崔志惠等八人的起诉符合行政诉讼制度的立法目的和精神。

被英国舆论认为是当代英国最伟大法官的汤姆·宾汉姆曾经说：

“居住在玻璃房子的人们扔石头是不明智的。”他这句话是在形容法官造法。他接着说：“过去曾经说，法官不能造法，而仅仅能宣示法律是什么。今天，这种观点只有很少的拥护者，如果还有的话。”尽管如此，但他并不赞同那种走向极端的司法能动主义，因为它“可以导致法治的死亡”。他说：“沿着法律已经存在的趋势，促进法律继续向前走一点或者调整法律以适应现代的观点和实践，是一回事；而试图以激进革新或者冒险方式来重铸法律，则是非常不同的另外一回事。”在政府信息公开诉讼的诉权问题上，我们或者放一放，或者收一收，都是基于实践问题在法律框架之内的调整。我们要用司法的手段保障那些真正想获得政府信息的人的利益，我们也不能坐视个别人利用某一法律制度去滋扰正常的行政和司法秩序。我们不负责制定法律，我们只负责吃透法律的精神。

授益与损益

在李山林案中，我们继续沿用目的解释的方法来处理诉权问题，其进一步的价值在于，明确提出了区分授益性行政行为与损益性行政行为的必要性和重要性。

说起这一对概念，我们有必要先做一番背景介绍。这个背景首先是权力结构和行政方式的变化。丹宁勋爵在《法律的训诫》一书中指出：

> 今天的权力结构与19世纪的权力结构大不相同。在过去，政府只关心治安、国防和外交事务，把工业留给了实业家和商人，把福利事业留给了慈善机构。它不为任何事情或任何个人制订计划。……在本世纪，政府已经关心了生活的各个方面。我们有福利国家和计划国家之称。政府各部在很多方面拥有广泛的权力。……它们管理建筑、就业、计划、社会安全及其他很多活动。

那个旧的模式，通常被称作干预行政；新的模式，则被称作给付行政。翁岳生主编的《行政法》对这一对概念是这样定义的：“所谓干涉行政者，又称干预行政或侵害行政，系指干预人民权利，限制其自由或财产，或课予人民义务或负担的行政作用。”“所谓给付行政，又可称为服务行政或福利行政，系指提供人民给付、服务或给予其他利益的行政作用。”关于后者，翁岳生的这本书做了更多的论述：

> 此种行政作用甚具意义，按二次大战后国家职能有重大转变，积极主动提供人民最大的服务及照顾，以满足人民各项生活所需，乃成为国家责无旁贷的任务。换言之，于现代法治国家中，给付行政的地位逐渐提升，并成为国家重要任务之一。

伯纳德·施瓦茨则形象地描述了旧领域与新领域此消彼长的态势：“传统的管理领域与正在不断扩大的社会福利和环境领域相比，可谓小巫见大巫了。”旧的行政法体系、旧的行政救济体系，主要是以干预行政为假想敌进行设计的，在给付行政越来越广泛地应用，所占比重越来越大的情况下，完全用同一种工具对待，就有些过时，就不怎么对路子。丹宁在《法律下的自由》这本书中，就形象地描写了旧工具的不适应：“正如铲和锹不再适合挖煤一样，发布禁制令，调卷令和案件的起诉程序也不适合新时代的要求。……在当代，我们不得不应付各种变化。”

在丹宁那个时代，发放许可证就是一种与以往传统干预行政有所不同的行政行为。针对带有“授益性”的行政许可，行政机关是否可以像撤销一个违法的损益性行政行为那样随意撤销？丹宁就遇到了这样一起案子。在康格里夫诉内务部案中，内务大臣要求撤销一份电视许可证，而康格里夫先生——伦敦一家公司的事务律师——已经为许可证预付了十二英镑手续费。大臣要求根据一项法律的一款撤销那份许可证（该款给予他撤销许可证的权力）。在初审时，法官裁定内务大臣可以这么做，但上诉法院法官丹宁认为他不得这样做，丹宁的判决是这样说的：

但是现在问题来了：那个大臣能够撤销合法发出的重叠许可证吗？他宣称，凭借该法第一款的第四项给予他的自由裁量权他可以这样做。但是我认为不然。许可证申请人已经为十二个月交纳了十二英镑。假如许可证被撤销——他的钱即被没收——大臣必须给出充分的理由证明他的做法合法。当然，如果许可证申请人犯有错误——假如他为这十二英镑开了空头支票，或者他违反了许可证的要求——那么大臣可以撤销它。但是，如果许可证申请人没犯任何错误，至少在没归还其付款之前，大臣不能合法地撤销许可证。即使在归还付款以后，除非有充分的原因，他也不能这样做。如果他没有给出理由或没有给出充分的理由就撤销许可证，那么，法院就可以推翻他的撤销决定，重新发给许可证。

在德国，对于福利行政的研究也非常发达，亦不乏有关授益性行政行为的经典裁判。西柏林高级行政法院 1956 年判决的寡妇抚恤金案，就被认为是一个里程碑式的判决。借由该案判决，法院在司法实践中首次提出，行政机关对违法授益行政决定享有自由撤销权这一传统原则并不成立，撤销权可以被信赖保护原则阻却。寡妇抚恤金案之后，德国联邦行政法院针对违法授益行政决定的撤销问题发展出一系列判决，但这些判决基本是围绕违法授益行政决定的撤销问题而展开。我在李山林案中也面对一个授益性行政行为，涉及的却不是行政机关是否具有自由撤销权，而是原告——一个授益性行政行为的获益者——是否具有撤销权。这个案例说明，不注意干预行政与给付行政的不同，不对损益性行政行为与授益性行政行为区别对待，就会出现针对一个本来是满足了其申请的授益性行政行为提起撤销诉讼这样一种咄咄怪事。裁判全文是这样的：

按照《行政诉讼法》第一条的规定，人民法院审理行政案件的首要目的是保护公民、法人或者其他组织的合法权益。该法第二条因此规定，公民、法人或者其他组织认为行政机关和行政机关工作人员的行政行为侵犯其合法权益的，有权向人民法院提起行政诉讼。据此可知，《行政诉讼法》首先是一种权利损害法律救济，提起行政诉讼的前提，是存在被诉行政行为侵害原告合法权益的可能。具体到政府信息公开诉讼，则是通过审查政府信息是否存在以及行政机关是否应当依法公开，来保障公民、法人或者其他组织依法获取政府信息的权利。本案中，再审申请人已经依申请获取了“2015年3月11日（周三）区领导接待日排班接待领导为区委副书记、区长吴桂英”的信息，因此并不存在合法权益因政府信息公开行为遭受侵害的可能。针对这样一个授益性的政府信息公开答复提起诉讼，既没有将其撤销的权利基础，也没有责令行政机关重新作出答复的任何必要。再审申请人之所以提起本案诉讼，核心理由是对信访办公室作出政府信息公开答复的职权提出质疑。再审申请人主张，信访办公室是内设机构，不具有行政主体资格，以自己名义作出的《答复告知书》超越职权，应予撤销。本院认为，《行政诉讼法》第七十条确实规定，“超越职权的”行政行为构成违法，应予撤销。而且通常认为，没有直接对外管理职能的内设机构不能直接实施影响行政相对人合法权益的行政行为。但这是针对损益性行政行为而言，属于授益性行政行为的政府信息公开未必完全适用。有些行政机关的内设机构因其具有独立性，也会制作政府信息，因而被赋予公开政府信息的义务。而且，内设机构在向申请人提供提供政府信息时，其行为的性质是授益而非损益，是提供服务而非限制权利。损益性行政行为“法无明文授权即属超越职权”，

> 授益性行政行为不能一概适用这一标准。同时，针对一个本来是满足其申请的授益性行政行为起诉，也因缺乏权利受侵害的事由从而缺乏可保护的合法权益而不具备诉的利益。

说到这个案件，又让我想起新《行政诉讼法》施行不久因一起案件闹出的一场风波。有一次我到一个省出差，法院的同志跟我说，一个区法院的年轻法官刚刚惹了个祸，案子判完后，政府不服气，政法委要组织专家论证。我问是个什么案子，是怎么判的？他们说，新《行政诉讼法》施行后，这个年轻法官适用简易程序独任审理一起政府信息公开案件，当庭宣判，撤销了某省直机关作出的政府信息公开答复，因为省政府的复议决定维持了该答复，作为共同被告也一起败诉。我问撤销的理由是什么？他们说，省直机关不仅提供了政府信息，而且还提供了法律文件，法官认为，行政机关只具有提供政府信息的义务，提供法律文件就是超越职权。听到这里我有些嘿然无语：难怪人家行政机关不依不饶。本来是做好事，是便利群众，怎么就成了超越职权？这个例子我在授课中多次讲到，因为它给我的触动太大了。为什么严格依照法条规定判案却没有收到好的法律效果？就是因为没有吃透法律精神，而是“生吞活剥”。

霍姆斯在他的不朽之作《法律的道路》中，也讲过一个佛蒙特州治安法官的故事。“一位农场主因另外一位农场主损坏了一个搅乳器而向这位治安法官提起了诉讼。这位法官在考虑了一段时间之后说，他仔细查阅了成文法规，并未发现有关搅乳器的规定，于是便作出了支持被告的判决。”霍姆斯把这称为“生吞活剥”。他说：“在我们所有的一般法规汇编和教科书中，随处可见这种同样的心理状态。”他进而提出了“系统性”这一命题，指出：“倘若一个人去探究法律，要费好大功夫才能精通它，要精通法律，意味着需要系统地仔细研究所有的戏剧性事件，而且需要分辨进行预测所需要的真实基础。”

这种系统思维在立法中的体现，就是所谓的法律体系。德国法学家魏德士曾说：“法律适用者必须将法律（与整个法律秩序）理解为相互联系的内容与价值评价的统一。”“系统思维不允许出现明显的评价矛盾。换言之，如果基于相同的事实得出了不同的法律后果，那就违背了追求合理性的立法。因此，和谐就是法律秩序的以价值为导向的‘系统化’原则。”司法裁判的过程也充满了系统性。卡多佐在《司法过程的性质》中就列举了需要掂量的各种可能冲突的考虑因素——逻辑的、历史的、习惯的、道德的、法律的确定性和灵活性、法律的形式和实质等等。他说：“日复一日，以不同的比例，所有这些成分被投入法院的锅炉中，酿造成这种奇怪的化合物。”

我们要树立理性诉权观，也应该有一个“系统性”思维。起诉条件看似非常芜杂，东一处西一处的，很难全面把握，有时会挂一漏万，有时又会顾此失彼，还有时会相互打架，背后的原因就是没有形成一个系统。以我的思考来看，起诉条件是一个多维体系，可以从人的维度、机关的维度、事项的维度、行为的维度、时间的维度、空间的维度、效力的维度、程序的维度等方面进行审视。理解了这些方面，一个系统思维也便形成了，遇到何等离奇古怪的问题，也大多能够迎刃而解。

利害关系

接下来我们就从人的维度讲起。诉讼是由原告发起的，那么原告是否有资格发起这个诉讼，就是首当其冲要考虑的问题。这就是人的维度，人的维度首先考虑的是原告资格。

伯纳德·施瓦茨曾说："行政法的任何方面都没有有关原告资格方面的法律变化迅速。在最近几年中，原告资格的栏杆大大降低了。在过去的十年中，过去通行的严格限制原告资格的观念让位了，代之而起的是正在发展中的观念日益频繁地打开了司法复审行政行为的大门。"尽管如此，一个最基本的资格却始终坚持，那就是"受到不利影响"。那种并非个人亲身受到损害，而只是抽象地请求裁定行政行为合法与否的起诉，被霍姆斯大法官称之为"对空宣告"，是不足以动用司法权的。

我们国家的《行政诉讼法》，对于原告资格的把握也是类似的，我们所使用的概念是"利害关系"。行政诉讼不是全民诉讼，也非好事者的游戏。你提起一个诉讼，必须要具有"利害关系"。我在臧金凤案中谈到过这个问题：

> 行政诉讼的原告资格关系到什么样的人有权提起行政诉讼并启动对行政行为的司法审查。因而，原告资格问题实质上也是诉权问题。通说认为，诉权概念的产生有其历史背景，当时是为了

拒绝这样一种观点：行政诉讼是一种客观合法性审查。客观合法性审查事实上会导致个人可以主张他人的权利乃至民众的权利，会把行政诉讼变成一种民众诉讼。但行政诉讼制度之发端，终究是为了对每一个其自身受到侵害的个人提供法律保护。《行政诉讼法》第二条第一款规定："公民、法人或者其他组织认为行政机关和行政机关工作人员的行政行为侵犯其合法权益，有权依照本法向人民法院提起诉讼。"就体现了这样一种更加侧重权利救济的主观诉讼性质。

第一段的文字扯得稍微有些远，但这是一个非常必要的前提，是要强调行政诉讼是一种主观诉讼，由此前提出发，才会产生"利害关系"问题。以往，有的学术观点主张行政诉讼是一种客观诉讼，那是一种无视法律明确规定的侈谈。有的过分强调客观的合法性审查，那是遑顾诉讼原理的偏颇之见。正是这些侈谈和偏颇之论，使得人的维度产生混乱。

主观诉讼的前提确立之后，裁定转而阐述利害关系问题：

对于原告资格，《行政诉讼法》第二十五条第一款又进一步作出具体规定："行政行为的相对人以及其他与行政行为有利害关系的公民、法人或者其他组织，有权提起诉讼。"该条虽然看似将适格原告区分为两大类，但事实上适用了一个相同的标准，这就是"利害关系"。通常情况下，行政行为的相对人总是有诉权的，因为一个不利行政行为给他造成的权利侵害之可能显而易见。因而，有人把行政相对人称为"明显的当事人"。但是，可能受到行政行为侵害的绝不仅仅限于直接相对人。为了保证直接相对人以外的公民、法人或者其他组织的诉权，而又不使这种诉权的行使“失控”，法律才限定了一个“利害关系”的标准。所谓“利害关系”，也就是有可能受到行政行为的不利影响。具体要考虑以下三个要素：是否存在一项权利；该权利是否属于原告的主观权利；该权利是否可能受到了被诉行政行为的侵害。

接下来，裁定又对本案的具体情况进行了分析：

本案中，再审申请人臧金凤所起诉的砀山县政府作出的砀集建（2010）字第001571号土地使用证并非颁发给其本人，而是颁发给其西邻臧作兰。显然，再审申请人并非被诉行政行为的相对人，其提起行政诉讼，就要具备“利害关系”。根据原审查明的事实，臧金凤虽起诉称其房屋西山以西的1.10米土地被砀山县政府错误登记到臧作兰土地证之中，但其未提交对其房屋以西1.10米土地享有使用权的证明材料，亦无证据证明双方土地证存在交叉或重合，从而也就不能证明其所主张的权利有受到被诉行政行为侵害的可能。原审法院根据《行政诉讼法》第四十九条和《最高人民法院关于适用〈中华人民共和国行政诉讼法〉若干问题的解释》第三条第一款第一项的规定，以臧金凤不具有原告资格为由裁定驳回其起诉，并无不当。

有人对这个裁判发表过这样的评论：“过于强调原告的举证责任，是否有违《行政诉讼法》被告负举证责任的原则？被告有无证据证明其给第三人颁证范围正确、与原告宅基地无重叠？该类案件还是经过实体审理的判决处理更为稳妥。”这个观点出发点很好，但似乎没有完全理解《行政诉讼法》对于举证责任的规定。《行政诉讼法》虽然强调被告的举证责任，但准确讲是说行政机关对其作出的行政行为的合法性负举证责任，而不是说任何事项都是由行政机关负举证责任。例如，对于是否符合起诉条件，就是由原告负举证责任，《行政诉讼法》第四十九条所说的“有具体的诉讼请求和事实根据”，就包含这样的意思。《最高人民法院关于适用〈中华人民共和国行政诉讼法〉的解释》第五十四条更是明确：“依照行政诉讼法第四十九条的规定，公民、法人或者其他组织提起诉讼时应当提交以下起诉材料：（一）原告的身份证明材料以及有效联系方式；（二）被诉行政行为或者不作为存在的材料；（三）原告与被诉行政行为具有利害关系的材料；（四）人民法院认为需要提交的其他材料。”当然，这里所说的材料只是要求能够证明“原告与被诉行政行为具有利害关系”，而不是要求其证明实体上能够胜诉。我们在裁定中也只是强调“不能证明其所主张的权利有受到被诉行政行为侵害的可能”。

此外，你们可能也注意到，司法解释第十二条列举的“与行政行为有利害关系”的各种情形中，包括“被诉的行政行为涉及其相邻权或者公平竞争权的”，臧金凤这个案子是否属于“涉及其相邻权”，从而可以直接认可其原告资格，也不是没有不同意见。应当说，包括原告资格在内的各种起诉条件，有的较易判断，有的就不易判断，所以也不排除在并不十分明确的情况下，先令其进入实体审理。如果一审这样做了，也不能认为存在问题，但本案不同的是，我们的审查发生于裁判已经发生法律效力之后的审判监督程序，既然原审已经查明臧金凤“未提交对其房屋以西 1.10 米土地享有使用权的证明材料，亦无证据证明双方土地证存在交叉或重合”，那么再去指令原审法院进行实体审理，就没有任何意义。这就是审判监督程序的特殊性所在。

自己的还是别人的

臧金凤毕竟与第三方还具有邻里关系，其所主张的毕竟是自己的利益，有的当事人则纯粹是主张别人的权利或者公众的权利了。我们来看一看李百勤案。本案的争执是，李百勤向郑州市二七区政府邮寄《情况反映》，要求其在合理期限内拆除或责令停止杨寨社区综合安置楼工程项目施工，因为他认为该工程是违法建设的小产权房，严重影响了土地利用整体规划和城乡建设规划，给群众造成了很大损害。二七区政府没有作出答复，李百勤提起行政诉讼，请求依法确认二七区政府未依法履行拆除职责的行为违法，并判令其依法履行职责。一审法院驳回了他的起诉，二审法院驳回上诉，维持原裁定。李百勤向最高人民法院申请再审，在再审申请书中他又提出了一个新的理由："杨寨社区综合安置楼工程系违法建设工程，该工程扬尘、建筑质量及空气污染的防治均没有经过行政机关的许可。空气是流通的，该违法工程对空气的污染侵害的不仅仅是工程周边的人，还有整个郑州市的居民。对于一个违法建设工程，每一个公民都有权利和义务去制止。再审申请人作为郑州市人民群众中的一员，和该违法工程具有利害关系，故具备本案诉讼主体资格。"

我们没有支持李百勤的观点，裁定从两个方面谈了我们的看法。一个是"合法权益、保护规范与反射利益"，另一个是"环境权与公益诉讼"。关于前者，裁定这样说：

《行政诉讼法》第二条第一款规定："公民、法人或者其他组织认为行政机关和行政机关工作人员的行政行为侵犯其合法权益，有权依照本法向人民法院提起诉讼。"第二十五条第一款规定："行政行为的相对人以及其他与行政行为有利害关系的公民、法人或者其他组织，有权提起诉讼。"由此可知，除法律明确规定的公益诉讼外，行政诉讼原则上属于主观诉讼。原告提起行政诉讼，必须是认为他自己的合法权益受到行政行为侵犯。换句话说，只有自己的合法权益受到侵犯，才具备利害关系，也才具有行政诉讼的原告资格。判断是否属于自己的合法权益，主要看一个法律规范的保护目的究竟是保护个别公民的利益，还是保护公共利益。如果法律规范的保护目的是个别公民的利益，或者不仅是保护公共利益，同时也是为了保护个别公民的利益，就可以承认个人利益存在。反之，如果法律规范的保护目的仅仅在于公共利益，则不能认可公民个人享有诉权。在本案，李百勤在向二七区政府邮寄的《情况反映》中，援引《城乡规划法》作为保护规范。该法第一条所规定的立法目的，是"为了加强城乡规划管理，协调城乡空间布局，改善人居环境，促进城乡经济社会全面协调可持续发展"，其公共利益性质显而易见。该法第九条第二款又规定："任何单位和个人都有权向城乡规划主管部门或者其他有关部门举报或者控告违反城乡规划的行为。城乡规划主管部门或者其他有关部门对举报或者控告，应当及时受理并组织核查、处理。"这一规范所赋予"任何单位和个人"的举报或者控告的权利也是基于公共利益。所谓公共利益，在于法律规范的受益人为不确定的多数。固然，当法律规范基于公共利益的目的，命令行政机关作为或不作为时，这些不确定的多数受益人中的某一个个人也会从中获得事实上的利益，但这种利益无论如何都是权利的反射，却不是自己的权利。为了防止出现民众诉讼，法律并不认可作为公众之一部分、仅具有反射利益的个人具有诉权。

关于后者，裁定这样说：

再审申请人李百勤在一审法庭询问时又陈述，“杨寨社区综合安置楼各项指标均没有经过行政机关的许可，空气是流通的，该工程对空气的危害不仅仅是二七区，郑州市每个公民均受到了侵害”，以此说明其与该违法工程有利害关系。但这也恰恰论证了他只是郑州市每个公民当中的一员，他由于“该工程对空气的危害”所受到的侵害，并未区别于“郑州市每个公民”。固然，保护环境是我国的基本国策，绿水青山就是金山银山的理念已经深入人心，公民对于环境权的关注越来越彰显，但是，个人主张环境权时也应依照相关法律规范行使。《环境保护法》第五十七条规定：“公民、法人和其他组织发现任何单位和个人有污染环境和破坏生态行为的，有权向环境保护主管部门或者其他负有环境保护监督管理职责的部门举报。”“公民、法人和其他组织发现地方各级人民政府、县级以上人民政府环境保护主管部门和其他负有环境保护监督管理职责的部门不依法履行职责的，有权向其上级机关或者监察机关举报。”但是，这种举报仍然属于公共利益规范，如果举报人不是基于自己的权利受侵害而进行举报，就不能因为进行了举报便具有了相对人的资格。再审申请人主张，“郑州市每个公民均受到了侵害”，但以维护“郑州市每个公民”的环境权为目的的诉讼，显然属于环境公益诉讼范畴，而对于提起环境公益诉讼的权利，《环境保护法》只赋予特定的符合法定条件的社会组织；《行政诉讼法》只赋予人民检察院，公民个人尚没有提起环境公益诉讼的原告资格。

我在这个裁判当中引入了“保护规范理论”，而我的同事耿宝建法官也在他的一个裁判中作出类似的阐述，因此引发一些研究者对于这个理论的研究兴趣，有的甚至从这个理论的始祖布勒开始，细致梳理它的原始形态和历史嬗变，有的研究者则担忧引入这个理论会导致对于原告资格的限缩和收紧。我之拿来保护规范理论，并非是要将德国的理论全盘照搬，也并非是要以理论取代法律规范；相反，却是要回归法律规范，因为所谓的“保护规范理论”，正是通过对法律规范的解释，去探究原告诉权之有无。以往流行的做法，恰恰是多了些情感的粗放，少了些规范的精准。保护规范理论只是一个判断工具，而非规范本身。

还有个能力问题

关于人的维度，除了资格，还有个能力问题。用诉讼法的术语讲，就是要有诉讼行为能力。我们在任某某案的裁定中指出：

> 提起行政诉讼的公民，应当有诉讼行为能力。所谓诉讼行为能力，是指具备本人或由其指定的代理人参与诉讼的能力，亦即自己或指定代理人为诉讼行为的能力。没有诉讼行为能力的公民，由于其诉讼行为能力的缺乏，不能独立为诉讼行为，亦不具有对代理权限表达个人独立意志的能力，法律为了保护其合法权益，乃设置了法定代理人制度。对此《行政诉讼法》第三十条也规定："没有诉讼行为能力的公民，由其法定代理人代为诉讼。"本案就是由连某某以其母亲任某某法定代理人的身份代为提起诉讼。作为成年子女，连某某具备作为其母亲的监护人以及法定代理人的资格，但是，法定代理人产生的前提，必须是当事人没有诉讼行为能力。至于如何认定没有诉讼行为能力，原则上，应当参照民法上对于民事行为能力的规定。

前边这个案子说的是自然人，至于法人和其他组织，亦有参与诉讼的能力问题，淮阳县第二化肥厂案就是一个例子。在这个案件中，原告以"淮阳县第二化肥厂"名义提起行政诉讼，一审法院认为，其不能提供合法的营业执照，不能证明淮阳县第二化肥厂具有法人或者其他组织的身份，因而裁定驳回起诉。二审法院驳回上诉，维持了原裁定。我们认可了一审和二审法院的观点，并在裁定中对“法人或者其他组织”的诉讼参与能力做了进一步阐述：

> 行政诉讼的当事人应当有参与行政诉讼的能力。这种参与能力，又称当事人能力或者诉讼权利能力，是指当事人在诉讼案件中取得作为原告或者被告法律地位的能力，与诉讼行为能力和当事人适格不同，这是一种对所有当事人普遍适用的抽象的资格要求。当事人能力又分为原告当事人能力与被告当事人能力。根据《行政诉讼法》第二十五条以及第四十九条第一项的规定，有当事人能力的原告为公民、法人以及其他组织三大类。当事人能力取决于权利能力，虽然行政诉讼与民事诉讼分属不同的诉讼制度，但作为行政相对一方的公民、法人或者其他组织，其权利能力与其作为民事主体的权利能力并无不同，因此在认定标准上完全可以适用民事法律规范。

上文中提到的当事人诉讼权利能力，是一种对所有当事人普遍适用的抽象的资格要求。它与诉讼行为能力和原告资格是一种什么关系呢：形象地说，诉讼权利能力，解决的是你“是不是人”的问题；诉讼行为能力，解决的是你有没有能力作为一个人参加诉讼的问题；原告资格，解决的则是你这个人跟起诉的这件事有没有关系的问题。越往后，越具体，跟案件本身的联系越紧密；越往前，越抽象，越是可以撇开具体案情，独立地进行审查判断。

接下来，裁定就论证起“淮阳县第二化肥厂”能否被认可为“法人或者其他组织”的问题。裁定指出：

本案中，再审申请人是以‘淮阳县第二化肥厂’名义提起行政诉讼，并主张其虽然没有办理营业执照，但确实属于搬口公社的‘集体企业’。但是，将一个企业或者其他联合体认可为法人或者其他组织，需有一定的前提条件。其中，根据《民法通则》第四十一条第一款的规定，‘经主管机关核准登记’，是集体所有制企业取得法人资格的条件；根据《最高人民法院关于适用〈中华人民共和国民事诉讼法〉的解释》第五十二条的规定，‘经依法登记领取营业执照’，是乡镇企业、街道企业能够成为‘其他组织’的法定条件。一审法院以再审申请人以淮阳县第二化肥厂的名义提起诉讼，却不能提供合法的营业执照，不能证明淮阳县第二化肥厂具有法人或者其他组织的身份为由，裁定驳回起诉，并无不当。

通常情况下，当事人会提出许多具有个性化的上诉或者申诉理由，我们在讲完一般性的道理之后，还会尽可能地逐一回复他的这些理由。这样做，或许能有针对性地打开他的心结；也会让他感觉到，我们的说理不是批量供给，而是对他的量身定制。在这件裁判中，我们接着就回应了他的一个个性化的问题，尽管这只是他的一个误读，但我们也要给他一个谨慎而负责任的态度：

再审申请人提出，其未办理登记领取营业执照，是因为“不需要到市场去销售”，这一理由不能改变其不具备法人或者其他组织法定条件的事实。再审申请人还援引《最高人民法院关于适用〈中华人民共和国民事诉讼法〉的解释》第六十二条第一项的规定，主张淮阳县第二化肥厂和行政负责人均有原告资格，但其显然对该条规定的本来含义理解错误。司法解释该条的本来

> 意思是指，法人或者其他组织应登记而未登记，行为人即以该法人或者其他组织名义进行民事活动的，应以“行为人”为当事人，而非以未登记的“法人”或者“其他组织”为当事人。

此外，再审申请人还对一、二审法院的诉讼程序提出质疑，我们也进行了回应。如此耐心地回应，固然是对当事人负责，同时也是借此讲给更多潜在的听众，把对法律规范的正确理解传布得更广。从某种意义上说，与公众对话，就是借由与当事人对话而实现的。裁定是这样说的：

> 当事人具备参与能力是《行政诉讼法》的法定起诉条件之一，人民法院可以在诉讼程序的任何阶段依职权进行审查。如果原告无参与能力，则起诉就属不符合法定起诉条件，人民法院可以径行裁定驳回起诉，而无需进一步审查其他起诉条件，也无需通知被告答辩。只有在当事人是否具有参与能力情况不明需要调查时，人民法院才有必要调查、询问乃至开庭审理予以查明。本案中，再审申请人不具备参与能力的情形比较明显，在此情况下，一审法院依据《最高人民法院关于适用〈中华人民共和国行政诉讼法〉若干问题的解释》第三条第二款的规定，径行裁定驳回起诉，并无不当。再审申请人认为一审法院援引“超过法定起诉期限且无正当理由”的规定有误，是对司法解释条款顺序的混淆。由于本案上诉审的争执在于原告参与能力之有无，亦属人民法院得依职权审查的程序性事项，因此，“二审法院不通知第三人到庭，只审主体不审实体”，同样不构成违反法定程序。再审申请人的再审理由难获本院支持。

投诉举报

常有人说："既然《行政诉讼法》的立法目的就是'监督行政机关依法行使职权'，那么不论任何人，只要出于监督的目的提起诉讼，都应当不加限制。"我们的当事人赵幸峰就是这样认为的。他向河南省政府举报反映有关公司和人员涉嫌恶意套取、侵吞、私分国有资产，请求其依法查处并作出处理。因河南省政府未作回复而提起行政诉讼，要求判决其履行职责。一审法院驳回他的起诉，二审法院裁定驳回上诉，维持原裁定。这个结果是没有问题的。我们在驳回再审申请的裁定书中是这样说的：

> 诚如再审申请人所言，"监督行政机关依法行使职权"是《行政诉讼法》第一条规定的立法目的之一，但这种监督并非人民法院主动实施，而是通过受理行政诉讼、解决行政争议得以实现。同时，也不是任何人都有资格启动行政诉讼这一争议解决机制。按照《行政诉讼法》第二十五条的规定，行政诉讼的原告应当是与被诉行政行为有利害关系的公民、法人或者其他组织。有利害关系的含义是指，作为行政诉讼的原告，必须主张一项属于自己的主观权利，并且该权利可能受到了被诉行政行为的侵害。如果一个个人主张的是公众的权利，该个人则没有诉权，即使他可能属于公众的一部分。

具体到本案，再审申请人是向再审被申请人河南省政府举报反映有关公司和人员涉嫌恶意套取、侵吞、私分国有资产，请求再审被申请人依法查处并作出处理，因再审被申请人未作回复而提起诉讼，要求再审被申请人履行职责。再审申请人主张，其“举报的事项为国有资产流失问题，这是每个公民应尽的职责”。这一主张符合《企业国有资产法》第六十六条第二款关于“任何单位和个人有权对造成国有资产损失的行为进行检举和控告”的规定，但是，该条规定的目的在于维护公共利益，并非保障举报人自身的权益。再审申请人虽然认为国有资产流失问题“与每一个人的利益都息息相关”，但该利益并非再审申请人自身的主观权利。固然，行政机关如果对此类举报的处理情况作出答复，将会激励公民更加关心公共利益，但行政机关未予答复，也并不对举报人自身的合法权益产生直接影响。鉴于再审申请人不具备提起本案诉讼的原告资格，原审法院裁定驳回起诉，结果并无不当。再审申请人的再审理由不能得到支持。

这类因投诉举报而引发的起诉非常多见，实践中大家的认识也莫衷一是。我对这个问题始终在思考，也阅读了不少研究文章，其中我国台湾地区“司法院”大法官彭凤至的观点给我启发很大。我到宝岛台湾访问过好几次，其中一次在好几个行政法院进行了深入交流，感到我们和海峡对岸的同行面临着许多相同的问题，他们的思考方式也能给我们以有益启发。记得那次在“最高行政法院”座谈，我向他们请教日本“日之丸”案的法律问题。那个案件的简要案情是：一个学校的教师在学校举行的升旗仪式上拒唱国歌，事发之后，她担心被学校开除，向法院预先提起了禁止诉讼。我说：“为什么非要在开除之前提起预防性诉讼？真要开除的话，再起诉请求‘官复原职’不就完了嘛。”一位法官笑答：“老李，我说一句大陆的俗语你就明白了：‘一个萝卜一个坑啊！’”彭凤至大法官关于投诉举报的见解，则是在行政诉讼研究会第四次研讨会上讲的，那个资料就是这次访问期间他们送我的。他说：

> 因为他的权利就是去检举，希望行政机关去发动行政权，行政权发动了以后，那个结果告诉他，他是对那个结果不满意，他对那个结果不满意的时候，实体法上还有没有可以作成对第三人处分的请求权，其实争执在这里。

后来我就把这些心得写到了梁志斌案的裁定中，可以说是对投诉举报请求权和可诉性的一次集中阐述。裁定是这样说的：

> 投诉举报是公民、法人或者其他组织参与行政管理的重要途径，除了维护自身合法权益，对于监督行政机关依法行使职权、弥补行政机关执法能力不足也发挥着积极作用。公民、法人或者其他组织可以就何种事项向哪个行政机关投诉举报，取决于法律、法规或者规章的具体规定；与此相应，能否就投诉举报事项提起行政诉讼，也需要根据法律、法规或者规章对于投诉举报请求权的具体规定作出判断。通常情况下，对是否具备原告资格的判断，取决于以下方面：第一，法律、法规或者规章是否规定了投诉举报的请求权；第二，该投诉举报请求权的规范目的是否在于保障投诉举报人自身的合法权益。就本案所涉及的劳动保障领域而言，《劳动保障监察条例》分别规定了投诉与举报两种方式。关于投诉，《劳动保障监察条例》第九条第二款规定：“劳动者认为用人单位侵犯其劳动保障合法权益的，有权向劳

动保障行政部门投诉。”其规范目的显然在于保障劳动者自身的合法权益。如果行政机关对于劳动者的投诉不予受理或者不履行依法纠正、查处的法定职责，劳动者可以依法提起履行职责之诉。关于举报，《劳动保障监察条例》第九条第一款规定："任何组织或者个人对违反劳动保障法律、法规或者规章的行为，有权向劳动保障行政部门举报。”举报的作用并非直接保障劳动者自身的合法权益，主要是为行政机关查处违反劳动保障法律、法规或者规章的行为提供线索或者证据，因此其规范目的在于维护公共利益，而非保障举报人自身的合法权益。虽然《劳动保障监察条例》第十条第三项规定，劳动保障行政部门应当履行“受理对违反劳动保障法律、法规或者规章的行为的举报、投诉”的职责，但行政机关对于举报所作的处理，包括答复或者不答复，均与举报人自身合法权益没有直接关系，由此举报人也就不具备提起行政诉讼的原告资格。

本案中，再审申请人向山西省人社厅提出的投诉，既包括作为劳动者对于用人单位侵犯其劳动保障合法权益的“投诉”，又混杂着反映“太钢公司内设劳务派遣非法用工”、“存在岗位出租、套取工资等违反劳动法律法规的问题”这类与其本人合法权益没有直接关系的一般性“举报”。山西省人社厅对其中“四个方面存在侵害你本人劳动保障权益的行为”进行了调查核实，并向太钢公司下达了《责令改正决定书》，又将调查结果告知了再审申请人，应当属于履行了相应法定职责。再审申请人质疑山西省人社厅对于其投诉反映的“太钢公司内设劳务派遣非法用工”、“存在岗位出租、套取工资等违反劳动法律法规的问题”，“未审查处理，也未告知投诉人”，要求人民法院判决山西省人社厅履行法定查处职责，就属于对与其合法权益没有直接关系的举报处理行为的起诉，人民法院应当裁定不予立案或者驳回起诉。原审法院只是笼统地认定山西省人社厅“对梁志斌所反映的每个事项进行实体调查后，对太钢公司的某些违法行为已经下达《责令改正决定书》”，对于每个事项缺乏具体的事实认定和法律定性。对此虽然没有通过再审加以纠正的必要，但原审法院亦应进行总结和改进。初审是所有审级的基础，无论上诉与否，大部分案件的结局取决于初审阶段。事实是由初审法院认定的，而且这些事实对于大部分案件来说都具决定性作用。作为初审程序，只有更加注重调查事实、全面审理，才能更好地解决个案纠纷。

尽管劳动保障行政部门对于再审申请人的投诉履行了相应法定职责，但再审申请人仍然不满，提起行政诉讼，其核心诉求是要求作成或者加重对用人单位的处罚。这就涉及投诉举报诉讼中另一个重要问题：对行政机关受理投诉之后的调查处理结果不服，能否提起行政诉讼。通常认为，法律、法规或者规章规定的投诉请求权，在于促使行政机关对于投诉事项发动行政权。如果行政机关发动了行政权，并将调查处理结果告知投诉人，就属履行了法定职责。如果投诉人对调查处理结果不服，其提起诉讼的目的是想为第三人施加负担，例如要求作成或者加重对于第三人的处罚，则应依赖于法律、法规或者规章是否规定了为第三人施加负担的请求权。就《劳动保障监察条例》而言，该条例仅仅规定，劳动者认为用人单位侵犯其劳动保障合法权益，有权向劳动保障行政部门投诉，但投诉请求权并不必然包括为第三人施加负担的请求权。该条例第十九条还规定：“劳动保障行政部门对违反劳动保障法律、法规或者规章的行为作出行政处罚或者行政处理决定前，应当听取用人单位的陈述、申辩；

作出行政处罚或者行政处理决定，应当告知用人单位依法享有申请行政复议或者提起行政诉讼的权利。”这些权利也是赋予作为投诉对象的第三人，而非投诉人。

艾年俊之问

此外要说的是，规划的编制和审批行为的可诉性，也是从人的维度着眼的，但又交织着行为的维度。在艾年俊案中，艾年俊提出了一个“艾年俊之问”，迫使我们跳出传统的窠臼去思考这个问题。所以我常说，尽管我们有些讨厌“好事者”，但正是那些“好事者”，靠他们刁钻古怪的问题推动了法学理论的发展，有时可能还推动了法治的进步。我们在艾年俊案裁定中这样阐述行政规划的可诉性：

> 行政规划是指行政主体为实现特定的行政目标而对未来一定时期内拟采取的方法、步骤和措施依法做出的具有约束力的设计与规划。行政规划种类繁多，效力各有不同。某一规划和规划行为是否可诉，依赖于该规划和规划行为是否针对特定人，并对该特定人的权利义务直接产生影响。以城乡规划为例，根据《城乡规划法》的规定，城乡规划包括编制、审批、实施、修改等不同环节，依据《城乡规划法》作出的行政处罚、行政许可等具体实施行为，属于可诉的具体行政行为；给当事人造成损失的，应当依法给予补偿或者赔偿。城乡规划的修改行为，如果给被许可人或者利害关系人合法权益造成损失，亦可以对其提起诉讼，请求补偿。但就规划的编制和审批而言，因其属于针对不特定对象作出的面向未来的一般性调整，因此具有抽象行政行为的特

征，不能直接对其提起诉讼。

接下来对本案的情形进行了具体分析：

> 本案中，被诉的黄石市政府办公室《关于中窑涉旧城改造等五个项目控制性详细规划的批复》，就属控制性详细规划的审批行为，再审申请人不能重建受损房屋，并非该审批行为所产生的直接法律效果，而是后续的具体规划措施，即城乡规划主管部门不予颁发建设工程规划许可证的具体行政行为所致。事实上，再审申请人也已针对不予颁发建设工程规划许可证先行另案起诉，因此，原审法院裁定驳回其要求撤销规划批复的起诉，并无不当。

你们可能注意到了，在上边这段论述中，对于规划和规划行为的可诉性问题，虽然是从人的维度切入——“是否针对特定人，并对该特定人的权利义务直接产生影响”，但也从行为本身所具有的特征进行了考量——“因其属于针对不特定对象作出的面向未来的一般性调整”。事实上，就规划行为的性质问题另有一段插曲。再审申请人之所以申请再审，主要是法院和行政机关对于黄石市政府办公室《关于中窑涉旧城改造等五个项目控制性详细规划的批复》的定性出现了矛盾的说法。一审法院认定，该批复“系行政机关针对不特定对象发布的能反复适用的行政规范性文件”。既然如此，再审申请人转而向湖北省人民政府法制办公室提交审查建议，提请对该批复进行合法性审查。后者作出《不予受理决定》，认定该批复不属于行政规范性文件。再审申请人据此认为，一审和二审法院认定该批复系行政机关针对不特定对象发布的能反复适用的行政规范性文件，没有事实与法律依据，并且，其申请再审时提交的“新证据”，正是湖北省人民政府法制办公室的《不予受理决定》。这无异于提出了一个“艾年俊之问”：规划批复究竟是不是行政机关针对不特定对象发布的能反复适用的行政规范性文件？如果是，就要受理我的合法性审查建议；如果不是，就要受理我的起诉。对此我们在裁定中是这样回应的：

> 一审法院对于规划批复属于“行政规范性文件”的认定确实有欠斟酌，这也造成与湖北省人民政府法制办公室所作定性的相互矛盾。与行政规范性文件相类似，规划和规划批复同样具有不特定性和可反复适用性，但不能就此将规划和规划批复等同于行政规范性文件。规划和规划批复之所以不可诉，在于它和行政规范性文件一样，都具有“普遍约束”性，而不在于它必须是行政规范性文件本身。因此，尽管湖北省人民政府法制办公室认定规划批复“不属于行政规范性文件”，并不必然导致规划批复因而变得可诉。

说实在话，如何回应再审申请人抛出的两难选择的难题，一开始我心里也没底，但在研究思考过程中，这个思路渐渐形成轮廓。由此觉得，我们对于行政行为的研究还远不够精细，各种教科书大多是人云亦云，大同小异，甚至是纸上谈兵，不接地气，所以很少能给司法实务提供智力支持。我们从事司法实务的法官，又习惯贴标签，图省事，不善于从性质上、原理上去作出思考和分辨，这就避免不了出现令人尴尬的“艾年俊之问”。我在裁定中的回答也不是“巧舌如簧”，而是面对这样的疑问突然顿悟：原来具有“普遍约束性”的行政行为并非只有行政规范性文件。

形式的与实质的

人的维度说过了，再来说机关的维度。这里的机关，当然指的是行政机关。行政诉讼是以行政机关为被告，但也不是随便挑一个行政机关来作被告就可以。在有的国家，无论是哪个机关犯了错，都是以国家的名义应诉。例如在美国，很多案件的名称都是某某某告美利坚合众国。我到日本法务省考察的时候，他们跟我讲，法务省专门有负责应诉的部门，无论哪个行政机关的行为被挑战，都由他们统一应诉，具体作出行政行为的机关只是负责配合跟进。这样做的好处是简单易行，让当事人和法院省去很多分辨上的麻烦；从原理上讲也更符合逻辑，因为行政机关是代表国家履行行政管理职能的，无论哪一个具体的机关违法，承担法律责任的都应当是国家。在修改《行政诉讼法》的时候，我们也提出过对被告问题作出调整的建议，但这是一个大工程，不是轻易就能实施的，所以我们只能在现行制度之下进行操作。我们的一些裁判，也尽可能在适格被告问题上多讲一些道理，以便让当事人，甚至是我们的法官，能够更准确地理解和把握。

在李春山案中，我们提出了一个“形式上适格与实质性适格”的概念。这对于宏观把握被告适格问题会有一些帮助。裁定是这样说的：

> 在行政诉讼中，被告适格包含两个层面的含义。一是形式上

适格，亦即《行政诉讼法》第四十九条第二项规定的“有明确的被告”。所谓“有明确的被告”，是指起诉状指向了具体的、特定的被诉行政机关。但“明确”不代表“正确”，因此被告适格的第二层含义则是实质性适格，也就是《行政诉讼法》第二十六条第一款规定的，“公民、法人或者其他组织直接向人民法院提起诉讼的，作出行政行为的行政机关是被告”。

在刘成运案中，我们对“形式上适格”与“实质性适格”又做了进一步阐述，并且指出：“实质性适格问题相对复杂，通常需要通过实体审理查明。”裁定说：

在行政诉讼中，被告适格包括两个层面的含义。一是形式上适格，也就是《行政诉讼法》第四十九条第二项规定的“有明确的被告”，以及第二十六条规定的关于适格被告的各项规定。形式上适格属于法定起诉条件的范畴，不符合这些规定的，应当裁定不予立案或者在立案后裁定驳回起诉。二是实质性适格，它是指被诉的行政机关作出了被诉的那个行政行为，并且该机关在此范围内能对案涉标的进行处分。实质性适格问题相对复杂，通常需要通过实体审理查明，如果通过实体审理确实不构成实质性适格，则以理由不具备为由判决驳回原告的诉讼请求。当然，也不排除在特别明显地不具备实质性适格的情况下，在进入实体审理之前即以起诉不符合法定条件为由裁定驳回起诉。

那么，刘成运案具体是怎样一种情况呢？裁定接着说：

本案中，再审申请人以庆云县政府为被告提起诉讼，要求确认庆云县政府行政强制行为违法并请求行政赔偿，由于“有明确的被告”，原告也提供了一些初步的事实证据，原审法院认定再审申请人提起本案诉讼符合法定条件并予以受理，不仅较好地保护了原告的诉权，也提供了通过言词审理进一步查清案件事实的机会。在经过开庭审理之后，原审法院认为再审申请人所提供的证据和证人证言并不能足以证明庆云县政府实质性适格，亦即并不能足以证明被诉的行政强制行为系由庆云县政府实施。而且，通过证人证言、被告答辩、第三人陈述意见的相互印证，特别是通过再审申请人在庭审中的自认，能够认定被诉行政强制行为系庆云县政府组织、第三人渤海路街道办实施，在此情况下，再审申请人对庆云县政府的指控显然缺乏事实根据，原审法院判决驳回其诉讼请求符合法律规定。再审申请人提出的“主体问题应当是裁定方式结案”的主张依法不能成立。

以上分析所透露的倾向是，形式上适格与实质性适格，分属起诉条件和理由具备性范畴，前者应在进入实体审理之前解决，后者则是在进入实体审理之后解决。但这两个阶段也并非就有严格的楚河汉界。如果“特别明显地不具备实质性适格”，在进入实体审理之前即可以以起诉不符合法定条件为由裁定驳回起诉；如果形式上适格问题较为复杂，难以快速判断，也不排除通过言词审理查明。这是一种实事求是的态度，反之则会失于机械刻板。实践中做法不一的是，在进入实体审理之后又发现不符合起诉条件，是以判决结案，还是以裁定结案？刘成运案再审申请人就对这个问题提出了挑战。域外理论界对这个问题也有争论，一方的观点说：既然属于起诉条件问题，当然应当以裁定驳回起诉的方式结案；另一方的观点认为：裁定驳回起诉的目的是为了阻止不符合起诉条件的起诉进入言词审理，既然已经进入了言词审理，再以裁定方式结案就说不通。我认为两种观点都有道理，这并不是一个多么大不了的问题。

谁行为，谁为被告

如果用最简单易记的一句话描述行政诉讼的适格被告，“谁行为，谁为被告”无疑是首选。在陈前生案中我们对此进行了阐述，不过，裁定首先是从行政协议诉讼的被告讲起的。在这个案件中，陈前生等系针对其与金寨县征补办签订的房屋征收补偿协议提起诉讼，起诉时却是以金寨县政府为被告。金寨县政府辩称，其不是协议的签订人，因此不是适格被告。一审法院认定，陈前生等将金寨县政府列为被告系主体错误，在原告拒绝变更的情况下裁定驳回了他的起诉。我们在裁定中首先指出，以协议相对方以外的其他主体为被告，违反合同相对性原则。裁定是这样说的：

与民事合同类似，行政协议同样是一种合同，同样基于双方或者多方当事人的意思合致，同样具有合同当事人地位平等以及非强制性等特点。正是基于这种类似性，《最高人民法院关于适用〈中华人民共和国行政诉讼法〉若干问题的解释》第十四条才规定，在行政协议诉讼中“可以适用不违反行政法和行政诉讼法强制性规定的民事法律规范”。在民事合同法律规范中，合同相对性原则具有基础地位。该原则是指，合同主要在特定的合同当事人之间发生法律约束力，只有合同当事人一方才能基于合同向合同的相对方提出请求或者提起诉讼，而不能向合同相对方以外的其他主体主张。本案中，金寨县征补办系依据《国有土地上房屋征收与补偿条例》第二十五条与再审申请人订立房屋征收补偿协议。而该条第二款“补偿协议订立后，一方当事人不履行补偿协议约定的义务的，另一方当事人可以依法提起诉讼”的规定也正是合同相对性原则的具体体现。所以，如果再审申请人针对补偿协议提起诉讼，只能以协议的相对方金寨县征补办为被告，其以合同相对方以外的其他主体金寨县政府为被告提起诉讼，是对合同相对性原则的违反，也是对《国有土地上房屋征收与补偿条例》第二十五条第二款规定的违背。

行政协议虽以合同的面貌出现，但说到底还是一种行政行为。即以传统的行政诉讼当事人规则审视本案，金寨县政府也不应成为适格的被告，这样说的根据就是“法定主体原则”。法定主体原则要求，谁行为，谁为被告。裁定对此也专门进行了阐述：

在行政诉讼中，确定适格被告的依据是所谓法定主体原则，即：行政机关作出了被诉的那个行政行为，或者没有作出被申请的行政行为，并且该机关在此范围内能对争议的标的进行处分。《行政诉讼法》第二十六条第一款“公民、法人或者其他组织直接向人民法院提起诉讼的，作出行政行为的行政机关是被告”的规定就是法定主体原则的具体体现。通常情况下，法定主体原则具体包括这样两个要件：第一，谁行为，谁为被告；第二，行为者，能为处分。以行政协议之诉而言，所谓“谁行为”，就是指谁是行政协议的相对方；“能处分”，就是指该相对方有能力履行协议所约定的给付义务。

接下来，裁定针对再审申请人的再审理由对本案具体情形进行了分析，这当中，又涉及了授权主体问题：

本案中，金寨县征补办是房屋征收补偿协议的另一方当事人，并无争议。再审申请人所强调的是，依照《国有土地上房屋征收与补偿条例》第四条第一款的规定，“市、县级人民政府负责本行政区域的房屋征收与补偿工作”，这无疑已确定金寨县政府的征收补偿主体资格，签订房屋征收补偿协议只是一种具体落实。因此，其以金寨县政府为被告提起诉讼，完全符合条例的原意。本院认为，《国有土地上房屋征收与补偿条例》第四条第一款的确规定：“市、县级人民政府负责本行政区域的房屋征收与补偿工作。”但这里所谓的“负责”，只是明确一种主体责任，并非是指该行政区域房屋征收与补偿方面的所有工作都由市、县级人民政府负责。考虑到房屋征收与补偿工作量大面广，不可能都由人民政府具体实施，该条第二款紧接着规定：“市、县级人民政府确定的房屋征收部门组织实施本行政区域的房屋征收与补偿工作。”房屋征收部门与市、县级人民政府在房屋征收与补偿工作中各有分工，各负其责。例如，依照该条例第二十五条的规定，与被征收人订立补偿协议就由房屋征收部门以自己的名义进行；达不成补偿协议的，则依照该条例第二十六条的规定，由房屋征收部门报请市、县级人民政府作出补偿决定。房屋征收部门虽然是由“市、县级人民政府确定”，但其职责并非由市、县级人民政府授权，也非由市、县级人民政府委托，其和市、县级人民政府一样，都是在该条例的授权之下以自己的名义履行职责。此外，金寨县征补办也有能力履行协议所约定的给付义务，从而具有诉讼实施权。依照该条例第十二条第二款的规定，在金寨县政府因涉案建设项目而作出房屋征收决定前，征收补偿费用应当足额到位、专户存储、专款专用。即使金寨县征补办在房屋征收补偿协议诉讼中被判令承担继续履行、采取补救措施或者赔偿损失等责任，也因有充分的资金准备而具有承担法律责任的能力。

从我所经手的案件来看，在被告问题上有一个明显的倾向，那就是当事人普遍乐意以更高级别的机关为被告，背后的心理因素可能有这样几点：第一，唯恐事情不大。被告的级别越高越容易引起重视。第二，借此提高审级。因为《行政诉讼法》规定，以县级以上人民政府为被告的案件一律由中级人民法院管辖。在大多数国家，只有初审和上诉审之分，无论被告的级别有多高，都是由初审法院管辖，这就少了许多在适格被告问题上的争执。所以，行政诉讼中的很多法律问题，都是具有中国特色的。

通常情况下，一个行政行为会由一个行政机关独立作出，但有时，根据法律、法规的规定，或者根据行政权力运行的实际需要，行政行为的作出需要同级其他行政机关或者上下级行政机关的协力，这就会形成多阶段行政行为。当一个以上行政机关分别作出多阶段行政行为时，应当如何选择正确的起诉对象，进而如何确定适格被告？我们在张玉新案裁定中对此作了回答：

通说认为，应当以直接对外发生法律效果、直接对相对人权利义务产生实际影响的行政行为为起诉对象。又根据“谁行为，谁为被告”的原则，适格被告也应当是作出这个行政行为的行政机关，除非法律、法规对此另有规定。再审申请人认为，“《最高人民法院关于执行〈中华人民共和国行政诉讼法〉若干问题的解释》第十九条仅就不服被批准的行政行为如何确定被告作出规定，未将批准行为排除于行政诉讼受案范围。”但本院起草该条解释的本意，既是解决谁为被告的问题，也是解决哪个行为可诉的问题，这两个问题互为前提，密不可分。强调“当事人不服经上级行政机关批准的具体行政行为，向人民法院提起诉讼的，应当以在对外发生法律效力的文书上署名的机关为被告”，就是强调在经上级行政机关批准的情况下，应当以对外发生法律效力的行政行为为起诉对象。并非如再审申请人所理解，既可以起诉经上级行政机关批准的具体行政行为，也可以起诉上级行政机关的批准行为。就本案而言，被诉行政行为是太和县政府作出的批准宗地出让方案的行为，该批准行为只是国有土地使用权出让过程中的一个阶段性行为，直接对外发生法律效力的不是批准行为，而是经政府批准后土地管理部门实施的国有土地使用权出让行为。故一审法院对再审申请人的起诉不予立案，并无不当；二审法院裁定驳回上诉，亦无不妥。

双被告

双被告指的是“经复议的案件，复议机关决定维持原行政行为的，作出原行政行为的行政机关和复议机关是共同被告”。这是《行政诉讼法》修改时作出的重大调整，目的是要解决复议机关成为“维持会”问题。在修法过程中，我们是建议保留原来的规定的，因为双被告与国际惯例不符，在诉讼原理上也解释不通。尽管如此，一旦成为法律，我们必须保证新制度的落地施行。由于法律只有这么一句原则规定，实践中不断冒出一些亟待解决的问题，我们在一些案件中，通过对法律的解释和对诉讼原理的阐释，试着对一些问题进行明确。以下举几个例子，看看我们的裁判是如何说的。

复议机关作共同被告的制度不溯及既往。在王素兰案中，裁定指出：

> 无论修改前的《行政诉讼法》还是修改后的《行政诉讼法》，都没有规定可以单独起诉维持原行政行为的复议决定，修改后的《行政诉讼法》第二十六条规定复议机关为共同被告，也只能附随于针对原行政行为的起诉。因此，在原行政行为已经被提起过诉讼且已由人民法院作出生效判决的情况下，再审申请人再行针对维持该行政行为的复议决定提起行政诉讼，在性质上就属于诉讼标的已为生效裁判所羁束的重复起诉。根据《最高人民

法院关于适用〈中华人民共和国行政诉讼法〉若干问题的解释》第三条第六项、第九项的规定，应当依法不予立案，已经立案的，应当裁定驳回起诉。再审申请人以《行政诉讼法》第二十六条第二款所规定的“经复议的案件，复议机关决定维持原行政行为的，作出原行政行为的行政机关和复议机关是共同被告”为依据，主张其起诉复议机关符合法律规定，但其没有认识到复议机关作共同被告的制度是《行政诉讼法》2014年修改时作出的新规定，新的法律规定并不溯及既往。按照再审申请人最初起诉原行政处罚行为时生效的《行政诉讼法》第二十五条第二款的规定，“经复议的案件，复议机关决定维持原具体行政行为的，作出原具体行政行为的行政机关是被告”，再审申请人也据此行使了诉权，因此也就没有依照之后生效的法律再次行使诉权之理。

经过复议的案件并非一律适用共同被告的规定。在陈杰案中，裁定指出：

复议机关和作出原行政行为的行政机关作共同被告，是修改后的《行政诉讼法》作出的新的制度设计，目的是为了促进行政复议功能得到更好的发挥。根据《行政诉讼法》第二十六条第二款的规定，复议机关是共同被告的情形，限于“复议机关决定维持原行政行为”。又根据《最高人民法院关于适用〈中华人民共和国行政诉讼法〉若干问题的解释》第六条第一款的规定，“复议机关决定维持原行政行为”，包括复议机关驳回复议申请或者复议请求的情形，但以复议申请不符合受理条件为由驳回的除外。这是因为，如果复议机关受理行政复议申请后驳回复议申请或者复议请求，属于一种实体处理决定，在性质上与维持原行政行为并无不同；而以复议申请不符合受理条件为由驳回，在性质上属于对行政复议申请的程序性驳回，既不属于维持原行政行为，也不属于改变原行政行为，因为行政机关并没有对被申请行政行为的合法性作出实体认定和处理。本案中，黄石港区政府系认为再审申请人并非行政许可行为的利害关系人，且申请超过法律规定的申请期限，因而作出《不予受理行政复议申请决定书》，原审法院认定不属于复议决定维持原行政行为的情形、不符合共同被告的法定条件，并且建议其分别起诉，并无不当。再审申请人认为经过行政复议的案件应当一律适用共同被告规定的再审理由不能成立。

“复议机关决定维持原行政行为”的含义。在高勤中案中，裁定指出：

共同被告的前提是，“复议机关决定维持原行政行为”。所谓“维持”，既包括明确表示的“维持”，也包括“复议机关驳回复议申请或者复议请求”、但实质效果是对原行政行为予以“维持”的情形。分辨驳回复议申请或者复议请求是否属于对原行政行为“维持”，关键是要看复议决定是否对原行政行为的合法性进行了实质审查判断。如果复议机关仅仅是以“复议申请不符合受理条件”为由驳回，则无论是驳回复议申请，还是驳回复议请求，均因没有对原行政行为的合法性进行实质审查判断，而不能定性为“维持”，进而也就不符合共同被告的条件。行政复议和行政诉讼一样，都是对于行政机关作出的行政行为侵犯公民、法人或者其他组织合法权益的法律救济，因此，行政行为存在，不仅是受理行政诉讼，同样也是受理行政复议申请的首要条件。

如果复议机关以被申请的行政行为不存在为由驳回复议申请或者驳回复议请求，就不属于对于原行政行为的“维持”，因为一个并不存在的行政行为无从维持。本案中，复议机关认为，被申请的《街道开发建设用地许可证》在清河驿乡人民政府没有档案记录，第三人李德力也提供不了原件，因此“无法确认清河驿乡政府的行政行为存在”。尽管复议决定主文是“驳回申请人的行政复议请求”，但从复议决定的名称以及复议决定以《行政复议法实施条例》第四十八条第一款第二项为法律依据来看，确实是以“行政复议申请不符合受理条件”为由驳回，并不属于对原行政行为的实质意义上的“维持”。原审法院不适用共同被告的规定，并无不妥。在复议决定的性质是不予受理复议申请，且原行政行为不存在的情况下，经原审法院释明，再审申请人选择以复议机关为被告，符合《行政诉讼法》第二十六条第三款的规定；将清河驿乡人民政府列为第三人，也有利于查清案件事实。

“复议机关不作为”的含义。在张远凤案中，裁定指出：

行政复议是依申请的行政行为。一方面，没有申请人的申请，行政复议就不会发生；另一方面，不是任何申请都必然产生受理与审查的法律效果。行政复议机关应当对行政复议申请是否符合法律规定进行审查，并对不符合法律规定的申请作出不予受理的决定。《行政复议法》第十七条第一款规定的就是对行政复议申请的受理与审查。虽然该条第二款规定：“除前款规定外，行政复议申请自行政复议机关负责法制工作的机构收到之日起即为受理”，但该款规定的前提，是行政复议机关确实依照第一款的规定，对行政复议申请进行了审查和处理。在行政复议机关对审查和处理消极不作为的情况下，并不意味着行政复议申请自然符合法律规定、视为已经受理。《行政诉讼法》第二十六条第三款规定："起诉复议机关不作为的，复议机关是被告。"这里所说的"复议机关不作为"，既包括受理之后逾期不作复议决定，也包括对复议申请不予受理；既包括书面决定不予受理的积极不作为，也包括对是否受理怠为处分的消极不作为。但是，超出《行政复议法》第十七条第一款规定的"五日内"的审查期限，甚至超出《行政复议法》第三十一条第一款规定的"六十日内"的行政复议期限，行政复议机关仍对是否受理行政复议申请怠为处分，固然构成"复议机关不作为"，却非必然代表行政复议机关已经自动受理复议申请。

复议决定撤销原行为并责令重新作出处理，属于改变了原行政行为。在张琪麟案中，裁定指出：

张琪麟申请再审时主张，"〔2016〕8号行政复议决定的结果或内容包括'驳回张琪麟的其他复议请求'，应视为维持了原行政行为，一审和二审法院不将作出原行政行为的行政机关列为共同被告，违反法律规定，属于遗漏案件当事人。"《最高人民法院关于适用〈中华人民共和国行政诉讼法〉的解释》第一百三十四条第二款的确规定："行政复议决定既有维持原行政行为内容，又有改变原行政行为内容或者不予受理申请内容的，作出原行政行为的行政机关和复议机关为共同被告。"第一百三十三条规定："行政诉讼法第二十六条第二款规定的'复议机关决定维持原行政行为'，包括复议机关驳回复议申请或者复议请求的情形，但以复议申请不符合受理条件为由驳回的除外。”而本案被诉行政复议决定显然不属于上述司法解释规定的情形。张琪麟对三阳乡人民政府作出的三政（2016）4号《关于三阳村村民张琪麟与张松才、祁风岭宅基地权属争议处理决定书》不服申请行政复议，复议机关作出的〔2016〕8号行政复议决定撤销了该权属争议处理决定并责令重新作出处理，这属于改变了原行政行为。复议决定的“本政府认为”部分虽有“关于申请人的其他请求，没有相关法律依据，不予支持”的表述，但并不属于“维持原行政行为内容”的情形。故张琪麟的上述再审理由不能成立。

不能同时起诉原行政行为和复议机关不作为，而只能择一而诉。在陈杰案中，裁定指出：

在复议机关不予受理复议申请的情况下，当事人有两种法律救济手段可以选择：一种是直接起诉原行政行为。因为可能对当事人合法权益造成侵害的，实质上仍是原行政机关的行政行为或者不作为。复议机关尽管没有受理行政复议申请，但在法律没有规定行政复议必须是前置程序的情况下，并不影响当事人直接对原行政行为提起行政诉讼，并且直接起诉原行政行为还有利于从根本上解决行政争议。另一种是起诉复议机关不作为。如果当事人坚持认为复议机关应当受理其复议申请，也可以以复议机关不作为为由提起诉讼。但是，无论是直接起诉原行政行为还是起诉复议机关不作为，都不涉及另一机关作共同被告问题，因为《行政诉讼法》第二十六条第三款明确规定：“复议机关在法定期限内未作出复议决定，公民、法人或者其他组织起诉原行政行为的，作出原行政行为的行政机关是被告；起诉复议机关不作为的，复议机关是被告。”按照立法本意，本款所说的“复议机关在法定期限内未作出复议决定”，仅指未就实体处理作出决定。“复议机关不作为”，既包括复议机关在法定期限内不作出任何决定的消极不作为，也包括复议机关明确作出不予受理复议申请决定的积极不作为。

虽然法律规定了上述两种救济手段，但却不可以同时进行，而应当选择其一。这是因为，直接起诉原行政行为，目的是要求人民法院对原行政行为的合法性作出认定和处理；起诉复议机关不作为，直接的诉求虽然是要求人民法院撤销不予受理复议申请的决定，但撤销不予受理复议申请决定的效果，则必然导致复议机关同样要对原行政行为的合法性作出认定和处理。如果同时起诉原行政行为和复议机关不作为，就会违反一事不再理原则，造成人民法院和复议机关的重复劳动。更为重要的是，这样做还违反了司法最终原则。司法最终原则是指，行政复议活动虽然是行政争议的重要救济方式，但却不是最终裁决，除非法律另有规定，人民法院作出的终审判决才是最终决定。据此，《行政复议法》第五条规定：“公民、法人或者其他组织对行政复议决定不服的，可以依照《行政诉讼法》的规定向人民法院提起行政诉讼，但是法律规定行政复议决定为最终裁决的除外。”司法最终原则也决定了行政复议和行政诉讼应当是一种先后关系，而不能针对同一个争议同时进行这两种法律程序。因此《行政复议法》第十六条第二款又规定：“公民、法人或者其他组织向人民法院提起行政诉讼，人民法院已经依法受理的，不得申请行政复议。”就本案而言，人民法院的正确处理方式应当是告知原告只能择一而诉，要么起诉原行政行为，要么起诉复议机关不作为。虽然原审法院按照“一案一诉”的诉讼原则，告知原审原告应当分别起诉，在法律释明方面不尽到位，但并未影响再审申请人选择其一行使诉权，裁定驳回起诉的结果亦无不妥。

仅是挑战复议送达程序问题不符合共同被告的条件。在刘勇案中，裁定指出：

《行政诉讼法》第二十六条第二款、第三款分别规定："经复议的案件，复议机关决定维持原行政行为的，作出原行政行为的行政机关和复议机关是共同被告；复议机关改变原行政行为的，复议机关是被告。""复议机关在法定期限内未作出复议决定，公民、法人或者其他组织起诉原行政行为的，作出原行政行为的行政机关是被告；起诉复议机关不作为的，复议机关是被告。"本案中，虽然复议机关所作复议决定的结果是维持原行政行为，但再审申请人并非起诉经复议维持的原行政行为，而仅是挑战复议送达程序问题，故不符合将作出原行政行为的行政机关和复议机关列为共同被告的条件。再审申请人的该项再审理由不能成立。

双被告情况下案件的审理焦点。在卢保家案中，裁定指出：

在复议机关作共同被告的情况下，审理的焦点通常仍会指向原行政机关的行政行为或者不作为。这是因为维持原行政行为的复议决定并没有施与当事人新的权利义务，可能对当事人合法权益造成侵害的，实质上仍是原行政机关的行政行为或者不作为。本案情形正是如此，北京市政府针对再审申请人作出的复议决定的内容是驳回行政复议申请，因此，虽然经过了复议程序，但复议机关并没有作出影响再审申请人权利义务的新的实质性的决定，在此情况下，如果对再审申请人的合法权益构成侵害，也只能是由原行政机关拒绝履行法定职责而引起。再审申请人提起本案诉讼，核心诉求也正是要求人民法院判令原行政机关履行法定职责。因此，人民法院的审查重点必然应当是原行政机关是否应当按照再审申请人的申请履行特定的法定职责。

如何理解“对复议决定和原行政行为一并作出裁判”。在卢保家案中，裁定指出：

《行政诉讼法》第七十九条规定：“复议机关与作出原行政行为的行政机关为共同被告的案件，人民法院应当对复议决定和原行政行为一并作出裁判。”本条所指的情形主要限于实体裁判，比如，判决原行政机关履行法定职责，则同时判决撤销维持原行政行为或驳回复议申请的复议决定。驳回起诉则是对全案起诉的驳回，既包括驳回原告针对原行政行为的起诉，也包括驳回针对复议决定的起诉。《行政诉讼法》第六条规定：“人民法院审理行政案件，对行政行为是否合法进行审查。”《最高人民法院关于适用〈中华人民共和国行政诉讼法〉若干问题的解释》第九条第一款规定：“复议机关决定维持原行政行为的，人民法院应当在审查原行政行为合法性的同时，一并审查复议程序的合法性。”根据该款规定，即使进入实体审理，在复议机关作共同被告的情况下，人民法院对于复议决定的审查也侧重于复议程序是否合法，这是由复议决定和原行政行为的统一性所决定的，换句话说，对于复议决定实体合法性的审查已经包括在对于原行政行为合法性的审查当中。更何况本案既然是全案驳回起诉，没有进入实体审理，对于复议决定合法性的审查更是无从谈起。再审申请人认为“原审裁定遗漏诉讼请求，没有对复议决定的合法性进行审查”的再审理由自然不能成立。

经复议机关复议的，如何确定赔偿义务机关。在王素兰案中，裁定指出：

至于再审申请人的第二项诉讼请求，即针对再审被申请人提出的行政赔偿请求，亦没有可以提出该请求的法律依据。《国家赔偿法》第八条规定：“经复议机关复议的，最初造成侵权行为的行政机关为赔偿义务机关，但复议机关的复议决定加重损害的，复议机关对加重的部分履行赔偿义务。”在复议决定维持原行政行为的情况下，对当事人合法权益造成实质侵害的应当是原行政行为，复议决定只是对原行政机关的意志加以肯定而已。由于维持原行政行为的复议决定并没有给当事人增加新的负担，也就无法发生加重当事人损害的情形。因此，《最高人民法院关于适用〈中华人民共和国行政诉讼法〉若干问题的解释》第十条第五款规定，即使在《行政诉讼法》修改之后，复议机关因维持原行政行为而成为共同被告的情况下，赔偿义务机关的确定仍然应当依照《国家赔偿法》第八条的规定精神执行。亦即：“原行政行为被撤销、确认违法或者无效，给原告造成损失的，应当由作出原行政行为的机关承担赔偿责任；因复议程序违法给原告造成损失的，由复议机关承担赔偿责任。”再审申请人以复议机关为被告提出行政赔偿请求没有法律依据，原审法院在依法告知再审申请人变更被告其不同意变更的情况下裁定驳回其起诉，并无不当。

美国联邦最高法院前首席大法官伦奎斯特曾经说："法律最多是一门不精确的科学，我们最高法院审理的案件往往是下级法院的优秀法官不能达成一致的。对许多疑难案件中涉及的问题而言，根本没有什么确定的'正确'答案。"没有确定的答案，是因为法律不可能事无巨细地预先对各种具体情形都能规定完备，在这个时候，上级法院尤其是最高法院就要有所担当，勇于通过对法律原意的解释，对各种形形色色的问题给出一个解决之道。事实上，在新《行政诉讼法》施行之初，这些涉及双被告的裁判通过媒体和培训广为传播，较好地发挥了解疑释惑、统一标准的作用。

事项的维度

“行政诉讼系就行政权之行使，所为事后之司法审查，其界限当然存在。”放眼列国，“各国都或多或少地将一些行政行为排除在法院诉讼范围之外”，即便在采概括主义之规定的国家，一般也都要作出例外之规定，“并非与行政有关之一切事项，均得提起行政诉讼”。《行政诉讼法》所规定的“界限”是什么呢？就是第十三条所排除的各种事项。该条规定：“人民法院不受理公民、法人或者其他组织对下列事项提起的诉讼：（一）国防、外交等国家行为；（二）行政法规、规章或者行政机关制定、发布的具有普遍约束力的决定、命令；（三）行政机关对行政机关工作人员的奖惩、任免等决定；（四）法律规定由行政机关最终裁决的行政行为。”由于第十三条的导语中使用的是“事项”的概念，所以我把它称作事项的维度。这个维度与后面我们所说的行为的维度是一个什么关系？简单说，事项的维度是对审判权界限的一个大的方面的划定，行为的维度呢，可以说是在界限之内对可诉行政行为的具体甄别。

关于事项的维度，我举一个裁判作例子，这就是庞贵红案。庞贵红提起本案诉讼，根本目的是要求湖北省公安厅依据《道路交通事故处理程序规定》第四十六条的规定，制定具体的道路交通事故责任确定细则或者标准。她向湖北省公安厅提出过申请，后者未予处理，湖北省人民政府也以不属于行政复议受案范围为由不予受理她要求湖北省公安厅履行上述职责的复议申请。一审法院认为，制定具体的道路交通事故责任确定细则或者标准属于抽象行政行为，不属于行政诉讼受案范围，并驳回再审申请人的起诉。二审法院也以不予受理的复议决定对再审申请人合法权益明显不产生实际影响为由，裁定驳回上诉，维持原裁定。我们在审查了庞贵红的再审申请之后认为，这些处理符合法律规定，在裁定书中，我们从以下四个方面阐述了裁判理由：

> 第一，从法律规定来看。修改后的《行政诉讼法》虽然用“行政行为”取代了“具体行政行为”的概念，同时也引入了规范性文件一并审查制度，但这并不是说抽象行政行为就此纳入了受案范围。根据该法第十三条第二项的规定，直接针对“行政法规、规章或者行政机关制定、发布的具有普遍约束力的决定、命令”提起的诉讼，人民法院仍然不予受理。在《行政复议法》未作修改的情况下，行政复议的范围也是如此。
>
> 第二，从诉讼类型来看。不予受理针对具有普遍约束力的决定、命令提起的诉讼，既包括不予受理请求撤销、确认违法或者无效的起诉，也包括不予受理请求判令行政机关制定、发布一个具有普遍约束力的决定、命令的起诉。这是因为，请求行政机关履行的法定职责，必须属于一个针对特定对象、特定事件的具体、个别的调整。通俗地讲，正如请求撤销的行为必须是一个具体行政行为，请求行政机关作出的行为也必须是一个具体行政行为。
>
> 第三，从原告资格来看。行政诉讼所保护的必须是公民、法人或者其他组织自身的合法权益。提起一个规范性文件的制定、发布之诉，虽然也会给原告自己带来一定利益，但这种利益仅属于反射利益，因为行政机关制定或者不制定具有普遍约束力的决

定、命令，增加或者减损的只能是不确定的公众的利益，并不会对原告个人产生有别于公众的特殊影响。再审申请人也承认，“交通事故处理的自由裁量权没有尺度，侵害社会管理秩序”。她还主张自己提起的是公益诉讼，但法律并没有赋予个人提起一个公益诉讼的权利。

第四，从规范刚度来看。《道路交通事故处理程序规定》第四十六条第三款规定：“省级公安机关可以根据有关法律、法规制定具体的道路交通事故责任确定细则或者标准。”据此可知，省级公安机关制定具体的道路交通事故责任确定细则或者标准，属于一个任意规范，而不是强制规范。在法律规定属于任意规范，也就是行政机关是否采取某一个行动存在裁量余地的情况下，不能简单地将其定性为一个必须履行的法定职责。

这种说明理由的方法，其实就是提供了一个从各种维度着眼的范式。古诗讲：“横看成岭侧成峰，远近高低各不同。不识庐山真面目，只缘身在此山中。”不局限于一点，从各个维度全方位论证，能够大大增强裁判的说服力。

行为的维度

行为的维度是所有我们谈论的维度当中最为重要的。何源教授曾经译著过《德国联邦行政法院典型判例研究》，第一部即为“行政决定篇”，由此也可以看出行为——行政决定的重要性。何源教授为该书所写的序言，也正是从这一问题入手：

> 在行政法三大板块（行政行为法、行政组织法与行政诉讼法）中，行政行为法无疑处于极为重要的地位。行政行为法的核心是行政决定，德文为 Verwaltungsakt。十九世纪，奥拓·迈耶（Otto Mayer）“左手握民法，右手握法国法”，首次构建的德国行政法体系便是以行政决定概念为基石。他在1895年版《德国行政法》一书中将行政决定定义为“行政针对属民所作出的，在个案中明确何种情形对臣民而言是合法性的官权表示”。随着社会实践的不断发展，行政行为形式日益丰富，比如区别于行政决定单方性特征的行政合同、不具有法律效果的事实行为、具有一般抽象特征的行政规划等。然而，行政决定仍当仁不让地居于中心地位。

在我国的《行政诉讼法》中，与德国“行政决定”相对应的概念是原来的“具体行政行为”，后来在修法的时候，“具体行政行为”被“行政行为”所取代。《行政诉讼法》第二条规定：“公民、法人或者其他组织认为行政机关和行政机关工作人员的行政行为侵犯其合法权益，有权依照本法向人民法院提起诉讼。”第六条还规定了“人民法院审理行政案件，对行政行为是否合法进行审查”这样一个原则。所以，行政行为是行政诉讼中一个最为重要的概念。德国学者曾经指出：“就诉讼意义而言，行政行为仍然是诉讼法律保护适法性的核心概念。行政行为具有开放诉讼法律保护的功能，有助于解决‘是否’提供法律保护的问题。一旦将某个行政活动认定为行政行为，是否提供行政法律救济的问题随之解决；同时，行政行为对随后‘如何’提供法律保护的问题也具有意义，即有助于确定诉权、诉讼类型、诉讼期限以及前置程序的必要性。另外，还有助于确定临时法律保护的形式及其法律后果。”

《最高人民法院关于适用〈中华人民共和国行政诉讼法〉的解释》在第一条就规定了“不属于人民法院行政诉讼受案范围”的十类行为，这正是以“行为的维度”判断被诉行为是否属于法律意义上的“行政行为”。我所经手的裁判，几乎涉及到所有这十类行为，系统地梳理一遍可能也有助于我们对司法解释的理解，此外也可看一看应当如何从行为的维度考量诉权问题。

第一类是“公安、国家安全机关依照刑事诉讼法的明确授权实施的行为”。为什么要剔除这一类行为，道理不用多讲了，正如我们在张玲案裁定中所说，是因为“公安机关具有行政管理和刑事司法双重职能”。“公安、国家安全机关依照刑事诉讼法的明确授权实施的行为”，就是其在履行刑事司法职能时作出的行为，因为在性质上不属于行政行为，所以针对此类行为提起的诉讼就不能作为行政案件受理。实践中容易引起争议的不是原理，而是一些具体情况的判断。譬如，在张玲案中涉及的就是看守所对在押的犯罪嫌疑人的监管属于刑事司法行为还是行政行为，进而，受害人应当请求司法赔偿还是行政赔偿。我们在裁定中指出：

> 根据《国家赔偿法》第三条和第十七条的规定，行政机关及其工作人员在行使行政职权时有侵犯人身权情形的，属于行政赔偿范围；行使侦查、检察、审判职权的机关以及看守所、监狱管理机关及其工作人员在行使职权时有侵犯人身权情形的，属于刑事赔偿范围。公安机关具有行政管理和刑事司法双重职能。公安机关在行使行政管理职权过程中违法侵害他人合法权益的，产生的是行政赔偿责任；在依照《刑事诉讼法》的明确授权行使刑事司法职能过程中违法侵害他人合法权益的，产生的是刑事赔偿责任。由公安机关管辖的看守所，是羁押依法被逮捕、刑事拘留的犯罪嫌疑人的机关，看守所对犯罪嫌疑人实施羁押监管，其职权的立法依据来源于《刑事诉讼法》。因此，看守所对在押的犯罪嫌疑人的监管属于刑事司法行为而不是行政行为，由此引起的国家赔偿，不属于《行政复议法》所规定的行政复议范围。

第二类是“调解行为以及法律规定的仲裁行为”。排除调解行为主要基于意思自治，排除仲裁行为则主要基于其终局性。我的裁定还没有涉及这一问题，这也可以看出，起诉这类行为的并不常见。

第三类是“行政指导行为”。我们在张月仙案裁定中谈到过行政指导行为何以既不能成为撤销之诉的对象，也不能成为履行法定职责之诉的对象。裁定说：

> 就各级人民政府与居民委员会的关系而言，《城市居民委员会组织法》只是在第二条第二款规定：“不设区的市、市辖区的人民政府或者它的派出机关对居民委员会的工作给予指导、支持

和帮助。”第二十条规定：“市、市辖区的人民政府的有关部门，可以对居民委员会有关的下属委员会进行业务指导。”这些指导、支持、帮助等行为，在性质上属于行政指导。通常情况下，行政指导因其不具有羁束力和强制力，不能成为撤销之诉的对象。基于同样的道理，也不能通过提起一个履行法定职责之诉，要求判令行政机关履行行政指导职责，因为，履行法定职责之诉要求作出的行为必须是一个法律行为，但行政指导显然并不属于这样一种旨在设定某种法律后果的个别调整。对于本案来讲，更为关键的是，该法并没有将针对居民委员会的行政指导职责赋予像太原市政府这样的设区的市政府，更没有规定设区的市政府有直接责令居民委员会调整其成员福利待遇的法定职责。

第四类是“驳回当事人对行政行为提起申诉的重复处理行为”。这方面的裁判要提到王建设案。还记得在合议这个案件时，费了很长时间，案子虽然并不重大，但过程复杂，一、二审法院的认识不一致，当事人和行政机关也各说各话，就是我们合议庭内部，也存在着不同的看问题的角度。记得当时天已黄昏，我站起来背诵了王安石的一首诗：

飞来山上千寻塔，
闻说鸡鸣见日升。
不畏浮云遮望眼，
自缘身在最高层。

背完诗我说：“这个案子看似浮云蔽日，但我们不能被浮云遮望眼，要善于把一堆乱麻理出个头绪。其实，这个案件无非是行政程序重开问题。”结果就写出了这篇被学界广泛评论的裁判，自那以后，“行政程序重开”的使用率有了明显的提升。裁定是这样说的：

> 行政行为是行政机关行使行政职权、进行行政管理的行为，一经作出，即产生行政法律效果。虽然行政行为的作出是单方面的，但约束力却是双方面的。对于当事人而言，一旦法律救济的期限届满、自我放弃法律救济手段，或者因其他情形导致法律救济途径穷尽，行政行为即具备不可撤销性。行政行为在其存续期间，对于行政机关同样具有约束力。这是由行政行为的处理性特征所决定的——过于随意的处理是不理智和没有意义的；从法的安定性出发，也不允许行政机关翻云覆雨、暮楚朝秦。
>
> 但通说认为，行政行为的约束力只存在于行政行为的存续期间。行政机关虽然受行政行为的约束，但在特定条件下可以在法律救济程序之外自行撤销或者废止行政行为。当事人虽然因法律救济期限届满等原因，不能再通过诉讼途径请求撤销或者废止行政行为，但却可以请求行政机关重开行政程序，对行政行为自行撤销或者废止。不过，行政程序的重开受到严格的条件限制，这些条件包括，作为行政行为根据的事实或法律状态发生变化，行政行为作出后出现了足以推翻行政行为的新的证据。如果当事人仅仅是沿袭之前的主张，行政机关作出的拒绝答复或者不予答复在性质上就系驳回当事人对行政行为提起申诉的重复处理行为，不属于行政诉讼的受案范围。
>
> 本案中，涉案颁证行为作出于1993年，再审申请人迟至2015年1月13日，才向人民法院提起撤销之诉，根据《行政诉讼法》第四十六条第二款的规定，期限明显已经届满。造成这一结果的根本原因，在于再审申请人未能正确、及时地行使诉权。

再审申请人在自愿撤回起诉后，先后于2015年3月11日和18日，分别向行政机关提出变更和注销登记申请，但这两次申请都非基于新的事实和法律状态，也没有提出新的证据。在此情况下，行政机关不予答复本身也属不可诉的重复处理行为。虽然表面看来，当事人的诉讼请求是要求判令行政机关履行对其申诉的答复职责，而非直接要求人民法院撤销行政行为，但通过诉讼所要达到的终极目的与直接要求撤销并无实质不同，这就存在利用一个新的诉讼种类规避起诉期限的可能，人民法院对此不予立案或者驳回起诉，并无不妥。此外，再审申请人还援引《土地登记办法》第五十九条规定，主张行政机关具有纠正自身错误的职责，但该条规定的内容是："土地权利人认为土地登记簿记载的事项错误的，可以持原土地权利证书和证明登记错误的相关材料，申请更正登记。利害关系人认为土地登记簿记载的事项错误的，可以持土地权利人书面同意更正的证明文件，申请更正登记。"而再审申请人并非土地权利人，也没有持有土地权利人书面同意更正的证明文件，不符合适用该条规定的情形。

第五类是"行政机关作出的不产生外部法律效力的行为"。在王小五案中我们讨论了这个问题，裁定指出："一个可诉的行政行为，必须具有'对外性'和'法效性'，也就是该行为必须是直接对外发生法律效果。"裁定的具体内容是：

本案的争议焦点是，地方人民政府的组织实施行为是否可诉？厘清这一问题，需要从分析地方人民政府与所属工作部门的关系入手。《地方各级人民代表大会和地方各级人民政府组织法》第五十四条规定："地方各级人民政府是地方各级人民代表大会的执行机关，是地方各级国家行政机关。”第六十四条第一款规定：“地方各级人民政府根据工作需要和精干的原则，设立必要的工作部门。”法律之所以规定地方人民政府设立必要的工作部门，主要基于三个方面的考虑：一是统一性。通过行政机关活动范围的划分，可以避免重复劳动、推诿扯皮，确保行政的统一性。二是明确性。便于公民、法人或者其他组织知道哪一个行政机关负责处理自己的事件。三是专业性。只有主管机关才具备受过专门训练、通晓专业的人员和必要的设备，而这正是做出正确决定的保障所在。按照职权法定原则，地方人民政府和所属工作部门都会被法律、法规授予对特定事项的管辖权，无论是地方人民政府还是工作部门，都应当基于法律、法规的授权并在权限范围内行使权力。地方人民政府虽然“领导所属各工作部门和下级人民政府的工作”，但领导不是替代。地方人民政府可以就一些重点工作组织有关工作部门或下级人民政府实施，在有些情况下，也可以通过发出指示，对所属工作部门和下级人民政府施加影响，但具体的实施还应当由各工作部门或下级人民政府根据其法定管辖权以自己的名义分别落实。究竟地方人民政府的组织实施行为可诉，还是所属工作部门或下级人民政府的具体实施行为可诉，则要看哪一个行为是“产生外部法律效力的行为”。因为一个可诉的行政行为，必须具有“对外性”和“法效性”，也就是该行为必须是直接对外发生法律效果。具体到本案，再审申请人坚持起诉金水区政府对于合村并城的组织实施行为，但其自称，“合村并城实施行为包括了多个机关的多个行为”，诸如立项、土地规划、环境评估、征地审批、房屋拆迁、道路建设等，那么，当存在这些直接对外发生法律效果的具体实施行为的情况下，坚持起诉属于内部指示范畴的金水区政府的“组织实施”行为，就不符合法定的起诉条件，一审法院裁定驳回起诉，二审法院驳回上诉，维持原裁定，并无不当。再审申请人的再审理由，本院不予支持。

在颍上县恒运矸石厂案中，我们进一步对可诉行政行为的单方性、个别性和法效性进行了论述，并进而对修改后的《行政诉讼法》所采用的“行政行为”的概念做了一番解读，以澄清一些模糊认识。裁定指出：

> 修改后的《行政诉讼法》将“具体行政行为”的概念修改为“行政行为”，目的是为了引入行政不作为、事实行为以及以行政协议为标志的双方行政行为，使行政诉讼法的适用范围具有更大的包容性。但除此之外，通常意义上的行政行为，仍需具有单方性、个别性和法效性等特征。单方性强调的是，法律效果系基于行政机关单方意思表示；个别性强调的是，行为的对象必须是特定之人和具体事件；法效性强调的则是，行为直接对外发生法律效果。所谓直接，是指法律效果必须直接对相对人发生，亦即行政行为一旦作成，即导致法律关系的发生、变更、消灭。所谓对外，是指行政行为对于行政主体之外的人发生法律效果，行政机关之间或行政机关内部的意见交换等行政内部行为因欠缺对外性而不具有可诉性。

接着，裁定运用这一原理对本案的情形进行了具体分析：

> 从本案被诉《方案》来看，尽管其中包括“对未按期自行清理拆除的不合法洗煤厂、煤矸石加工厂和煤泥晾晒厂……依法取

> 缔、关闭、吊销相关证照”等涉及权利义务的内容，从而具备单方性、个别性的某些特征，但《方案》同时还强调，“政府将组织有关部门，按照部门职权”进行，并明确了镇政府、供电公司、县国土部门、县市场监管部门、县环保部门、县信访局、县公安局等机关应当履行的具体职责。因而，《方案》并不具备直接、对外发生法律效果的特点，在性质上属于颍上县政府向各乡镇政府、县直有关单位下发的内部工作安排，其法律效果还须通过有关职能部门依职权针对特定相对人作出相应处理决定加以实现。根据原审查明的事实，《方案》作出前，颍上县环境保护局已针对再审申请人分别作出责令立即停止生产并处罚款的行政处罚决定。《方案》作出后，颍上县国土资源局也已发出告知函，要求包括再审申请人在内的相关企业、个体工商户拆除地面永久性建筑物、构筑物；颍上县古城镇人民政府、颍上县市场监督管理局亦作出了依法取缔、不予赔偿、限期办理企业注销登记等决定。因此，对当事人权利义务直接产生影响的应当是相关职能部门作出的行政行为，被诉《方案》对再审申请人的权利义务并不产生实际影响，不具有可诉性，原审法院据此裁定驳回再审申请人的起诉并无不当。

裁定还论述到多阶段行政行为问题。这是因为，再审申请人主张，“二审不得以与取缔关闭相关的行为可诉，否定《方案》的可诉性”，“即使将《方案》之‘如未按期自行清理，政府将组织有关部门，按照部门职权依法取缔、关闭、吊销营业执照’认定为政府将作出取缔、关闭决定的行政承诺，这种行为也属于行政诉讼的受案范围。”说实话，这种认识，其实是对法律概念的望文生义，是把“行政承诺”理解为一切对于未来事项的“信誓旦旦”。殊不知，所谓“行政承诺”，通常是承诺未来在某些条件成就时对行政相对人作出某种有利益的行为，而非不利益；行政相对人通常也是起诉要求行政机关兑现原来的“行政承诺”，而非要求消灭它的效力。虽然这种认识不值一驳，但我们还是抓住这个机会，对多阶段行政行为进行普法：

> 也许孤立地来看，一个行为的可诉性并不成疑，但如果这个行为只是多阶段行政行为当中的一个阶段，就只能认定最后阶段直接对外生效的那个行为为可诉的行政行为。所谓多阶段行政行为，是指行政机关作出行政行为，须有其他行政机关批准、附和、参与始能完成之情形。各行政机关之间，既可能是平行关系，也可能是垂直关系。后者一般如下级机关的行政行为须经上级机关批准才能对外生效，或者上级机关指示其下级机关对外作出发生法律效果的行政行为。在存在复数行政行为的情况下，只有直接对外发生法律效果的那个行为才是可诉的行政行为，其他阶段的行政行为只是行政机关的内部程序。本案中，虽然存在颍上县政府的《方案》，但在其法律效果系通过有关职能部门依职权针对特定相对人作出相应处理决定加以实现的情况下，《方案》就属不可诉的行政机关的内部工作安排。

第六类是“行政机关为作出行政行为而实施的准备、论证、意见、层报、咨询等过程性行为”。这类行为之所以被排除，主要在于其过程性，也就是说，它还不是一个最终决定；同时也在于其内部性，无论是准备、论证、意见、层报、咨询，都尚在行政机关内部运转，并没有向外产生法效果。我们在金实案裁定中对此有所论述：

> 修改后的《行政诉讼法》将原来的“具体行政行为”概念统

一替换为“行政行为”，并在第二条第一款将行政诉讼受案范围的总括性规定调整为：“公民、法人或者其他组织认为行政机关和行政机关工作人员的行政行为侵犯其合法权益，有权依照本法向人民法院提起诉讼。”作出这一修改的目的，是为了使行政不作为、行政事实行为、双方行政行为等能够纳入受案范围，而原来所使用的“具体行政行为”的概念显然因为欠缺包容性和开放性而给受理这些案件制造了障碍。但不能认为，“具体行政行为”的概念就从此寿终正寝。事实上，除去涉及行政不作为、行政事实行为、双方行政行为的场合，在撤销之诉中，“行政行为”的概念仍然应当理解为原来意义上的“具体行政行为”。其确切的含义应当是指：行政机关针对具体事件、单方面作出的、具有外部效果的、行政法上的、处理行为。那些决定作出之前的准备行为和阶段行为、那些不具有外部效果的纯内部行为、那些不是针对具体事件的普遍的调整行为，仍然属于不可诉的行为。

在陈银花案中，我们对程序性行为的可诉性进行了阐述：

类似本案被诉《公告》这样的通知，只是行政机关的一种程序行为，其目的只是在于开始一个行政程序。对于这种程序行为，并不能单独诉请撤销，而只能以程序违法为由诉请撤销此后作出的实体决定。这是为了防止单独诉请撤销程序行为而拖延行政程序的进行，同时也符合法律保护利益的观点，即程序违法只有在影响实体决定的情况下才予以救济。此外，也是为了防止出现针对程序行为和针对实体决定同时进行诉讼的危险。固然，在有些情况下，一个单纯的程序行为也会有对公民、法人或者其他组织合法权益构成侵犯的可能，在特定案件中也不能绝对排除程序行为的可诉性，但就本案而言，被诉《公告》只是通知再审申请人与行政机关联系办理房屋征收补偿事宜，显然不会对其所主张的名字权、名誉权造成伤害，因此，并不符合可以单独就程序行为寻求救济的情形。

而在柳峰花炮公司案中，我们又对“内部行政”进行了阐述：

公民、法人或者其他组织提行政诉讼，比较常见的是针对一个侵犯其合法权益的行政行为提起撤销诉讼。所谓行政行为，是指行政机关针对具体事件、单方面作出的、具有外部效果的、行政法上的处理行为。所谓具有外部效果，是指行政行为属于外部法律领域，它仅仅是设定公民、法人或者其他组织等外部相对人权利义务的处理行为。一方面，这种处理应当具有法律性，不仅应当对外产生事实上的效果，而且应当对外产生法律上的效果；另一方面，这种处理应当具有外部性，内部业务指令、多阶段行政行为等因其属于内部行政领域，而被排除出行政行为的范畴。就本案而言，被诉的《安庆市人民政府办公室转发市安全监管局关于全市烟花爆竹生产企业退出实施意见的通知》（宜政办发〔2013〕7号），虽然附具了包括再审申请人在内的退出企业名单，但该通知在性质上属于上级行政机关要求“各县(市)、区人民政府，市政府有关部门”等下级行政机关“遵照执行”的内部指令。虽然上级行政机关的指令具有法律和处理行为的属性，但通常认为，其仍然属于内部行政领域，由于并不直接产生外部效果，因而不是可诉的行政行为。另一被诉的太湖县政府《关于关闭太湖县海乐烟花制造有限公司等3家烟花爆竹生产企业的决定》（太政秘〔2013〕174号）虽然将退出企业名单进一步限定为包括再审申请人在内的三家，针对具体事件的特征更加明显，但其只是指令“关闭工作由县安监局牵头，县公安局、工商局、质监局、供电公司、政府法制办、供销社，新仓镇人民政府、北中镇人民政府予以配合”，因此仅是上下级机关之间的内部行文，仍然缺乏外部性，内容上也不直接产生法律效果。对于这种内部行政行为，即使是在法定起诉期限之内起诉，也因不具有可诉性而应当驳回。原审法院裁定驳回其起诉，结果并无不当。再审申请人主张一审和二审法院未对上述两份文件的合法性进行审查，属于遗漏诉讼请求，并以此申请再审，该理由不能成立。

第七类是“行政机关根据人民法院的生效裁判、协助执行通知书作出的执行行为，但行政机关扩大执行范围或者采取违法方法实施的除外”。三宝公司案就属于此类情形。原告提起本案诉讼，是请求撤销明光市人民政府将三宝公司的36间房屋过户给利民公司并办理房屋所有权证的行为。但根据原审法院查明的事实，被诉行为系行政机关根据人民法院的生效裁判、协助执行通知书作出的执行行为。我们在裁定中对此类行为为什么不可诉进行了说明：

根据《最高人民法院关于适用〈中华人民共和国行政诉讼法〉的解释》第一条第二款第七项的规定，此类协助执行行为不属于人民法院行政诉讼的受案范围。这是因为：第一，《民事诉讼法》第二百五十一条规定：“在执行中，需要办理有关财产权证照转移手续的，人民法院可以向有关单位发出协助执行通知书，有关单位必须办理。”据此，行政机关根据人民法院的生效裁判、协助执行通知书作出的执行行为，属于履行法律规定的协助义务，不是行政机关的自主行政行为。第二，根据《最高人民法院关于适用〈中华人民共和国行政诉讼法〉的解释》第六十九条第一款第九项的规定，“诉讼标的已为生效裁判或者调解书所羁束的”，“已经立案的，应当裁定驳回起诉”。行政机关作出的协助执行行为在性质上属于人民法院司法行为的延伸和实现，当事人要求对行政机关协助执行人民法院生效裁判的行为进行合法性审查，事实上就是要求人民法院对已被生效裁判羁束的争议进行审查，因而不能得到准许。如果当事人认为行政机关的协助执行行为侵犯其合法权益，应当针对人民法院生效裁判通过审判监督程序寻求救济。此外，《最高人民法院关于适用〈中华人民共和国行政诉讼法〉的解释》第一条第二款第七项规定了一种例外情形，即“行政机关扩大执行范围或者采取违法方式实施的除外”。这种情况下，行政机关的执行行为属于行政诉讼受案范围，是因为行政机关的此种行为已经失去了人民法院裁判文书的依托，超出了人民法院协助执行通知书的范围和本意，在性质上不再属于实施司法协助的执行行为，应当受到司法审查并独立承担法律责任。

第八类是“上级机关基于内部层级监督关系对下级行政机关作出的听取报告、执法检查、督促履责等行为”。这类行为也就是我们常说的层级监督，层级监督之不可诉，也在于其仍然属于内部行政领域，它没有外部效果。我们在李清林案裁定中指出：

再审申请人因认为再审被申请人安阳市政府未履行监督、监管、纠正安阳市食药局违法行为的职责而提起诉讼。虽然安阳市政府具有监督其所属工作部门的职责，但这种职责系基于上下级行政机关之间的层级监督关系，属于行政机关的内部监督

> 管理范畴。上级行政机关对下级行政机关监督职责的履行与否，一般并不直接设定当事人新的权利义务。从司法权与行政权的关系出发，人民法院也不宜过多地介入行政机关的内部关系当中。此外，从诉的利益考虑，当事人如果认为下级行政机关的行政行为侵犯其合法权益，可以通过直接针对下级行政机关提起行政诉讼的方式寻求救济，在有更为便捷直接的救济方式的情况下，较为“迂回”和“间接”的方式就不能被容许。

佘成案也涉及这个问题。佘成因不服荆州市精神病医院作出的《司法精神鉴定意见书》，向湖北省人民政府提出履行职责申请，因湖北省人民政府未予答复而提起本案诉讼。佘成在再审申请书中主张，“再审被申请人目前虽不具有直接对精神病医院进行监督处罚的法定职责，但是具有协调省直机关湖北省司法厅和湖北省卫生和计划生育委员会进行监管、处罚的职权。”我们在裁定中指出：

> 《行政诉讼法》第十二条第一款第六项规定，“申请行政机关履行保护人身权、财产权等合法权益的法定职责，行政机关拒绝履行或者不予答复的”，属于行政诉讼受案范围。根据上述规定，请求行政机关履行的，必须是法律、法规、规章等明确赋予行政机关对外行使的行政管理职责。那些仅限于行政内部领域的措施，例如请求上级行政机关对下级行政机关作出一个命令、对下级行政机关实施监管监督，因其不具有对外性、不直接设定新的权利义务，通常不能在请求履行法定职责之诉中提出。本案中，再审申请人要求再审被申请人履行“协调省直机关湖北省司法厅和湖北省卫生和计划生育委员会进行监管、处罚”的职责，属于行政机关的内部监督管理范畴。上级行政机关对下级行政

机关监督、协调职责的履行与否，一般并不直接设定当事人新的权利义务。从司法权与行政权的关系出发，人民法院也不宜过多地介入行政机关的内部关系当中。此外，从诉的利益考虑，当事人如果认为下级行政机关的行政行为侵犯其合法权益，可以通过直接针对下级行政机关提起行政诉讼的方式寻求救济，且该种救济方式更为便捷直接。

第九类是“行政机关针对信访事项作出的登记、受理、交办、转送、复查、复核意见等行为”。我们在杨中国案裁定中，对信访行为为什么不可诉进行了解释：

信访制度是与行政复议和行政诉讼制度相互独立、相互分离的权利救济制度。所谓“信访”，根据《信访条例》第二条第一款的规定，是指公民、法人或者其他组织采用书信、电子邮件、传真、电话、走访等形式，向各级人民政府、县级以上人民政府工作部门反映情况，提出建议、意见或者投诉请求，依法由有关行政机关处理的活动。《信访条例》第十四条第二款规定：“对依法应当通过诉讼、仲裁、行政复议等法定途径解决的投诉请求，信访人应当依照有关法律、行政法规规定的程序向有关机关提出。”该条例第二十一条第一款第一项还规定：“对已经或者依法应当通过诉讼、仲裁、行政复议等法定途径解决的，不予受理，但应当告知信访人依照有关法律、行政法规规定程序向有关机关提出。”据此，对于能够通过诉讼、仲裁、行政复议等法定途径解决的事项，信访途径是排斥的；基于同样理由，对于信访工作机构处理信访事项的行为、不履行《信访条例》规定的职责的行为，或者行政机关依据《信访条例》作出的处理意见、复查意见、复核意见和不再受理决定，行政复议和诉讼途径亦是排斥的。《信访条例》第三十四条、第三十五条还规定："信访人对行政机关作出的信访事项处理意见不服的，可以自收到书面答复之日起30日内请求原办理行政机关的上一级行政机关复查"，"信访人对复查意见不服的，可以自收到书面答复之日起30日内向复查机关的上一级行政机关请求复核"，"信访人对复核意见不服，仍然以同一事实和理由提出投诉请求的，各级人民政府信访工作机构和其他行政机关不再受理"。可见，《信访条例》对不服信访答复意见提供了复查、复核等充足的救济途径，信访人穷尽救济途径或者自愿放弃救济，信访事项即告终结。

接下来，又对本案的具体情形进行了分析：

本案中，针对再审申请人信访反映的问题，枣阳市住房保障和房屋管理局已通过调查作出了书面答复意见，并在答复意见中明确告知："如不服本处理意见，你可自收到本处理意见书之日起30日内向枣阳市人民政府书面提出复查申请，逾期不申请复查，本处理意见书即为该信访事项的终结性意见"。但再审申请人放弃了在法定期限内向法定机关申请复查的权利，该信访事项不仅已告终结，其亦不能再行通过行政复议等途径寻求救济。枣阳市政府对其行政复议申请不予受理，并不违反法律法规规定。虽然枣阳市政府不予受理行政复议申请的理由是超过复议申请的法定期限，但复议决定的结果并无不当，一审判决驳回再审申请人的诉讼请求亦无不妥。

我们也发现了审判实践中的一个问题，那就是似乎存在将"信访"

泛化的倾向。信访是个筐，什么都往里装。把什么都归类为信访，是一种偷懒的做法，这样做难以让当事人服气，所以会引发申诉不止。在刘书平案中，我们对此进行了澄清和提醒。裁定是这样说的：

再审申请人刘书平申请再审的主要理由，是他认为生效裁判以其提出的政府信息公开申请属于信访事项为由驳回起诉是错误的。他主张，不能把“信访事项和政府信息公开行政案件混为一谈”。那么我们就有必要对信访和政府信息公开这两项制度做一番比较。所谓信访，按照《信访条例》第二条第一款的规定，“是指公民、法人或者其他组织采用书信、电子邮件、传真、电话、走访等形式，向各级人民政府、县级以上人民政府工作部门反映情况，提出建议、意见或者投诉请求，依法由有关行政机关处理的活动。”而政府信息公开则不涉及对于任何实体诉求的处理，按照《政府信息公开条例》第一条的规定，这项制度的主要功能在于保障公民、法人和其他组织依法获取政府信息。信访制度的一个特点是“对下和对外”，即信访人可以针对行政机关及其工作人员，法律、法规授权的具有管理公共事务职能的组织及其工作人员，提供公共服务的企业、事业单位及其工作人员，社会团体或者其他企业、事业单位中由国家行政机关任命、派出的人员以及村民委员会、居民委员会及其成员的职务行为，向受理信访的有关行政机关反映情况，提出建议、意见。而政府信息公开则只具有“对己和对内”的特点，即申请人只能向行政机关申请公开由本机关制作或者保存的政府信息。并且，这些政府信息只能是现有的、以一定形式记录、保存的信息，行政机关一般不承担为申请人汇总、加工或重新制作政府信息，以及向其他行政机关和公民、法人或者其他组织搜集信息的义务。

判断一个申请到底属于政府信息公开，还是属于信访事项，不能仅凭申请人的声称，也不能仅凭申请人自己贴上一个什么样的标签，而应通过将特定申请与制度宗旨进行比对，对其实质作出认定。在本案，再审申请人刘书平向郑州市政府提出政府信息公开申请，主要内容是要求对破坏当地村民委员会换届选举的相关情况进行调查，并公布调查材料和调查结果，这种要求行政机关履行监督调查职责进而创制信息的申请，明显与政府信息公开的制度宗旨不相符合。河南省高级人民法院认为，“刘书平的申请实质上是一种信访举报。郑州市政府对此申请所作答复为信访处置行为，属于信访制度调整范畴，不属于可诉的行政行为”，虽然在认定不属于政府信息公开范畴方面并无不当，也指出了其具有“举报”的性质，但简单地将“举报”和“信访”归为同一个制度，似乎存在将“信访”泛化的倾向。

但无论是举报，还是信访，其都不能受政府信息公开制度调整，却是一个不争的问题。即使是行使举报的权利，公民、法人或者其他组织也应当按照法律的规定，向有管辖权的行政机关提出。不能通过随意向一个没有管辖权的行政机关提出一个诉求，就此取得“相对人”资格，进而提起行政诉讼。就本案再审申请人所反映的事项来看，《村民委员会组织法》第十七条第二款规定：“对以暴力、威胁、欺骗、贿赂、伪造选票、虚报选举票数等不正当手段，妨害村民行使选举权、被选举权，破坏村民委员会选举的行为，村民有权向乡、民族乡、镇的人民代表大会和人民政府或者县级人民代表大会常务委员会和人民政府及其有关主管部门举报，由乡级或者县级人民政府负责调查并依法处理。”这就明显看出，郑州市政府对刘书平反映事项没有直接调查处理的职权。对于这样一个既不属于政府信息公开范畴，被告又不具备处理此类举报的法定职权的起诉，人民法院可以迳行驳回起诉。再审申请人还指控，“一审和二审法院存在卷宗造假、虚假审理、证据造假、事实造假等严重违法问题”，但没有任何证据材料支持，不足为信。

第十类是“对公民、法人或者其他组织权利义务不产生实际影响的行为”。在陈银花案裁定中适用了司法解释本项的规定，裁定指出：

> 撤销之诉是行政诉讼最为经典的诉讼种类，它以通过撤销为原告设定负担的行政行为的方式来形成权利。这就要求，请求撤销的行为必须是一个为原告设定负担、具有法律约束力、旨在设定一种法律后果的个别调整。《最高人民法院关于适用〈中华人民共和国行政诉讼法〉的解释》第一条第二款第十项“不属于人民法院行政诉讼的受案范围”的情形，即“对公民、法人或者其他组织权利义务不产生实际影响的行为”，就包括这层含义。本案所诉《公告》，只是一个公开而个别的通知，目的是通知行政行为的相对人参加行政程序，并不具有任何旨在创设、变更、解除或具有约束力地确认某种权利义务的内容。因此，此类行为不能成为撤销之诉的对象。

关于行为的维度，我们说了很多，看似情形很复杂，但若是会用一把尺子去丈量，也就不会犯难。这个“尺子”，就是行政行为本身所具备的特征。行政行为是行政机关针对具体事件、单方面作出的、具有外部效果的、行政法上的、处理行为。所谓用尺子丈量，就是用这几个特征去审视被诉的行为。当然，双方行为、事实行为等，则要另当别论。

合法性审查原则

行为的维度，就是行政行为的维度。行政行为永远会是行政诉讼中最为核心的概念。但是，与行政行为相关的一个重要原则——合法性审查原则，却需要我们以发展的眼光去重新打量。对这一原则的反思，可以说是我全部行政诉讼理念的灵魂，与随后我们将要重点讨论的诉讼类型化问题也密切相关，所以，借着介绍行为的维度，我把我在《新行政诉讼法逐条注释》一书中关于合法性审查原则的一节文字转述一下，以供同行思考。

> 《行政诉讼法》原第五条规定："人民法院审理行政案件，对具体行政行为是否合法进行审查。"这一原则被称为"行政审判的核心和基本原则问题"。在行政诉讼的初创时期，这一原则发挥了不容抹杀的历史作用。突出表现在两个方面：第一，这一原则强调了"人民法院依法审理行政案件，有权对被诉行政行为是否合法进行审理并作出裁判"，事实上为人民法院行使司法审查权提供了坚强的法律支持，在当时的历史条件下确立这一原则，绝不亚于马伯里诉麦迪逊案之于美国司法审查的意义。第二，这一原则强调对被诉行政行为的审查，从而为行政审判指引了一个正确的方向，避免了"法官和行政机关一道审原告"现象的发生，从而使行政诉讼法"保护合法权益、监督依法行政"

的立法目的最大可能地得以彰显。

但是，这一原则存在非常明显的历史局限性。在行政诉讼制度不断丰富扩展、人们对行政诉讼的性质和规律认识不断清晰和深化的今天，有必要对其存废或者地位进行反思。在《行政诉讼法》修改过程中，有的意见（包括本书作者在内）曾经建议将该原则予以取消，或者至多将其放到撤销判决部分加以规定，但立法机关认为该原则作为《行政诉讼法》唯一区别于《刑事诉讼法》和《民事诉讼法》的一个原则，已经耳熟能详，深入人心，很难撼动。尽管如此，本书认为仍有对这一原则进行讨论的必要，这对于加深我们对行政诉讼性质和规律的认识，拓展或者校正行政审判的思路和方法，都会有所助益。

（1）《行政诉讼法》原第五条的真正含义已经名存实亡

以往的教科书在对《行政诉讼法》原第五条进行解读时认为："行政诉讼这一基本原则包括两项内容：其一，人民法院在行政诉讼中只审查具体行政行为，而不审查抽象行政行为；其二，人民法院在行政诉讼中只审查具体行政行为的合法性，而不审查具体行政行为的合理性。"现在看来，经过《行政诉讼法》的修改，这两项内容都已不同程度得到推翻。第一，《行政诉讼法》不仅在对本条的修改中乃至在整部法律中删除了"具体"两字，使得审查对象不再限于"具体行政行为"，更通过第五十三条、第六十四条的规定，引入了规范性文件的附带审查，事实上将审查的触角延伸到了抽象行政行为。第二，《行政诉讼法》在第七十条对撤销判决的修改中，增加"明显不当"为可撤销的情形，事实上将审查范围只限于行政行为的合法性，适度扩大到了合理性。此外，《行政诉讼法》修正案还通过第七十八条对于行政协议履行及补偿判决的规定，引入了是否"按照约定"的审查，这就离合法性审查模式更加相去甚远。不过，上述变化还属于显而易见的范畴，接下来的讨论才是本书想要表达的重点。

（2）行政行为是审查对象而非审理对象

过去的实务见解，大多将具体行政行为当作行政诉讼的审理对象。例如有的观点认为："具体行政行为是行政诉讼的客体。人民法院审理行政案件的主要任务是对具体行政行为是否合法进行审查。"这种观点实际上是混淆了诉讼对象与审查对象。关于诉讼对象，民事诉讼方面的学者认为："法院审理与判决的内容就是所谓的'诉讼对象'，又被称为'诉讼标的'或'诉讼物'等等。所谓的诉讼对象是指，在诉讼中应当被实现的实体权利的主张，也被称为'诉讼上的请求'。"在这一诉讼原理问题上，行政诉讼与民事诉讼没有什么不同。以撤销诉讼为例，诉讼对象应当是原告提出的撤销被诉行政行为的诉讼请求是否成立。法院所要审理的，既包括诉的适法性，如诉权、侵权可能性、起诉期限等；又包括诉的理由具备性，如被动适格、被诉行政行为的违法性、权利侵害与撤销请求权。与众多需要审理的事项相比，行政行为的合法性问题只是其中的一个环节，尽管它确实属于最为核心的环节。其实，早在《行政诉讼法》最初起草的时候，就有诉讼法领域的学者提出过行政案件的审理对象问题。例如刘家兴教授指出："有人认为……人民法院审理行政案件，就是审理行政机关的具体行政行为。这种认识，不仅在理论上是不清楚的，而且是不符合客观实际的。""人民法院对行政案件审查的是具体行政行为，而审理的则是因具体行政行为所发生的行政法律关系。……如果不是这样来认识问题，而将审查的对象等同于审理的对象，那就不能揭示诉讼的实质，不会着眼于案件的全部事实，也就难以从法律关系是否应该成立的根据上，对具体行政行为作出正确的判断。”

（3）合法性审查是撤销诉讼的原则，但不是所有诉讼类型一体适用的原则

以往的实务见解普遍认为：“审查具体行政行为合法性原则作为行政诉讼的基本原则之一，它贯穿于行政诉讼的各个方面，指导各个诉讼环节，是带有普遍性的诉讼行为准则。”这种认识是撤销诉讼一体主义的历史背景下的必然产物。但是，随着干预行政向给付行政的演变，行政活动的方式大大丰富，行政诉讼的类型也大大丰富，与撤销诉讼相伴而生的合法性审查原则就日益显现出其适用领地的局限性，很难对所有诉讼类型一体适用。以义务之诉为例。且不说很多情况下在这一诉讼类型中并不存在一个已经作出的“行政行为”，即便在行政机关已经作出一个明确拒绝的行政行为的情况下，法院所要审理的要件事实，也绝不限于行政行为的合法性。按照德国的行政诉讼实务，义务之诉理由具备性的审查要件包括：被动适格、请求权基础、管辖权、程序、虽有请求权仍被拒绝、权利侵害、裁判时机成熟。德国的经验同时也说明，要件审查方法比之于合法性审查，不仅更为全面、清晰，也能够针对不同诉讼类型作出符合各自特点的设计。

（4）诉讼类型的丰富也在“行为诉讼”之外产生了“关系诉讼”

传统的行政诉讼基本属于“行为诉讼”，但作为补充，“关系诉讼”也渐次被引入行政诉讼之中，最典型的莫过于确认之诉。与行为诉讼不同，此类诉讼有时并非针对一个行政行为而提起，在这种情况下也就谈不上对行政行为的合法性进行审查。例如，在德国有所谓的确认法律关系存在或者不存在之诉。法院所要审理的是原告所主张的法律关系，如果原告所主张的法律关系存在

（积极的确认之诉），或者不存在（消极的确认之诉），那么，一般确认之诉就具备理由。在我国台湾地区，将其称作确认法律关系成立或不成立。其诉讼对象系公法上法律关系，而“公法上法律关系之存在，有直接基于法规规定者，亦有因行政处分、行政契约或事实行为而发生者，惟法规、行政行为或事实行为，均非法律关系，不得以其存否为确认之对象”。我国《行政诉讼法》亦引入了确认判决的方式，虽然并没有明文规定可以确认法律关系成立不成立之问题，但确认之诉作为一种独立的诉讼类型，它的引进行政诉讼本身，就天生带着与撤销诉讼等传统诉讼类型不一样的使命，针对法律关系展开诉讼应当是题中应有之义。行政法近几十年来的发展表明，“由行政行为（和其他活动方式）建立的行政法律关系却有取而代之的趋势”，这“有助于从另一个角度认识行政行为，并且可以赋予行政行为以新的内涵”。因此可以说，以上对于合法性审查原则的讨论，也有助于我们开阔思路，更新观念，准备迎接新的实践挑战。

时间的维度

法谚云："法律不保护权利上的睡眠者。"所以，过于迟延地请求法律救济将不受到法律的保护。但在有些情况下，过早地请求法律救济，同样不被法律所允许。就行政诉讼来说，通常都是针对一个行政处理提起诉讼，这就存在一个起诉时机问题。按照成熟原则，行政程序必须发展到适宜由法院处理的阶段才算成熟，才能允许进行司法审查。

这是我在王守保案裁定的开头所说的一段话。这段话其实也说清了所谓"时间的维度"考虑的是什么样的问题。你们也会注意到，这段话里提到了"成熟原则"。所谓的"成熟"，常常被用来形容适于采摘的果子。事实上，这个原则真的有可能正来自于此。拉伯雷小说《巨人传》中的布赖德尔古斯法官说："自然界告诫我们，应当在果子成熟时，而不能在此之前采摘、收获、享用它。"他认为诉讼也是如此，"我想等到……诉讼或程序随着时间的推移终于成熟了的时候再给予明确的判决。"伯纳德·施瓦茨在《行政法》一书中转述了这段话，他补充说："强调时机的成熟性也是当今行政法的特点。"

施瓦茨的《行政法》我很早就买了，是在西单附近的群众出版社门市部，这个书店给我的印象很深，这本书中的这段话给我的印象也很深，所以在处理王守保这个案子时，我自然就想到了它。在这个案子中，王守保就是在果子还没成熟的时候，就心急火燎地要去采摘它。他是在2013年10月28日，向宣城市城管局电话举报，要求该局履行查处违法建设的法定职责。还没有等到法定的六十天期限届满，他就于2013年11月8日向宣城市政府申请行政复议，声称宣城市城管局不履行查处职责。宣城市政府驳回了他的复议申请，起诉后，原审法院判决驳回了他的诉讼请求。针对王守保的再审申请，我们在裁定里这样说：

行政机关履行法定职责通常需要一个过程，因此有些法律、法规对行政机关履行职责的期限作出了专门规定。法律、法规对行政机关履行职责的期限未作专门规定的，《行政诉讼法》第四十七条则统一设置了两个月的期限。如果行政机关超过法定期限未履行职责，公民、法人或者其他组织即可以提起诉讼；反之，如果法定履行职责的期限未届满就提起诉讼，就属于起诉时机不成熟，人民法院应当不予立案或者裁定驳回起诉。当然，如果行政机关在履行职责期限之内就作出拒绝决定，则不受履行职责期限的限制，公民、法人或者其他组织可以即时针对拒绝决定提起诉讼。

针对行政机关不履行法定职责申请行政复议，也是如此。按照《行政复议法实施条例》第十六条第一款的规定，公民、法人或者其他组织申请行政机关履行法定职责，行政机关未履行的，行政复议申请期限依照下列规定计算：有履行期限规定的，自履行期限届满之日起计算；没有履行期限规定的，自行政机关收到申请满六十日起计算。

在回答王守保的再审理由时，裁定还论及“紧急情况”应当如何理解。王守保的观点是这样的：“根据《行政复议法实施条例》第十六条的规定，并不是所有情况都适用六十天的期限规定，其反映的违法建设情况紧急，举报当天上午，施工队强行施工，如不及时处理，会导致违法施工一直持续，对申请人的权益造成持续伤害，故宣城市政府驳回复议决定错误。”对此裁定这样认为：

> 《行政复议法实施条例》第十六条第二款确实规定：“公民、法人或者其他组织在紧急情况下请求行政机关履行保护人身权、财产权的法定职责，行政机关不履行的，行政复议申请期限不受前款规定的限制。”但本款规定的“紧急情况”，通常强调的是时间紧迫、事项重大，而且错过了这个时间就不可逆转或者损失不可弥补的情形。例如，考试的紧迫性、人身救助需要、参加有时间限制的活动等。本案中，宣城市城管局接到再审申请人举报后，已经进行了现场勘查、对相关人员调查询问、并作出了停工通知。即使施工队罔顾停工通知强行施工甚至造成财产受损，也可以通过赔偿等途径获得相应弥补，尚难达到情况紧急不可逆转的情形。故对再审申请人的上述主张，本院不予支持。

在行政诉讼中，起诉期限问题主要出现在针对一个行政行为提起的撤销之诉中，有时，也会出现在请求确认一个行政行为违法的起诉中，因为这类起诉虽然号称“确认”，但却不是典型的确认之诉，实际上只是撤销之诉的变种。例如在陈永利案中，陈永利请求人民法院确认五河县政府征收其土地的行为违法，就是针对行政机关单方作出的一个征收土地行为提起的诉讼。根据原审法院查明的事实，陈永利于 2012 年 9 月底便已知道被诉土地征收行为的内容，其于

2015年7月21日才提起本案诉讼，原审法院认为，其显然已经超过《最高人民法院关于执行〈中华人民共和国行政诉讼法〉若干问题的解释》第四十一条第一款规定的二年起诉期限。在驳回再审申请的裁定中，我们对为什么设置起诉期限制度进行了详细的讲解：

> 根据《行政诉讼法》第四十五条、第四十六条、第四十七条、第四十八条的规定，行政诉讼实行的是起诉期限制度。所谓起诉期限，是指法律规定的当事人不服某项行政行为时向法院请求司法救济、行使行政撤销权的时间限制。它是比照民法上的除斥期间和诉讼上的上诉期间进行设计和变造，在性质上属于程序法上的法定期间，不能中断或者中止，特殊情况下才可申请延长或扣除被耽误的时间。设置起诉期限制度的目的和功能，在于维护行政行为的效力，以确保行政法律关系的尽早安定。而民法通则对于诉讼时效的规定有所不同。超过诉讼时效期间，当事人自愿履行的，不受诉讼时效限制。而且，诉讼时效期间为可变期间。虽然《最高人民法院关于适用〈中华人民共和国行政诉讼法〉若干问题的解释》第十二条规定，对行政机关不依法履行、未按照约定履行行政协议提起诉讼的，参照民事法律规范关于诉讼时效的规定，但这是基于行政协议的履行之诉与民法上的合同履行之诉有诸多相同点而做出的特别规定，起诉行政机关作出的单方行政行为，仍然要适用行政诉讼的起诉期限的规定。

一个好的当事人，总是会不失时机地提出一些颇有理论意义的问题。例如陈永利就提出了“放弃时效抗辩权利”问题，他认为，五河县政府并未以超过诉讼时效为由进行抗辩，应当视为放弃时效抗辩权利，故二审法院不得以超过诉讼时效为由裁定驳回上诉，维持原驳回起诉裁定。针对这一观点，我们是这样回应的：

> 固然，民法上的时效不是权利消灭的原因，它只给予义务人一个抗辩权。如果义务人不作为，即不行使他的抗辩权，则请求权可以通过司法程序得到执行。在民事诉讼中，当事人未提出诉讼时效抗辩，人民法院也不应对诉讼时效问题进行释明及主动适用诉讼时效的规定进行裁判。但在行政诉讼中，通常并不适用时效制度，而是适用起诉期限，已如前述。而按照《最高人民法院关于适用〈中华人民共和国行政诉讼法〉若干问题的解释》第三条的规定，是否遵守起诉期限属于起诉条件的一种，对于起诉条件的审查，人民法院应当依职权进行，不用等待当事人的申请，也不用基于当事人的抗辩。对于"超过法定起诉期限且无正当理由的"，人民法院可以径行裁定驳回起诉。

《行政诉讼法》还规定了"最长诉讼保护期限"。在马中现案中，我们就对此进行了解说。裁定是这样说的：

> 《行政诉讼法》第四十六条用两款分别规定："公民、法人或者其他组织直接向人民法院提起诉讼的，应当自知道或者应当知道作出行政行为之日起六个月内提出。法律另有规定的除外。""因不动产提起诉讼的案件自行政行为作出之日起超过二十年，其他案件自行政行为作出之日起超过五年提起诉讼的，人民法院不予受理。"修改前的《行政诉讼法》规定的起诉期限只有三个月，当事人很容易因超过起诉期限而失去请求法院救济的权利，所以本条第一款将起诉期限延长为"自知道或者应当知道作出行政行为之日起六个月"。但是，行政行为在很多情况下

只是送达直接相对人，其他因该行政行为受到不利影响的人未必能够及时得知，如果因为利害关系人无法“知道或者应当知道”行政行为而不能开始计算起诉期限，将会造成行政行为的效力随时都可以争议，行政法律关系无限期地处于不稳定状态。为了实现行政法律关系的尽早安定，修改后的《行政诉讼法》通过本条第二款增加了最长诉讼保护期限的规定，其含义是指，自行政行为作出之日起，经过一定的期间就不得提起撤销诉讼。这一期间属于客观期间，不论当事人是否知道或者应当知道行政行为的存在。本案中，再审申请人主张，“其直至2015年12月才最终取得汝州市政府为史二杆办证的档案材料，之后才能诉至法院，所以诉讼时效应当从2015年12月起算”，这种认识是没有完整理解《行政诉讼法》第四十六条两个条款的内在联系。按照本条规定，即使再审申请人确实是在知道或者应当知道行政行为之后的六个月内提起诉讼，但也因超过了二十年的最长诉讼保护期限，从而丧失了寻求司法救济的权利。

马中现在再审申请书中还主张：“《行政诉讼法》虽然没有关于诉讼时效中止、中断的规定，但人民法院审理行政案件可以参照《民事诉讼法》的有关规定”。这种认识具有一定的代表性，有必要予以澄清，所以我们接着对这个观点进行了辨析：

《行政诉讼法》第一百零一条确实规定：“人民法院审理行政案件，关于期间、送达、财产保全、开庭审理、调解、中止诉讼、终结诉讼、简易程序、执行等，以及人民检察院对行政案件受理、审理、裁判、执行的监督，本法没有规定的，适用《中华人民共和国民事诉讼法》的相关规定。”这是因为，行政诉讼与民事诉讼有许多共同点，民事诉讼的许多程序对行政诉讼是适用的。但是，作为解决行政争议的行政诉讼毕竟有其特有性质，《民事诉讼法》的一些规定并不能适用于行政诉讼。具体来讲，行政诉讼对于《民事诉讼法》的适用，应当排除两种情形：一是《行政诉讼法》已有规定的；二是《行政诉讼法》虽然没有规定，但《民事诉讼法》的规定与行政诉讼性质有所抵触的。事实上，《行政诉讼法》规定的最长诉讼保护期限，正是参照《民法通则》规定的二十年最长诉讼时效而设计，但基于行政法律关系的特殊性，有意排除了《民法通则》第一百三十七条关于“有特殊情况的，人民法院可以延长诉讼时效期间”的适用。因此，在撤销之诉中，不存在适用民事诉讼最长诉讼时效的空间，也不存在诉讼时效中止、中断、延长的可能。

田先启案，涉及的则是行政协议之诉的起诉期限。本案的争议焦点是，田先启请求撤销其与江夏区政府签订的《征补协议》并与其重新签订协议。一审法院认为，田先启与江夏区政府于2011年7月签订的《征补协议》，于2015年4月才提起本案诉讼，超过了民事法律规定的除斥期间，因此驳回其诉讼请求。二审法院驳回上诉，维持原判。田先启申请再审时称：“再审申请人是请求撤销《征补协议》而不是请求行政机关依法履行或按照约定履行协议，《最高人民法院关于适用〈中华人民共和国行政诉讼法〉若干问题的解释》第十二条未规定提起撤销诉讼要参照民事法律规范关于诉讼时效的规定。且被诉协议是不平等主体之间签订的，不应参照合同法的规定。”我们在裁定中是这样回应的：

《最高人民法院关于适用〈中华人民共和国行政诉讼法〉若

干问题的解释》第十二条对于行政协议之诉的诉讼时效和起诉期限进行了“两分法”处理，一是，“公民、法人或者其他组织对行政机关不依法履行、未按照约定履行协议提起诉讼的，参照民事法律规范关于诉讼时效的规定”；二是，“对行政机关单方变更、解除协议等行为提起诉讼的，适用行政诉讼法及其司法解释关于起诉期限的规定”。这是基于行政协议既有双方性、又有单方性，行政协议之诉既有关系之诉的新特点，又有行为之诉的旧传统，而作出的区别处理。行政协议虽然仍属于一种行政活动方式，但它却借用了民法合同的方式，行政机关与协议许多人之间虽然本质上不属于平等的民事主体，但却是以平等协商的方式订立并履行协议，正是基于这种平等性和双方性，当因为行政协议的订立和履行产生争议，可以适用不违反行政法和《行政诉讼法》强制性规定的民事法律规范。但行政协议终究不是民事合同，行政机关因公共利益需要或者其他法定理由，可以单方变更、解除协议，这种行政优益权的行使，与传统的单方行政行为并无不同，因此针对行政机关单方变更、解除协议的行为提起诉讼的，仍然适用《行政诉讼法》及其司法解释关于起诉期限的规定。据此，一审和二审法院认定再审申请人提起的合同撤销之诉应参照《合同法》的相关规定予以审查，符合上述法律及司法解释的规定精神。

以往，我们并没有更多地意识到起诉期限与诉讼类型的关系，这无疑是不精细的。在赵英军案中我们首次提出：“不同的诉讼类型决定了起诉期限会有所不同，也决定了起诉期限的起算点会有所不同。”来看看裁定具体是怎么说的：

二审法院认为，“2011年赵英军等人在《307复线娘子关建筑拆迁明细表》和《307复线娘子关征地明细表》上签字确认，并于2011年领取了全部补偿款，说明赵英军等人在2011年就应当知道被诉补偿标准，其针对2011年的补偿标准于2015年4月21日提起行政诉讼，超过《最高人民法院关于执行〈中华人民共和国行政诉讼法〉若干问题的解释》第四十一条第一款规定的2年起诉期限，对赵英军等人的起诉应当驳回。”这一认定显然是建立在认为本案属于撤销之诉，请求撤销的对象是“2011年的补偿标准”的基础之上的。但二审法院显然忽略了赵英军等人的核心诉求是请求判令被告履行法定职责，即判令行政机关以新的标准重新进行补偿。就此事项，赵英军等人曾于2014年8月19日以平定县政府为被申请人向阳泉市政府申请行政复议。根据《行政诉讼法》第四十五条的规定，经过复议的案件，起诉期限以收到复议决定书之日起算，起诉期限为十五日。在本案，赵英军等人于2015年4月7日收到复议决定书，并于2015年4月21日提起本案诉讼，并未超过起诉期限。

至于二审法院认为“赵英军等人超过了行政复议申请期限，阳泉市政府在不符合受理条件的情况下作出复议决定，程序违法”，显然也是将赵英军等人的行政复议申请理解为单纯请求撤销2011年的补偿标准。根据《行政复议法》第六条的规定，公民、法人或者其他组织申请行政复议，不仅可以申请撤销一个具体行政行为，也可以申请行政机关履行法定职责。申请撤销一个具体行政行为，申请期限应当依照《行政复议法》第九条的规定，自知道该具体行政行为之日起六十日内提出行政复议申请；要求行政机关履行法定职责的申请期限，通常应以行政机关拒绝履行的决定的作出时间起算，行政机关不予答复的则应当以行政机关“未履行”法定职责的具体情况，例如行政复议申请人知道要求行政机关履行法定职责的请求权基础的时间确定。在本案，赵英军等人的复议申请，系要求行政机关履行法定职责，即“依照2014年7月7日公布的平定县政府征收土地公告（2014年第38号）和平定县国土资源局征地补偿安置方案公告（2014年第38号）的土地补偿安置标准旱地每亩29376元依法对我们二十八户的承包地合理补偿”。即使从作为其请求权基础的前述公告的公告之日（2014年7月7日）起算，到其于2014年8月19日提出行政复议申请，也并未超过六十日。

空间的维度

空间的维度，说的是管辖。管辖，是指确定法院之间受理案件的分工和权限。我在《新行政诉讼法逐条注释》中曾说：“在行政诉讼中，受案范围确定后，需要进一步明确的就是管辖。受案范围是管辖的前提，它明确的是人民法院对哪些行政案件拥有审判权，是与法院以外的其他国家机关之间的权限划分问题。而管辖则是解决法院内部不同法院之间的权限分工。”管辖问题就像一个坐标，纵向上解决的是不同级别的法院之间的分工，横向上解决的则是不同地域的同级法院之间的分工。这一横一纵就构成了一个空间的维度，找对了那个点就是找对了管辖法院。

我们在单君案中，就对级别管辖进行了阐述：

> 所谓级别管辖，是指上下级人民法院之间受理第一审案件的分工。按照《行政诉讼法》第十四条的规定，第一审行政案件一般由基层人民法院管辖。确立这一原则，主要是为了便于当事人就近诉讼，便于人民法院审判执行，并且均衡上下级法院之间的工作负担。除此之外，级别管辖还具有保障人民法院公正行使审判权的实体价值。正因如此，《行政诉讼法》在修改时适度增加了中级人民法院管辖的第一审行政案件的范围，将被告级别由“省、自治区、直辖市人民政府”扩大到“县级以上地方人民政府”。

但这里所说的“地方人民政府”，不包括地方人民政府的工作部门，按照《行政诉讼法》第十五条第一项的规定，只有对“国务院部门”所作的行政行为提起诉讼的案件，才由中级人民法院管辖。在本案，再审申请人以安徽省物价局为被告，直接向中级人民法院提起诉讼，不符合级别管辖的规定。

说到此，发现对此问题也没有多少可以争议的空间，但为什么当事人执意申请再审呢？原来他是在“重大、复杂”这一级别管辖的标准上有自己的理解。他主张：其直接向中级人民法院提起诉讼，是因为“本案应当属于重大、复杂，应当由中级人民法院管辖的案件”，“基层人民法院审理省级行政机关存在诸多障碍”。裁定对此回应说：

固然，《行政诉讼法》第十五条第三项规定，中级人民法院管辖“本辖区内重大、复杂的案件”，《最高人民法院关于适用〈中华人民共和国行政诉讼法〉的解释》第六条也规定，当事人以案件重大复杂为由，认为有管辖权的基层人民法院不宜行使管辖权的，可以直接向中级人民法院起诉，但这并不意味着中级人民法院必须受理，根据不同情况，中级人民法院可以决定自己审理，或者指定本辖区其他基层人民法院管辖。经审查不存在“案件重大复杂，有管辖权的基层人民法院不宜行使管辖权”情形的，可以书面告知当事人向有管辖权的基层人民法院起诉。在本案，显然不存在《最高人民法院关于适用〈中华人民共和国行政诉讼法〉的解释》第五条所规定的属于“本辖区内重大、复杂的案件”的各种情形，一审法院经释明和告知之后裁定不予立案，符合法律规定。

在张尚义案中，我们则对专属管辖作出阐述：

> “因不动产提起的行政诉讼”，在行政诉讼中涉及两个重要问题：一是涉及专属管辖，二是涉及最长起诉期限。《行政诉讼法》第二十条规定：“因不动产提起的行政诉讼，由不动产所在地人民法院管辖。”这一规定被称为专属管辖。作出这种制度安排，主要是考虑法院行使审判权的便利性。不动产所在地法院能够就近调查、勘验、取证、测量，以及就近执行判决。

实践中，对于何为“不动产”并无争议，一般是指不能移动其位置或者其位置移动后就会引起其性能、价值、形状等改变的财产，主要指土地（包括滩涂、草原、山岭、荒地等）及其地面附着物。真正存在争议的是何为“因不动产”，亦即如何界定“因不动产提起的行政诉讼”。裁定对此也进行了阐述：

> 通说认为，一般是指因行政行为直接针对不动产而引起的行政纠纷，而不应当扩大解释为与不动产有任何联系的行政纠纷。正是基于这种认识，《最高人民法院关于适用〈中华人民共和国行政诉讼法〉的解释》第九条第一款进一步作出界定：“行政诉讼法第二十条规定的‘因不动产提起的行政诉讼’是指因行政行为导致不动产物权发生变动而提起的诉讼。”所谓“因行政行为导致不动产物权发生变动”，是指因行政行为直接导致不动产物权设立、变更、转让、消灭等法律效果。

管辖问题本来不是一个复杂的问题，但我的裁判中也触碰到一些有意思的问题，例如双被告制度就带来一些管辖问题的争议，童传霞案就是如此。在这个案件中，童传霞因不服安徽省发改委政府信息公开行为及安徽省政府行政复议行为，以安徽省发改委和安徽省政府为共同被告，向安徽省合肥市中级人民法院提起行政诉讼。根据《最高人民法院关于适用〈中华人民共和国行政诉讼法〉若干问题的解释》第八条的规定，“作出原行政行为的行政机关和复议机关为共同被告的，以作出原行政行为的行政机关确定案件的级别管辖”。据此，本案应以作出原行政行为的行政机关，即安徽省发展和改革委员会，确定本案的级别管辖。根据《行政诉讼法》第十四条、第十五条的规定，本案应由基层人民法院管辖，不属于中级人民法院管辖的第一审行政案件。童传霞对此倒是不持异议，她所质疑的是移送问题。她说：“一审法院在接到再审申请人的起诉状后，发现本案不属于该院受理范围的，应当按照《行政诉讼法》第二十二条的规定，将本案移送基层法院。”我们对这个问题怎么回答呢？裁定是这样说的：

《行政诉讼法》第二十二条确实对移送管辖作出了规定，根据该条规定，“人民法院发现受理的案件不属于本院管辖的，应当移送有管辖权的人民法院，受移送的人民法院应当受理”。据此，移送管辖的前提是案件已经受理。而本案尚未被受理，原审法院在立案阶段即发现案件不属于该院管辖，可以径行裁定不予立案，并不符合移送管辖的条件。

在侯峰案中，我们对移送管辖的制度趣旨做了进一步解说：

移送管辖是法院错误受理案件之后采取的一种补救措施，目的不仅在于纠正法院的管辖错误，也旨在谋求对于原告的便利。如果人民法院像对待不具备起诉条件的其他情形一样裁定驳回起诉，那么原告不仅需要花费再诉的时间和费用，还有可能导致起诉期限的耽误。移送管辖主要包括发生在同级法院之间的地域管辖错误，有时也包括发生在上下级法院之间的级别管辖错误。

侯峰案的过程略微有些曲折。他本来是以太和县政府和城关镇政府为共同被告向中级人民法院提起诉讼，法院受理了他的案件。这是符合共同被告情况下“就高不就低”的原则的，即应当以级别高的那个行政机关确定管辖法院。但是，一审法院在立案之后经审查认为，“太和县政府否认参与拆除侯峰的房屋，而侯峰提供的证据也不能证明太和县政府参与了对其房屋的拆除，侯峰针对太和县政府的起诉没有事实根据。”在针对太和县政府的起诉不成立的情况下，一审和二审法院认定“侯峰就涉案强拆行为向中级人民法院提起行政诉讼，不符合级别管辖的规定”。

侯峰对此想不明白，他认为：“原审法院作为管辖法院，已经对本案审理完毕，此时再以不属于受案人民法院管辖为由裁定驳回起诉，缺乏法律依据。”他又说：“原审法院已经审理了再审申请人对城关镇政府的起诉，应当视为原审法院已经决定自己审理该案件，不宜再裁定驳回起诉，否则不仅浪费资源，也会增加诉讼当事人的讼累。”他还说：“即使对城关镇政府的起诉确实不属于原审法院管辖，原审法院也应当在开庭审理之前依法将本案移送有管辖权的人民法院，而非开庭审理后裁定驳回起诉。”

连珠炮一般的追问，我们也无法辩驳。在通常情况下，很多法官可能就绕着走了，或者含糊其辞地对付过去。但我在裁定中直言不讳地对当事人的观点表示了赞同。这也是我经常采取的做法，我以为，有一说一，有二说二，错的就是错的，对的就是对的，才是能令当事人接受的态度。如果只是为了驳回当事人的上诉或者申诉，对其有道理的观点也一概不予认同，不仅不能令当事人信服，也会使那些错误的认识继续流传下去。所以裁定说了下面这段话：

> 这些观点不无道理。固然，适用“就高不就低”原则的前提是有“高”，当共同被告中层级较高的“国务院部门或者县级以上地方人民政府”在立案后经审查被认为不是适格被告时，则同案中层级较低的行政机关再由中级人民法院管辖，就因“高无所就”而失去了管辖权依据。但是，这与当初就是单独针对层级较低的行政机关到中级人民法院起诉毕竟有所不同，不宜一概全案驳回起诉。尤其是案件已经进行了开庭审理且对层级较低的行政机关作出的行政行为进行了一定审查之后，受诉中级人民法院完全可以依照《行政诉讼法》第二十四条第一款关于“上级人民法院有权审理下级人民法院管辖的第一审行政案件”的规定，继续对案件进行审理，以节约司法资源、避免诉讼延宕、减轻当事人诉累。如果受案法院认为存在借机抬高级别管辖的嫌疑或者有正当理由认为自己不宜对案件继续审理，也可以不由自己审理，但正确的做法不应当是全案驳回起诉，而应在裁定驳回针对较高层级的行政机关的起诉之后，将案件移送有管辖权的基层人民法院。

不过，肯认当事人的观点是一方面，是否因此就要改案子，却不能简单从事，这要考虑很多因素。在这个案件中，我们就考虑了下面这个因素：

> 本案不予适用移送管辖的规定，依法应予纠正。鉴于原审法院未适用移送管辖并不影响再审申请人另行起诉的权利，而且，

通过当事人另行起诉也比通过启动再审予以移送更为经济，因此决定不对本案提起再审。再审申请人可以以本案生效裁判和本裁定为据，另行到有管辖权的人民法院起诉，以主张相应的权利。

这是一种务实的态度，是实质法治主义的体现。它既保证当事人的权利得到救济，同时也维护了生效裁判的稳定。

重复起诉

刚刚我们提到维护生效裁判的稳定，其实这正是效力的维度所要考虑的问题。我们现在就开始谈谈效力的维度问题。

在《最高人民法院关于适用〈中华人民共和国行政诉讼法〉的解释》第六十九条第一款规定的应当驳回起诉的各项情形中，有两项与效力的维度相关，一是第六项的“重复起诉”，二是第九项的“诉讼标的已为生效裁判或者调解书所羁束”。两者略有区别的地方，我以为在于，前者在起诉时前诉可能已经发生法律效力，也可能尚未发生法律效力，只是产生了诉讼系属；后者则是在起诉时其诉讼标的已为前诉的生效裁判或者调解书所羁束，这便是既判力的问题。

我们在陈前生案中对重复起诉之所以被禁止进行了阐述：

> 重复起诉之所以被禁止，是因为它违反了诉讼系属、既判力和一事不再理原则。如果允许重复起诉，将造成因重复审理而带来的司法资源浪费、因矛盾判决而导致的司法秩序混乱以及因被迫进行二重应诉而对被告产生的不便。根据《最高人民法院关于适用〈中华人民共和国民事诉讼法〉的解释》第二百四十七条第一款的规定，同时符合下列条件的，构成重复起诉：后诉与前诉的当事人相同；后诉与前诉的诉讼标的相同；后诉与前诉的诉讼请求相同，或者后诉的诉讼请求实质上否定前诉裁判结果。

作出这个裁判之后，《最高人民法院关于适用〈中华人民共和国行政诉讼法〉的解释》第一百零六条也对重复起诉作出了规定：“当事人就已经提起诉讼的事项在诉讼过程中或者裁判生效后再次起诉，同时具有下列情形的，构成重复起诉：（一）后诉与前诉的当事人相同；（二）后诉与前诉的诉讼标的相同；（三）后诉与前诉的诉讼请求相同，或者后诉的诉讼请求被前诉裁判所包含。”

在上列三种情形中，前两项尚不难分辨，比较难分辨的是第三项，尤其是第三项的后一句话，即“后诉的诉讼请求被前诉裁判所包含”，因为单从外观来看，后诉与前诉的诉讼请求还不是完全相同的。我们在陈前生案中就遇到了这个问题。陈前生主张：“此前针对金寨县政府征收决定提起的诉讼是请求撤销，本次诉讼是请求确认违法；此前针对房屋征收补偿协议提起的诉讼是请求撤销，本次诉讼是请求确认无效。请求不同，内容不同，是截然不同的两个诉讼。二审法院也已认定诉讼请求表述不同，因此不存在重复起诉。”这一主张乍听起来不能说没有一点道理，所以回应起来就不是很容易，我记得当时写裁定时是很费了一番气力的。裁定这样说：

> 构成重复起诉的要件之一是后诉与前诉的诉讼标的相同。该要件对应的是既判力。所谓既判力是指，判决确定后，无论是否违法，当事人及法院均受其拘束，不得就该判决之内容再为争执。而既判力的客观范围恰恰是诉讼标的。如果后诉与前诉的诉讼请求完全相同，例如都是请求撤销同一个行政行为，属于重复起诉自不待言。值得讨论的是后诉和前诉的诉讼请求表面上看并不相同的情况下，能否产生后诉被前诉的既判力所及的效果。通说认为，撤销诉讼的诉讼标的，系由违法性与权利损害两者所构成。换句话说，行政行为的违法性是撤销判决适用条件的核心。

如果行政行为构成违法，且对原告的合法权益造成损害，人民法院就应当判决撤销。反之，如果人民法院判决驳回原告要求撤销行政行为的诉讼请求，即产生被诉行政行为并非违法的既判力，当事人不得在后诉中主张行政行为违法，后诉之法院亦受不得确认该行政行为违法之拘束。故原告提起撤销诉讼，经判决驳回后，即已确认该行政行为合法，再就同意行政行为提起确认违法之诉，应为前诉之既判力所及。再审申请人在本案中的第一项诉讼请求即属这种情形，原审法院认定属于重复起诉并裁定驳回起诉，并无不当。

请求确认无效与请求撤销的关系比请求确认违法与请求撤销的关系更复杂，因为后一对都是行政行为违法的法律后果，而前一对，在违法的程度上毕竟有所不同。我们在裁定中接着对此进行了分析：

但就前后两诉一是请求撤销或确认违法，一是请求确认无效而言，问题则相对复杂。这是因为两者在法评价上有其本质上的差异。撤销（或确认违法），在程度上只是一般违法；确认无效，按照《行政诉讼法》第七十五条的规定，则须达到“重大且明显违法”因而“自始无效”的程度。故此两种诉讼其中之一被判决驳回诉讼请求后，其既判力似乎并不当然地及于另一诉讼。但通说认为，自始无效本身并不是诉之适法性的前提，而是理由具备性问题。实践中，真正的无效确认之诉，主要出现于辅助请求中，或者它是遵照法院的释明采取的一种转换形式。换句话说，即使原告的请求仅是撤销，法院经审理认为达到自始无效的程度，也会判决确认无效；反之，如果原告的诉讼请求是确认无效，法院经审理认为仅仅属于一般违法，也会转而作出撤销判决。因此，无论原告的诉讼请求是确认无效，还是请求撤销（或确认违法），法院通常都会对是否违法以及违法的程度作出全面的审查和评价。在对前诉实体上判决驳回之后，后诉即因前诉已经进行了全面的合法性审查而构成重复起诉。

入选了“百篇优秀裁判文书”

接下来我们要讨论一下“诉讼标的已为生效裁判所羁束”。在张刚案中，核心争议就是对这一规定应当如何理解并具体适用。张刚在再审申请书中称：本案再审申请人几乎和奚小弟等人同时立案起诉，立案时并不存在“诉讼标的已为生效裁判所羁束的”情形，但是武汉市中级人民法院却选择性地开庭审理奚小弟等人的案件，对再审申请人的案件却裁定中止审理，不开庭，不调查、不询问。在奚小弟等人的案件的裁判生效后，再裁定驳回再审申请人的起诉，其实是刻意构建“诉讼标的已为生效裁判所羁束的”情形。

我们拿到张刚的再审申请书之后，认为该案存在如下一些特殊情况：前诉与后诉原告不同，但针对的是同一个行政行为；诉讼请求相同，都是请求撤销被诉行政行为；起诉时间一个在前、一个在后，但时间相隔不远；在后诉提起诉讼时，前诉正在审理，尚未有生效裁判。那么，原审法院先是将后诉裁定中止审理，待前诉裁判生效后再以“诉讼标的已为生效裁判所羁束”为由裁定驳回后诉，这一做法是否能够得到支持？的确值得做一番探讨。我们在裁定中，首先对“诉讼标的已为生效裁判所羁束”这一规定的理论基础进行了分析：

诉讼标的已为生效裁判所羁束的，裁定不予受理或者驳回起诉。这一规定的理论基础是既判力。所谓既判力，是指已经发生法律效力的判决、裁定对后诉的羁束力。其作用体现在消极和积极两个方面。消极作用是指，基于国家司法权的威信以及诉讼经济，在人民法院作出生效判决、裁定后，不准对同一事件再次进行诉讼。既判力的消极作用体现的是"一事不再理"，就此而言，与禁止重复起诉属于同一原理。

那么，张刚的起诉属于重复起诉吗？裁定接着分析：

关于重复起诉，《最高人民法院关于适用〈中华人民共和国民事诉讼法〉的解释》第二百四十七条第一款规定："当事人就已经提起诉讼的事项在诉讼过程中或者裁判生效后再次起诉，同时符合下列条件的，构成重复起诉：（一）后诉与前诉的当事人相同；（二）后诉与前诉的诉讼标的相同；（三）后诉与前诉的诉讼请求相同，或者后诉的诉讼请求实质上否定前诉裁判结果。"依此规定，所谓重复起诉，必须是当事人、诉讼标的、诉讼请求这三者同时具备"相同性"。就本案而言，生效裁判的原告是奚小弟等人，本案的原告则是张刚，显然不具备"后诉与前诉的当事人相同"这一主体要件。而判决作为解决特定当事人之间具体争议的意思宣言，其既判力显然不应及于别的事件或者没有关系的第三者。

虽然不能认定为重复起诉，但是，毕竟针对的却是同一个行政行为，这个问题又该如何解决呢？裁定接着指出：

无可否认，与民事诉讼相比，行政诉讼有其自身特点，以本案而论，尽管生效裁判与本案诉讼的原告不同，但起诉的却是同一个行政行为。正因如此，一审裁定认为，“生效裁判具有法律效力，对当事人和人民法院均具有约束力，人民法院不能再对同一诉讼标的进行审理。张刚所诉的行政行为已为一审、二审法院生效判决所羁束，本院不能再就该行为进行审理”。很显然，一审法院是将“行政行为”等同于“诉讼标的”。这种观点也是长期流行的主流观点，并且比较适应行政诉讼以审查行政行为的合法性为主要任务的特点。但是，审查行政行为的合法性，更突出地表现为撤销诉讼的主要任务，修改后的《行政诉讼法》在撤销诉讼之外新增了履行诉讼、给付诉讼、确认诉讼等诉讼类型，而在这些类型的诉讼中，常常并没有一个行政行为存在，因此将行政行为统一地确定为行政诉讼的诉讼标的，难以起到统领各种诉讼类型的作用。即使在撤销诉讼中，行政行为的合法性也仅只属于人民法院的审查对象，而审理对象则还包括该行政行为是否对原告合法权益构成侵犯等因行政行为而引起的行政法律关系。如果将审查对象等同于审理对象，就不能揭示诉讼的本质，不会着眼于案件的全部事实。因此，撤销诉讼的诉讼标的应当是“行政行为违法并损害原告权利这样一个原告的权利主张”。本案中，后诉与前诉起诉的虽然是同一个行政行为，但因原告不同，权利损害的主张亦有可能不同，因此不能简单地认定“后诉与前诉的诉讼标的相同”。

在上面这段文字中，我们提出了一个少有人思考的问题：究竟什么是行政诉讼的诉讼标的。这个问题，不仅事关行政诉讼的立案受理问题，也事关行政诉讼的审判思路，乃至行政裁判的既判力，是一个具有体系意义的问题。在后面讨论诉讼类型化的时候我还会专门讲到，这里我们先关注张刚案接下来如何收场。裁定接下来援引《民事诉讼法》的相关规定，分析了第三者的诉权问题。

> 既判力的积极作用是指，人民法院不得在其后的诉讼中作出与该判决、裁定内容相抵触的新的判决、裁定。这是法的安定性所决定的。但既判力只对与生效裁判当事人相同的后诉产生诉权的遮断效果，对于第三者而言，只是禁止作出与生效裁判内容相抵触的新的判决、裁定，而不是就此剥夺其诉权。正如《民事诉讼法》第五十四条规定，“诉讼标的是同一种类、当事人一方人数众多在起诉时尚未确定的，人民法院可以发出公告，说明案件情况和诉讼请求，通知权利人在一定期间向人民法院登记”。“人民法院作出的判决、裁定，对参加登记的全体权利人发生效力。未参加登记的权利人在诉讼时效期间提起诉讼的，适用该判决裁定”。所谓“适用该判决裁定”，是指适用该判决、裁定中人民法院认定的事实和理由以及所确定的原则，再结合后诉的具体情况作出相应裁判，而不是对于后诉不予审理和裁判。本案中，一审法院认为，“张刚所诉的行政行为已为一审、二审法院生效判决所羁束，本院不能再就该行为进行审理”，并进而驳回再审申请人的起诉，就与前述相关法律的规定不甚相符。

接下来，引出了一个比较新鲜的诉讼程序概念：“标准诉讼”。标准诉讼是德国《联邦行政法院法》所规定的一种诉讼程序，见于该法第93a条：“1. 如果行政机关的某项措施的合法性成为了超过二十个诉讼的标的，法院可首先审理其中1个或数个诉讼（标准诉讼）并中止其他诉讼。事先应听取当事人的意见。裁定不可诉。2. 在首先审理的诉讼中作出的裁判已经发生法律效力的情况下，在听取当事人意见之后，如果所有当事人一致认为其案件与首先审理的案件之间并无事实上或法律上的重要区别且案件事实清楚，法院以裁定对中止的诉讼作出裁判。法院可采用在标准诉讼中取得的证据；法院可以依裁量命令一名证人重新作证，或允许同一或另一鉴定人作出新的鉴定。如果法院依其自由心证认为其不会证明对裁判有重要影响的事实且可能会推迟法律争议的解决的话，法院可以拒绝对已在标准诉讼中取证的事实予以举证。拒绝可以在根据第一句作出的裁判中作出。对于根据第一句作出的裁定，如果法院本应以判决作出裁判的话，允许当事人采取法律救济措施。当事人应被告知该法律救济措施。”翻译有些蹩脚，但我们也能大体了解这一诉讼程序设计之精细。在《行政诉讼法》修改过程中，我们也曾建议引入标准诉讼，但未获采纳。裁定是这样说的：

> 在当事人一方人数众多、针对同一个行政行为分别提起撤销诉讼的情况下，分别对每一个起诉进行审理，确实不符合诉讼经济原则；人民法院对被诉行政行为的合法性进行全面审查，也决定了不可能在不同的案件中对同一个行政行为的合法性作出相反的认定。在这种情况下，比较恰当的做法是采用标准诉讼，即，首先审理其中一个或数个有代表性的诉讼，并中止其他诉讼。在首先审理的诉讼中作出的裁判发生法律效力的情况下，如果其他诉讼的当事人认为其案件与首先审理的案件之间并无事实上或法律上的重要区别且案件事实清楚，人民法院可以参照《民事诉讼法》第五十四条第四款的规定，裁定对中止的诉讼适用已经生效的判决裁定。本案中，再审申请人提起的后诉与奚小弟等人提起的前诉在起诉时间上相差无几，一审法院确实是首先审理一部分诉讼，对本案诉讼裁定中止。但在前诉裁判发生法律效

> 力后，不是在听取本案当事人意见之后裁定本案适用生效的前诉裁判，而是以“诉讼标的已为生效裁判所羁束”为由裁定驳回再审申请人的起诉。再审申请人认为这其实是“刻意构建‘诉讼标的已为生效裁判所羁束的’情形”，不无道理。根据法律规定，再审申请人的再审理由应予支持，本案也应指令原审法院依法作出实体裁判。

读到这里，您可能以为案子最终要指令审理了，但且慢，结局却像欧·亨利小说一样令人意想不到：

> 但本院同时查明，本院已在2016年11月30日作出的（2016）最高法行申字2310号行政裁定书中，从是否符合公共利益、是否违反法定程序等方面对本案再审申请人请求撤销的湖北省武汉市武昌区人民政府武昌征决字〔2015〕1号《房屋征收决定》的合法性进行了比较全面的司法审查，并驳回了熊伟等140人请求确认该房屋征收决定违法并予以撤销的再审申请，而本案再审申请人张刚与熊伟等140人的权利主张并不存在事实上或法律上的重要区别，在此情况下，指令原审法院作出一个相同的判决，不仅于事无补，还徒然浪费有限的司法资源。因此本院认为，虽然再审申请人的再审理由有其道理，但对于案件而言并无提起再审的必要。

这个裁判最终入选全国法院首届“百篇优秀裁判文书”。《行政法判例百选》也收入此案例，浙江医药高等专科学校教授吴振宇的评述称：

> 本判例是最高人民法院在如何处理行政诉讼生效裁判对未参加前诉之第三人的效力规则上转变立场的一个重要判例。……从本判例开始，最高人民法院在行政诉讼生效裁判对未参与前诉之第三人效力问题上，已经从既判力的直接效力转向预决效力，从而实现保护当事人诉权与维护生效裁判既判力、诉讼经济原则之间的利益平衡。

但是，回过头再看，自己觉着这一裁判还远非完美。这话决不是自谦，因为写完这篇裁判之后，又有新的案子在类似问题上给我们带来挑战。我指的是郭静案。

既判力的魅力

在郭静案中，郭静系针对一个房屋征收决定提起撤销之诉。一审法院认为，郭静起诉要求撤销的该征收决定，已经被生效裁判认定证据充分，适用法律、法规正确，符合法定程序，郭静起诉的诉讼标的已为生效裁判所羁束，因此裁定驳回其起诉。二审法院以相同理由驳回上诉，维持原裁定。

在起草本案裁定时，我一方面援引了张刚案中的裁判观点，另一方面又在周延性上做了一些弥补。正是在撰写本案裁判的过程中，更加清楚地认识到，撤销之诉的确具有一些代表诉讼或者客观诉讼的性质。通常情况下，撤销之诉的判决具有普适性的效力，形象地说，如果不同的人分别针对同一个行政行为提起诉讼，你不可能一次又一次地重复撤销这个行政行为。正像针对一个杀人犯，你不可能为了给每一位受害人复仇，而一次又一次地重复枪毙他。裁判文书是这样说的：

> 本案涉及的法律问题是撤销之诉判决的第三人效力。有的时候，行政行为的相对人是单一的；也有的时候，同一行政行为会针对多个相对人。在同一行政行为针对多个相对人的情况下，如果其中一部分人提起撤销诉讼而被驳回，是否对另一部分人也产生既判力？首先，《行政诉讼法》并没有禁止同一行政行为的

多个相对人各自分别提起诉讼，只是出于诉讼经济的考虑，才在第二十七条规定了共同诉讼。对于一部分相对人起诉、另一部分相对人没有提起诉讼的，基于对另一部分相对人接受裁判的权利的保护，又在第二十九条规定了第三人参加诉讼制度，即，另一部分相对人可以作为第三人申请参加诉讼，或者由人民法院通知参加诉讼。对于一部分相对人起诉在先，另一部分相对人起诉在后的情形，本院曾在（2017）最高法行申411号行政裁定中对“刻意构建‘诉讼标的已为生效裁判所羁束的’情形”表示反对，并指出：“在当事人一方人数众多、针对同一个行政行为分别提起撤销诉讼的情况下，分别对每一个起诉进行审理，确实不符合诉讼经济原则；人民法院对被诉行政行为的合法性进行全面审查，也决定了不可能在不同的案件中对同一个行政行为的合法性作出相反的认定。在这种情况下，比较恰当的做法是采用标准诉讼，即，首先审理其中一个或数个有代表性的诉讼，并中止其他诉讼。在首先审理的诉讼中作出的裁判发生法律效力的情况下，如果其他诉讼的当事人认为其案件与首先审理的案件之间并无事实上或法律上的重要区别且案件事实清楚，人民法院可以参照《民事诉讼法》第五十四条第四款的规定，裁定对中止的诉讼适用已经生效的判决裁定。”

本案的情况则是，在一部分相对人提起撤销诉讼的时候，另一部分相对人此前针对同一行政行为另案提起的撤销诉讼已经发生法律效力。对此如何处理，应当根据不同情况，综合考虑各种因素之后作出权衡。通常情况下，撤销诉讼具有代表诉讼或者客观诉讼的性质，撤销之诉的判决具有普适性的效力，因此应当承认撤销之诉判决的效力及于与原告利益相同的第三人，包括同一行政行为针对的另一部分没有起诉的相对人。对于第三人嗣后提起的诉讼，应当以“诉讼标的已为生效裁判所羁束”为由不予立案或者裁定驳回起诉。例外的情况是，如果违法事由仅仅与原告相关，或者被诉行政行为存在对原告与第三人不同处理的可能，则可以否定撤销之诉判决的效力及于第三人，允许其另行提起撤销诉讼。但本案并不存在这种例外情形。也就是，再审申请人郭静与（2016）豫71行初917号生效裁判原告张俊武的权利主张并不存在事实上或法律上的重要区别。据此，一审法院裁定驳回其起诉，二审法院裁定驳回其上诉，并无不当。再审申请人提出的一审法院应当中止诉讼、应当通知其作为第三人参加诉讼等再审理由，均是对另案诉讼程序的质疑，并非本案的审查范围。

在利民垃圾处理有限公司案中，我们又与既判力的时间范围不期而遇。在本案裁判中，我们对此进行了阐述，并顺带对如何理解“裁判发生法律效力后，发生新的事实”进行了解读。裁定这样说：

确定判决对后诉具有既判力，判决一旦获得确定，当事人对于同一事项的再次起诉将会被禁止。本案一审法院就是以利民公司的起诉系重复起诉为由裁定不予立案。诚如利民公司所理解，既判力的涵盖范围并非毫无限定。一般认为，既判力的界限可以分别表述为时间范围、物的范围以及人的范围。就时间范围而言，通说认为，既判力的基准时为事实审言词辩论终结时，确定判决仅对基准时之前发生的事项具有既判力，对基准时之后的事项没有既判力。正是基于这一原理，《最高人民法院关于适用〈中华人民共和国民事诉讼法〉的解释》第二百四十八条明确了一种既判力排除的情形，该条规定：“裁判发生法律效力后，发生新的事实，当事人再次提起诉讼的，人民法院应当依法受理。”利民公司也正是以该条规定为依据主张其符合再次起诉的条件。问题的关键在于，如何理解“裁判发生法律效力后，发生新的事实”。所谓“新的事实”，实质是指在既判力基准时之前没有发生的新事由，并且由于不具有可预料性，当事人在前诉中对此不可能予以主张。比较典型的例子如，“请求赔偿后发性后遗症损害的诉讼”，由于在前诉中对后发事由不可能预料并主张，原告就可以基于后发后遗症提起再诉，不受前诉既判力的遮断。这也意味着，后诉中基于新事由提出的诉讼主张因与前诉具有可分性，从而也就形成了与前诉不同的可以另行起诉的诉讼对象。

接下来，我们对本案进行了具体分析：

本案中，利民公司在后诉中的诉讼主张与前诉中的诉讼主张并无二致，都是请求判令周口市政府因违法重复许可赔偿其经济损失。其所称“新的事实”，只不过是原鉴定机构对于其经济损失重新作出的司法会计鉴定，就其性质而言，应当属于针对事实审言词辩论终结之前就已存在的“旧的事实”所提供的“新的证据”。对于“有新的证据，足以推翻原判决、裁定”的，法律并非没有提供救济途径，《行政诉讼法》第九十一条和《中华人民共和国民事诉讼法》第二百条就将其作为人民法院应当再审的情形之一。《最高人民法院关于适用〈中华人民共和国民事诉讼法〉审判监督程序若干问题的解释》第十条更将“原审庭审结束后原作出鉴定结论、勘验笔录者重新鉴定、勘验，推翻原结论的证据”明确为该类“新的证据”的其中一种。利民公司对此规定并非不知，只是因为不慎耽误了申请再审的期限，只是因为对是否“足以推翻原判决、裁定”心存顾虑，就否认这一法定救济途径，确实难以获得本院支持。

利民垃圾处理有限公司案也入选了《行政法判例百选》，宁波大学法学院教授夏雨在评述中认为：“在我国行政诉讼中，无论既判力理论研究还是司法适用都是相对欠缺的。”他说：“近年来，最高人民法院在几个再审案件中，逐步地涉及了既判力的范围问题。”他举的例子，主要是指我所审理的王薇案、张刚案以及本案，他进而指出：

> 可以看到，行政诉讼判决的既判力问题得到了最高人民法院的关注，并在既判力的主观范围上有了厘清。而本案的意义则在于对既判力的时间范围的一次界定。值得注意的是，既判力的魅力很大程度来自它经典而不张扬的个性，而非无处不在的确定力、拘束力或者强制力。既判力范围的扩张，如主观范围扩张会形成越来越多当事人不得再行争议的法律事实，使许多的案外人在未经由“正当程序”保障的审判程序之前就被剥夺了权利，同时，也是将法院紧紧地束缚在了前诉判决上，失去了再度从个案正义的角度去判断案件的可能性。因此，明确既判力范围，在其范围内运用非常关键。

打转转

另外一个入选《行政法判例百选》的是王薇案，这个案件既涉及共同原告问题，又涉及既判力对共同诉讼人的效力。该案的基本案情是：王薇与王壮、王君系兄妹关系。2012 年 1 月 19 日，王壮、王薇、王君因其房产被违法强制拆迁，持法院生效裁判共同向青岛市市南区政府提出行政赔偿申请。2012 年 3 月 20 日，市南区政府就该行政赔偿申请作出行政赔偿决定书，并送达王壮、王薇、王君。此后王壮针对该行政赔偿决定书向潍坊中院提起诉讼，该院在审理过程中追加王薇、王君为第三人。2014 年 7 月 23 日，潍坊中院判决撤销被诉行政赔偿决定书，王壮对该判决不服，提出上诉。2015 年 6 月 11 日，山东高院判决驳回上诉，维持原判。在二审审理期间，王薇于 2015 年 4 月 26 日再次向市南区政府提出国家赔偿申请书，同年 4 月 29 日，市南区政府作出答复："……等司法机关就相关赔偿作出终审判决后，区政府将视判决结果，决定是否重新赔偿。"王薇不服，于 2015 年 5 月 4 日向青岛市政府申请行政复议，青岛市政府于 2015 年 6 月 1 日作出行政复议决定书，维持了市南区政府的通知书。王薇于 2015 年 6 月 11 日向青岛中院提起行政诉讼，青岛中院驳回了王薇的诉讼请求。上诉后，山东高院判决驳回上诉，维持原判决。王薇向最高人民法院申请再审，案件就到了我的手里。

我们考虑的第一个问题，是王薇在王壮提起的诉讼中的诉讼地位。我们认为，她应当是共同原告，而不应当是第三人。如果将她作为共同原告，合一确定诉讼对象，也将不会出现如此这般“两股道上跑的车”。裁定这样说：

> 潍坊中院显然注意到了王薇、王君的合法权益可能会受到即将作出的裁判的影响，将其追加为第三人，也有利于为其提供法律保护。但是，王薇、王君在该案中真正的诉讼地位不应当是第三人，而应当是共同原告，因为王薇、王君与王壮共同构成被诉行政赔偿决定的相对人，在行政赔偿法律关系中具有共同的权利义务，该案的诉讼对象只有在所有的共同原告合一时才能得以确定。

接下来，裁定由诉讼对象的合一确定过渡到判决既判力的合一确定，进而引出了既判力扩张理论：

> 设置共同诉讼的目的，固然有诉讼经济的考虑，但同时更是基于法的安定。具体而言，不仅是为了回避对同一事件进行再度审理、判决，也是为了防止因再度审理作出与前次判决相矛盾的判决。正因如此，学理上将诉讼对象的合一确定理解为判决既判力的合一确定，即对于任一共同诉讼人作出的判决，其既判力也及于其他的共同诉讼人。就本案来说，当王壮针对行政赔偿决定书提起诉讼，该案的既判力也及于王薇，即使王薇在该案中事实上是被追加为第三人，按照既判力扩张之理论，其亦为判决既判力所拘束。王薇就同一事项再次向市南区政府申请行政赔偿并进而提起行政诉讼，即为法所不许。因此，市南区政府通知其“等司法机关就相关赔偿作出终审判决后，区政府将视判决结果，决

定是否重新赔偿”，并无不当。对于王薇的重复起诉，最适当的裁判方式应当是驳回起诉，考虑到驳回诉讼请求的判决已经作出，且其针对的只是一个并无实体处理内容的告知，因而并无提起再审予以纠正的必要。

西南政法大学冯子轩在《行政法判例百选》对本案所作的评述中认为：“本判例表明了最高人民法院持既判力扩张的立场。通常情况下，既判力都只及于当事人，即行政诉讼原告与被告，对于是否及于第三人尚无定论，而学界对此也有争议。在该立场被确定之前，实践中有的共同诉讼第三人对争议反复诉讼，这不仅不利于争议解决，浪费司法资源，影响法院的司法威信力，更甚者动摇法律的安定性。所以，为了提高行政审判的权威，实现诉讼经济，提高诉讼效率，也为了更有效发挥司法解决纠纷的功能，可以适用既判力扩张理论。……最高人民法院在本判例确定了这一立场，可在一定范围内减少争议。同时本判例也有最高人民法院‘统一法律适用标准、指导下级法院审判工作’的作用，对实现诉讼效益与法的安定性颇有实益。”

法理上可以这样讲，但现实毕竟有些惨酷。一个赔偿问题拖了十年还在程序空转，确实难以交待。这个问题，固然有当事人的一定责任，但最主要的还是我们的司法理念存在问题。我们的法官主观上并非愿意“打转转”，但对诉讼原理的理解出了偏差，必定会导致“打转转”的后果。所以裁定的最后专门设计了一个自然段的“后语”——一方面是讲清楚行政赔偿之诉具有具体裁判的特点，一方面是吁请赔偿义务机关尽早作出处理，另一方面则是尽可能通过肯认当事人的观点，以期稍稍抚平他们的情绪。裁定是这样写的：

王薇在向本院提出的再审申请中认为，“一审法院撤销市南区政府作出的行政赔偿决定书后，没有必要由区政府重新作出赔偿决定，应由法院直接作出赔偿判决”。这一观点值得认真考虑。因为行政赔偿之诉在诉讼类型上属于一种给付之诉，与传统的撤销之诉有着本质不同。行政赔偿之诉的目的是解决赔偿与否以及赔偿多少的问题，并不仅仅是为了撤销一个违法的赔偿决定。在事证清楚且裁判时机成熟的情况下，人民法院应当首先选择对赔偿问题作出具体裁判，而非一概交由赔偿义务机关重新作出赔偿决定。王薇还提出，“市南区政府于2007年6月28日对再审申请人房屋实施行政强制拆迁行为被法院判决违法后，已经过去十年，依然没有得到赔偿”，本院对这一状况亦深表忧虑，虽然并非通过本案所能解决的问题，本院仍吁请赔偿义务机关尽早作出处理。

问路的石子

相关的问题还有“撤回起诉后重新起诉”问题，段三毛案就是因此而引起争论。

撤回起诉后能否重新起诉，各国立法并不统一。有的国家和地区规定，“诉经撤回者，视同未起诉”。因此在起诉期限届满之前，还可以重新提起诉讼。但在我国行政诉讼中，对于撤回起诉后重新起诉采用比较严格的标准。《最高人民法院关于适用〈中华人民共和国行政诉讼法〉的解释》第六十条第一款规定：“人民法院裁定准许原告撤诉后，原告以同一事实和理由重新起诉的，人民法院不予立案。”第六十九条第一款第七项规定：“撤回起诉后无正当理由再行起诉的”，“已经立案的，应当裁定驳回起诉”。由此可知，在行政诉讼中，对于撤回起诉后重新起诉，以不允许为原则，以允许为例外。例外的情形主要包括：第一，重新起诉时有新的事实和理由，且仍在法定期限内的；第二，原告因未按规定预交案件受理费而按自动撤诉处理后，在法定期限内再次起诉，并依法解决诉讼费预交问题的。

在本案，根据原审法院查明的事实，再审申请人段三毛曾以相同的事实和理由提起过与本案诉讼请求相同的行政诉讼，在自愿申请撤回起诉并被人民法院裁定准许后，又以同一事实和理由重新起诉，人民法院应当依照《最高人民法院关于适用〈中华人民共和国行政诉讼法〉的解释》第六十条第一款的规定不予立案，或者依照第六十九条第一款第七项的规定裁定驳回起诉。再审申请人主张，其以同一事实和理由重新起诉具有“正当理由”，该“正当理由”是，“合议庭审判人员在没有告知再审申请人撤诉风险的情况下主动要求再审申请人撤诉”，且“自己未了解撤诉的风险”。对此本院认为，《行政诉讼法》及其司法解释并未规定当事人申请撤诉时人民法院对由此带来的法律后果负有释明义务。对于撤诉的法律后果，当时有效的《最高人民法院关于适用〈中华人民共和国行政诉讼法〉若干问题的解释》第三条第一款第七项、《最高人民法院关于执行〈中华人民共和国行政诉讼法〉若干问题的解释》第三十六条已作出明确规定，再审申请人作为诉讼参加人，应当知晓相应的法律规定并对自己的诉讼行为负责。此外，即使当事人认为撤诉并非其真实意思表示，准予撤诉的裁定确有错误，也应依照《最高人民法院关于适用〈中华人民共和国行政诉讼法〉的解释》第六十条第二款关于“准予撤诉的裁定确有错误，原告申请再审的，人民法院应当通过审判监督程序撤销原准予撤诉的裁定，重新对案件进行审理”的规定，通过审判监督程序申请撤销原准予撤诉的裁定，而非针对后诉驳回起诉的裁定申请再审。

过去，我们对于行政行为效力问题更多地是在纸上谈兵，关注鲜活的、形形色色的案件并不够；对于撤销之诉，也缺乏精细的分析和思考。日常实践中的许多裁判之所以说理不通、不敢说理，一定程度上是因为在法律依据比较原则的情况下，理论研究也没有对那些空白处或者灰色地带及时跟上。所以在裁判中直面这些问题，并且做出一些探索，不仅对司法实务有一定的参考价值，也对相关理论研究能够有所推动。即使理论界回馈的是质疑，甚至是反对，也是在寂静的山谷间投出了一块问路的石子。令人欣慰的是，行政法学界对于行政裁判越来越关注，理论与实务的互动越来越从以前空泛的话题聚焦于现实的裁判。令人遗憾的是，对于行政行为效力和既判力诸问题的思索刚刚开了个头，我便突然离开了审判岗位，很难有机会深入探索下去了。

能否引用学术观点？

在张刚案中，我们借鉴了德国法上的“标准诉讼”，但细心的读者可能注意到了，虽然我借用了“标准诉讼”的概念，但却是以我国的《民事诉讼法》第五十四条第四款作为法律依据。这其实关系到一个非常重要的原则问题：裁判文书能否引用学术观点？更进一步，能否引用外国的学说、立法和判例？我在《如何裁判行政案件》一书中谈到过这个问题，也不妨将这一节转抄到这里，以资大家思考：

> 庞德曾说过：大陆法系是“大学的产物”，把教授们看作自己的“神谕”。有人曾对德国联邦法院一些判决书作过考察，发现“一些判决书有时候不止只是提到学术文献，而是对学术界的各种观点作精彩的清晰概括，然后进而阐述联邦法院的法官们为什么认为那些观点不尽如人意，以及不满意的程度”。“并非罕见的情况是，法院在某个问题上明确地采纳了某位学者的观点，即使这样做意味着修正法院原先的观点”。考察者认为，法官与学者之间的这种对话，“有助于使这种交互作用长存，而法律界的两大职业也都由此得益”。
>
> 有的国家和地区的法律甚至明文规定了法理可以作为依据。例如我国台湾地区“民法”第1条就规定：“民事，法律所未规定者，依习惯；无习惯者，依法理。”王泽鉴教授对该条规

定这样评价："就法律思想而言，本条内容综合了分析法学派、历史法学派及自然法学派对法及法律的见解。就其方法论而言，克服了十九世纪的法实证主义，肯定制定法的漏洞，其未规定的，得以习惯或法理加以补充之。法院不得以法无明文规定而拒绝裁判。"他进一步指出："学说是为裁判而准备，而裁判乃在实践学说。"申言之，"学说乃法律学者对法律的解释、习惯的认知及法理的探求所表示的见解，虽非法源，但居于重要的地位，其主要系民法法典等系以学说理论为基础而制定，法官因法学教育而通晓学说，常采为裁判的依据，而使学说（尤其是所谓通说）发挥规范功能"。

以我们的发展阶段而论，当立法不够完善或不甚精细的情况下，通过学术理论补遗添缺，更有现实需要，但我们做的恰恰非常不够。长期以来，通行的裁判文书除了援引法条，说出结论，鲜有充分说理。这其中的原委，一位长期从事行政审判的法官说得很清楚："说到说理，不少人常有畏难情绪，不知从何说起，如何把理说透，且深恐言多必失，引祸上身，于是乎不如不说。"这其实反映了我们的法官对于"法官造法"一直心存忌惮。另外，惧怕说理，也反映了我们有些法官对学术理论掌握得非常不够。法谚有云："法官是会说话的法律。"法官如何做到"会说话"？没有理论打底是不行的。没有理论的指引，你就连案件的法律问题点在哪里都找不准。审判是个技术活，作为法官，我们不仅不能排斥理论，更应该张开双臂拥抱理论，甚至要敢于通过裁判发展理论。理论是立法的先导。今天的法律，很可能就是昨天的理论；今天的理论，很可能就是明天的法律。

不仅是法学理论，外国立法也可以成为我们的参考。有一次讨论案件，碰到一个有意思的问题：在超过撤销之诉的起诉期限之后，当事人能否可以通过履行职责之诉请求行政机关自我纠错？一位同事说，德国胡芬的教科书中说可以。我说，你看胡芬这段话里还有一个前提，就是这种情况只适用于德国《联邦行政程序法》第某某条规定的情形。这样我们就需要弄清该条规定的到底是一种什么情形，才能完整无误地弄懂这个理论。

梁慧星教授指出："参考外国立法及判例学说，以解释本国法律，是现代文明国家的通例。各国法律相互借鉴，相互参考，这就是比较法解释的根据。""既然法律制定时就是参考借鉴外国的法律，那么在解释法律的时候参考一下外国的法律，不也是理所当然的吗！"我国台湾地区民法学家王泽鉴也曾指出："外国立法例及判例学说的比较研究，可供发现不同的规范模式及共同的正义观念，得作为立法及法律适用（法律解释、概括条款的具体化及类型化、填补法律漏洞）的参考，深具意义。"他并胪列称："英国法院素称保守，但早在1833年，即曾引用法国民法学者 Pothiers 所著 *Traite des obligations*（《债法论》），作为判决资料。德国法学昌盛，世所公认，但其最高法院亦常引述外国立法例作为判决依据。瑞士判例学说更明白承认外国立法例（比较法），得作为补充法律不备的手段。瑞士民法起草人 Eugen Huber 曾谓：'彼此来往，实为个人生活上所必要。国家民族亦然，不能使民法典的制定成为中国的万里长城。'强调瑞士民法制定以后，决不可闭关自守，尚须随时吸收外国立法例及判例学说，期能与时俱进，实践其规范机能。"

应当强调的是，裁判本国的案件适用外国的法律条文是不能允许的，而应当将其视为一项法理规则。我国台湾地区1970年一份民事判决就是采用这种适用方法。这份台上字第1005号判决谓："在民法使用借贷一节之内，虽无请求偿还或返还其价值之明文，然依据外国立法例，既不乏得依无因管理或不当得利之法则，请求偿还或返还之规定，则本于诚实信用之原则，似非不可将外国立法例视为法理而适用之……”相比之下，陈前生诉金寨县政府一案裁定则更为谨慎。其所引用的法定主体原则，其实在德国的立法中已有规定，但这里却是转换为对于法理学说的引用，并且采用的是一种“隐性引用”的方法。总之，学习和借鉴外国的学说、立法和判例，未必是要直接援用，更重要的是以此“提高我们法律论证和解释的能力”。“只有拓展了这个方法，才能很快学习到说理的方法，论证的方法，法律创造的方法，能够在安定中求进步，能够在维持法律安定的情况下，使造法的功能实现”。

实践是理论之花的土壤。作为法官，我们会面对形形色色的案件，这些案件有的还很难缠，荆棘丛生，阴云密布，办案的过程无异于一次野外探险。但若是披荆斩棘，直面挑战，定会闯出一条坦途。拨云见日之时，你会发现，在身后那片沃土上，理论之花正不期然地盛开。

还想说的是，在行政法与行政诉讼方面，外国比我们先行一步，所以有不少概念和具体制度都是“舶来品”，完全与之隔绝是不现实的。正因如此，在行政裁判当中更要坚定正确的政治方向，不能盲目崇拜，不能照抄照搬，尤其要防范和抵制西方“宪政”“三权鼎立”“司法独立”等错误思潮干扰渗透。要清醒地认识到，法律技术和法律方法都是为实现法律目的服务的，我们对外来的法律技术和法律方法加以参考借鉴，都是为了使中国特色社会主义审判制度更加完善。

程序的维度

最后我们要说说程序的维度了。除了实质的起诉条件，法律和司法解释还会对提起诉讼作出一些程序上的要求，例如，是否提交了必要的起诉材料，就是如此。我们在李清林案裁定中谈到过这一问题：

> 根据《行政诉讼法》第四十九条第三项的规定，提起诉讼应当“有具体的诉讼请求和事实根据”。这里所说的事实根据，首先是指能够证明被诉行政行为或者不作为存在，这是诉的适当性不可或缺的前提。《最高人民法院关于适用〈中华人民共和国行政诉讼法〉的解释》第五十四条第一款规定：“依照行政诉讼法第四十九条的规定，公民、法人或者其他组织提起诉讼时应当提交以下起诉材料：（一）原告的身份证明材料以及有效联系方式；（二）被诉行政行为或者不作为存在的材料；（三）原告与被诉行政行为具有利害关系的材料；（四）人民法院认为需要提交的其他材料”，更加明确地解释了提供相关事实根据以及其他必要的起诉材料是公民、法人或者其他组织提起诉讼时应尽的诉讼义务。不能提交必要的起诉材料的，应当以起诉不符合法定条件为由不予立案或者裁定驳回起诉。本案中，再审申请人的诉讼请求是依法判决安阳市人民政府同意下级不查处假药大案撤案行政行为违法，但一审和二审法院认定，其提供的证据不能证明

安阳市人民政府有批准同意安阳市食品药品监督管理局不查处假药大案撤案的行政行为，属于诉讼请求没有事实根据。据此，分别裁定驳回其起诉和上诉，符合法律规定。再审申请人在再审申请中亦没有提供任何足以推翻原裁定的新的证据。

在曹保英案裁定中，我们强调，作为“非相对人”起诉时，还应提交与行政行为具有利害关系的相关证明。裁定这样说：

根据《行政诉讼法》第二十五条第一款的规定，行政行为的相对人有权提起诉讼，这是因为，对于不利行政行为的相对人而言，侵权的可能性总是存在的，因而其原告资格总是显而易见。但对于“非相对人”而言，该款则特别规定，他必须与行政行为“有利害关系”。《最高人民法院关于行政诉讼证据若干问题的规定》第四条第一款规定：“公民、法人或者其他组织向人民法院起诉时，应当提供其符合起诉条件的相应的证据材料。”这里所说的“符合起诉条件的相应的证据材料”，自然包括与行政行为具有利害关系的相关证明。具体来讲，作为“非相对人”的起诉人，不仅必须要证明有一个属于自己的权利，而且还要表明，该权利受到了那个并非针对他的行政行为的可能侵害。

裁定接着对本案的具体情形进行了分析：

本案中，再审申请人曹保英请求撤销的是再审被申请人长治市政府为原审第三人牛绍华颁发的国有土地使用证。很显然，再审申请人并非被诉颁证行为的相对人。在这种情况下，再审申请人就要证明其与该颁证行为具有利害关系，具体而言，就要证明这个为他人颁发国有土地使用证的行为有可能侵犯了其何种权利。再审申请人对此主张，涉案国有土地使用证上的房屋系其购买，并由其一直使用至今，故认为其对该房屋享有所有权，长治市政府为牛绍华颁发涉案国有土地使用证侵犯了其合法权益。众所周知，房屋所有权是一种典型的不动产物权。按照《物权法》的规定，"不动产物权的设立、变更、转让和消灭，应当依照法律规定登记"，"未经登记，不发生效力"。"不动产登记簿是物权归属和内容的根据"，"不动产权属证书是权利人享有该不动产物权的证明"。据此，在行政诉讼中主张其不动产物权受到侵害，就应当出具不动产权属证书以为权利证明。不能提供相关权属证书，也就不能证明与被诉行政行为存在利害关系。一审法院据此裁定驳回再审申请人的起诉，符合《行政诉讼法》第二十五条的规定。二审法院认为曹保英与涉案的国有土地使用证及其房屋均有利害关系的观点不能成立。

我在前边曾经提到过一位读者对"过于强调原告的举证责任"的质疑，这个质疑之不能接受，关键在于他是将行政诉讼的举证责任等同于被告的举证责任。这一认识是很有代表性的，所以有必要再唠叨几句。不妨回顾一下我在《新行政诉讼法逐条注释》一书中说过的一段话吧：

应当承认，在行政诉讼制度草创初期，强调行政机关的举证责任，确实发挥了相当积极的作用，不仅有效避免了人民法院和被告一起审原告现象的发生，也通过举证责任的不平等对待一定程度上保证了原告与被告诉讼地位的平等。但是，由作为被告的行政机关负举证责任，是在《行政诉讼法》实行撤销诉讼一体主义这一特定历史条件下的必然产物，其局限性和绝对化不言自明。具体表现在以下几个方面：第一，将证明对象仅仅限于具体行政行为的合法性，从而将众多法规要件事实排斥在外。第二，将行政诉讼等同于撤销诉讼，忽视了行政争议的多样性以及由此带来的诉讼类型的多样性。第三，将行政诉讼等同于复审性诉讼，忽视了非复审性案件的存在。第四，将审查对象（具体行政行为的合法性）等同于审理对象（要求法院作出裁判的法律关系），不能揭示诉讼的实质，难以着眼于案件的全部事实。第五，将举证责任一律分配给被告一方，忽视了行政诉讼也和其他诉讼一样存在利益对立和冲突的双方当事人。

把话题再拉回倒曹保英案。在这个案件中，曹保英还对二审期间收集证据问题提出质疑，她认为："被诉行政行为已经完成，二审法院完全有条件根据再审申请人和再审被申请人提供的证据对行政行为的合法性进行审理判决。二审法院设定行政诉讼条件限制，目的是为了让牛绍华凭借手中持有土地使用证，在相关部门取得房屋所有权证，使行政行为合法化。二审法院收集这种证据，是被告作出被诉行政行为时未收集的、证明行政行为合法性的证据，违反了《行政诉讼法》第四十条规定。"我们在裁定中对此进行了回应。我觉着也有必要顺带把这段话抄录一下：

这一认识是对法律规定的误解。《行政诉讼法》第四十条规定：人民法院"不得为证明行政行为的合法性调取被告作出行政行为时未收集的证据"。这一规定既是案卷主义的要求，也是中立原则的要求。根据《行政诉讼法》的规定，行政行为合法性举证责任由被告承担。受"先取证，后裁决"规则的约束，被告提供的旨在证明行政行为合法性的证据只能限于其在作出行政行为时已经收集的证据。人民法院在审查被诉行政行为合法性时，同样受案卷主义的约束，既不能接受被告在作出行政行为时未收集的证据，也不能为了证明行政行为的合法性调取被告作出行政行为时未收集的证据。如果被诉行政行为是在没有证据或者证据不足的情况下作出的，该行政行为就已经构成违法。但是，行政诉讼的证明对象具有多样性，行政诉讼证据也绝不仅仅限于证明行政行为合法性的证据，那些行政行为“案卷”以外的证据就可以在行政行为作出后搜集和提出，包括起诉条件在内的那些诉讼程序事实，人民法院就可以依职权调取。

诉的利益

至此，几个维度我们就说完了。接下来该说说诉的利益了。诉的利益也是解决诉权问题的。可以这样说，各种法定起诉条件属于法律框架内对于诉权的规制，诉的利益则更像法条之外一种检测手段。

据说，诉的利益是伴随着确认之诉的出现而出现的。在较早的时候，诉讼类型大致只有给付之诉这么一种。欠债还钱，就是典型的给付之诉。后来社会生活变得复杂多样起来，诉讼请求也便随之多样起来。例如，要求确认一种法律关系是否存在，也是有可能，确认之诉便应运而生。确认之诉的出现丰富了权利救济的手段，但也带来了一些问题，那就是出现了滥用诉权的情况。譬如，有的要求确认“我家的猫业已死亡”，有的要求确认“月球的所有权不属于我”，单就诉讼请求来讲不能说不明确，但大量地受理此类诉讼，法院忙得过来吗？又有什么实际价值呢？于是有心人就琢磨出一个“诉的利益”理论，以对付此类滥诉者。按照这一理论，诉讼仅在外表上符合法定条件还不够，还要看是否具有诉的利益。

“没有利益，就没有诉权。”所谓诉的利益，就是当事人的请求是否足以具有利用国家审判制度解决争议的实际价值或者必要性。与原告适格相比，诉的利益除了要看原告自己是否存在诉的利益，还从国家以及被告的立场进行考量。例如，受理这个没有实际价值的起诉会加重法院的负担、损害国民的一般利益，也会让对方当事人卷入一个根本没有纠纷解决必要的诉讼中来。所以，审查是否具有诉的利益，视野更阔大，更具有衡平色彩，也存在更多裁量的余地。为了不使这一要件被漫无边际地夸大适用，有必要提炼出一些适用规则。我国台湾地区的教科书就归纳出六种类型，他们将其称为欠缺一般权利保护必要的类型。有意思的是，有的研究者曾经在每一种类型之下都匹配了一个我所裁判的案件，这也可以看出，在我的武器库中，诉的利益是很重要的一种。

第一种类型是无效率的权利保护。原告可以用其他更符合事实需要（较简便、较完整、较迅速、较便宜）的途径，达到请求保护的目的，或者原告请求的目的已经实现，都属于无效率的权利保护。对于这一类型，我们在马耕田案中就有运用。在本案，马耕田向顺河区政府申请公开政府信息，内容主要是与顺河区政府工作人员田静的公务员身份相关的信息。其之所以提起这一申请，是因为其在诉顺河区政府的另一起房屋征收补偿纠纷诉讼时，质疑田静“被诉行政机关工作人员”的身份，认为田静“代行政机关负责人参加诉讼不合法”。我们在裁定中首先指出：“法律和司法解释并没有要求‘行政机关相应的工作人员’必须是公务员。”接着便从诉的利益的角度进行说理：

> 再审被申请人在《政府信息公开答复书》中答复再审申请人，“田静是我区正式工作人员，目前在征收办负责征收及应诉工作”，事实上已经对相关问题进行了解答。固然，本案诉讼是针对政府信息公开答复提起的诉讼，但是，对于看似政府信息公开诉讼，实质是与行政机关负责人出庭应诉有关的争执，应当在诉讼程序内通过法定途径和方式解决。特别是在行政机关已就与“行政机关相应的工作人员”有关的质疑作出答复的情况下，

提起政府信息公开诉讼不具有诉的利益。本案没有提起再审的必要，再审申请人的再审理由本院不予支持。

这个案件，其实既涉及途径不当问题，也涉及请求的目的已经实现问题。除此之外，请求判令上级行政机关履行层级监督职能，也包含途径选择不对的因素在内。例如我们在李清林案裁定中就曾指出：

> 此外，从诉的利益考虑，当事人如果认为下级行政机关的行政行为侵犯其合法权益，可以通过直接针对下级行政机关提起行政诉讼的方式寻求救济，在有更为便捷直接的救济方式的情况下，较为“迂回”和“间接”的方式就不能被容许。

第二种类型是无用的权利保护。即使原告起诉，已不能改善其地位，因为根本不存在一项不利益，或存在一项不可能再以法律救济方法排除的不利益，即是所谓的“无用的权利保护”；如果原告即使胜诉，于事实上或法律上的原因，其法律地位亦无从改善，或者胜诉之结果毫无实益时，诉讼的一般权利保护亦被排除。我们这里可以举一个“奇葩”的案子。那是在第四巡回法庭的时候，有一天分到这样一个案子：原告是一位年近八旬的退休女同志，她自称是小区的监督员，为履行职责揭发了小区的腐败而遭到打击报复。有一天，她在小区里跟另一位退休男同志发生了争吵，接到报警后公安来到现场，对她和他分别处以五十元和一百元的罚款。后来，区政府作出复议决定，撤销了这一行政处罚决定。照理说，她的诉求实现了，该回家好好歇着了，但她却针对这个复议决定提起诉讼，然后是上诉、申诉，将官司一直打到第四巡回法庭。她的再审理由是：

“法院没有从政治上看问题，而把一场严肃的政治斗争定性为琐事。”我在裁定书里写下这样的话：

> 一个不利行政行为的相对人总是有诉权的，因为被诉行政行为对其施加的负担显而易见。基于同样的道理，一个不利行政行为的相对人，也有权选择行政复议，以维护自己的合法权益。本案的情况就是如此。再审申请人在受到公安机关行政处罚的情况下，提出行政复议申请，复议机关最终撤销了这个处罚决定。按理说，不利行政行为的效力已经消灭，再审申请人的目的已经达到。但再审申请人却针对这个对其有利的复议决定提起了行政诉讼。其诉讼请求竟然是要求法院维持该复议决定书撤销行政处罚决定的主文，只是变更复议决定的部分理由。这样一个诉讼请求，与《行政诉讼法》“保护公民、法人和其他组织的合法权益”的立法目的并不相符，因为撤销处罚决定的复议决定不仅没有对其合法权益产生不利影响，反而已经实现了保护其合法权益的目的。请求维持一个对其有利的复议决定，既无必要，也不见于《最高人民法院关于适用〈中华人民共和国行政诉讼法〉若干问题的解释》第二条对于各种具体诉讼请求的列举以及《行政诉讼法》规定的各种判决方式。至于判决“变更”行政行为，按照《行政诉讼法》第七十七条的规定，仅限于“行政处罚明显不当，或者其他行政行为涉及对款额的确定、认定确有错误”这样一些特定情形，并不包括在被诉行政行为结果正确且对其有利的情况下，仅仅要求变更行政决定中的个别文字表述。司法资源毕竟有限，有限的司法资源应当真正用于解决那些确有权利保护需要的请求。对于明显缺乏权利保护需要的起诉，人民法院不能仅仅因为其是行政程序或者复议程序的相对人，就当然地认可其诉权。

正确的做法应当是不予立案或者裁定驳回起诉，没有必要任由没有实际意义的起诉进入审理程序。

第三种类型是权利滥用之禁止。突出的情形是，原告根本不可能享有任何利益，或者其诉讼的目的完全在于损害相对方（例如造成对行政机关的困扰），或者不当增加法院的工作负担，即构成权利滥用，也有的称其为“恶意强辩之禁止”。此一类型的主要作用在于禁止诉权滥用，也就是禁止原告起诉不以实现自己的权利而以损害他人为目的。像陆红霞案，就认定其构成滥诉。南通中院的裁定说：

> 陆红霞不间断地向政府及其相关部门申请获取所谓的政府信息，真实目的并非为了获取和了解所申请的信息，而是借此表达不满情绪，并向政府及其相关部门施加答复、行政复议和诉讼的压力，以实现拆迁补偿安置利益的最大化。……陆红霞所提起的相关诉讼因明显缺乏诉的利益、目的不当、有悖诚信，违背了诉权行使的必要性，因而也就失去了权利行使的正当性，属于典型的滥用诉权行为。

第四种类型是不适时的权利保护。原告过早向法院请求权利保护，原则上其将因欠缺权利保护必要而不合法。这个道理大家都是很清楚的，不用过多解释。我们在时间的维度那一节所举的王守保案，就是这一情形。

第五种类型是诉讼程序上权利失效。这一点大家也很明白，指的是过迟向法院起诉主张其权利，以致有违诚实信用原则时，将造成“诉讼程序上权利失效”。《行政诉讼法》规定了最长诉讼保护期限，出发点就是为了排除在权利失效的情况下提起诉讼。我们前边已经举过马中现案的例子，这里也不再重复。

第六种类型是权利保护之抛弃。权利保护（诉讼权利）是可以抛弃的。如果权利人在抛弃权利保护后复行提出权利保护之请求，其请求即应以欠缺权利保护必要被驳回。我们在张有为案中涉及了这一类型。裁定是这样说的：

> 提起行政诉讼是法律赋予公民、法人和其他组织保护其合法权益的重要途径。人民法院应当保障公民、法人和其他组织的起诉权利，对应当受理的行政案件依法受理。公民、法人和其他组织行使诉权亦应依法进行，不符合法定起诉条件的，人民法院应当裁定不予立案，或者立案后裁定驳回起诉。本案的争议焦点即为再审申请人张有为的起诉是否符合法定起诉条件。经本院审查，张有为的起诉不符合法定起诉条件，原审法院裁定驳回张有为起诉符合法律规定，张有为申请再审的理由依法不能成立。
>
> 1. 再审申请人过于迟延地申请行政复议，已经超过法定申请期限
>
> 行政复议和行政诉讼共同构成解决行政争议、维护合法权益的行政救济渠道，但公民、法人或者其他组织寻求行政救济也应在一定期限内完成。过于迟延地申请行政复议或者提起行政诉讼，不利于行政法律关系的稳定、有违诚实信用原则，对于当事人及时保护自身权利也无益处。《行政复议法》第九条第一款规定："公民、法人或者其他组织认为具体行政行为侵犯其合法权益的，可以自知道该具体行政行为之日起六十日内提出行政复议申请；但是法律规定的申请期限超过六十日的除外。"本案中，和平区政府所作 282 号限期搬迁决定于 1998 年 8 月 3 日送达再审申请人，再审申请人迟至 2015 年 5 月才就该决定申请行政复

议，显已超过申请行政复议的法定期限。再审申请人虽然主张其于2015年3月27日通过政府信息公开方获知该282号限期搬迁决定，但没有证据否定该决定当时已对其送达的事实。

2. 再审申请人申请复议、提起诉讼缺乏权利保护必要

行政复议和行政诉讼既属权利救济制度，当事人申请行政复议、提起行政诉讼就应具备权利保护的必要性。本案争议系因房屋拆迁安置补偿问题引发，但根据原审法院查明，再审申请人已于2006年与相关单位签订安置补偿协议，并且已实际履行，再审申请人的安置补偿权益已经依法得到保障。在此情况下转而申请复议、提起诉讼，明显缺乏权利保护必要。更为重要的是，再审申请人申请行政复议的282号限期搬迁决定作出在前，与相关单位签订安置补偿协议在后，应当视为再审申请人通过签署安置补偿协议表达了对于前置限期搬迁决定的认可，即使存在权利保护必要，也属自愿放弃了相关权利。

3. 再审申请人已经自愿抛弃权利保护，仍旧提起诉讼有违诉讼诚信

诉权是公民、法人和其他组织享有的法定权利，神圣不可侵犯，但诉权却可以自愿抛弃。抛弃权利保护的方式包括单方向人民法院表示、单方向诉讼的另一方当事人表示，也包括当事人之间自愿达成合意。如果当事人在自愿抛弃权利保护之后再行实施诉权，则属出尔反尔，有违诚实信用。经原审法院查明，再审申请人在与相关单位所签安置补偿协议中已经承诺不再上访、诉讼，其后又长期多次申请行政复议及提起行政诉讼，不断违反自己所作权利抛弃承诺，这种权利保护的滥用同样构成不符合法定起诉条件的情形。

对于诉的利益的判断，带有更大的裁量性，所以必须谨慎和克制，不能为了治理“滥诉”而滥用诉的利益。关于这一点，一些行政法的经典作家早有警觉，我在《新行政诉讼法司法解释读本》一书做过一些梳理，至今犹有重温一下的必要。

对滥用诉权的规制，从来不缺乏争论。新堂幸司曾经指出：“对于以滥用诉权为由驳回诉之举措，有学说以侵害接受裁判权利等理由提出了质疑。不过，若以接受裁判权利属于宪法保障的权利为由，进而认为（滥用诉权）不构成滥用，这无疑是一种过头的观点。尽管说是滥用诉权，但并未在所有的场合都否定该主体的诉权，而只是在特定的案件中，就其与对方当事人的关系中，不允许其行使诉权。”弗里德赫尔穆·胡芬主张：“此时也必须严格注意，不能在‘禁止滥用’诉讼权利或者在‘禁止滥诉’的名义下，草率地限制对某些‘令人讨厌的公民’的法律保护，并由此反而正好使他们真正地成为那种争强斗狠的‘刁民’。法律保护需要并不是从诉讼动机方面进行一种普遍的动机研究的理由。似乎令人担忧的还有，将诸如‘诚信’等原则从私法领域移用于行政诉讼法，并且将它们上升为诉之适法性的门槛。”对诉的利益颇有研究的原田尚彦，曾经就既有理论针对滥诉之弊的质疑，逐一阐述自己的观点。他认为：“假使因扩大诉的利益而造成法院和行政机关的工作人员多少变得繁忙，那也是迫不得已。为减轻衙门口的负担而置与国民生活具有重大意义和关联的利益侵害于不顾，从而放纵违法行政的观点，是本末倒置的，当然不应该受到首肯。”“广泛开展行政救济，对于行政机关而言肯定麻烦和不受欢迎。然而，行政诉讼制度本该如此。它若非行政机关所讨厌的存在，就绝对无法成为能够在救济国民与控制违法行政中发挥真正价值的制度。”

我们应当认真研究诉的利益理论，并以此规制愈益突出的滥诉行为。但是，对于些许的滥诉也大可不必如临大敌。在当下的中国，诉权保护仍然是主要矛盾。滥用诉权必须规制，但对滥用诉权的规制同样不可滥用。此外还需强调的是，“权利保护的利益是诉讼法上的内容，属于诉讼要件，但有些事项也属于权利保护要件（本案要件）”，换言之，“权利保护利益的一部分是经过审理才确认其存在与之相关”，“必须将难以胜诉的理由与诉的理由本身区别开来”，如果“事先就把一些预计难度可能很大的，或者胜诉希望不大的行政诉讼，立即宣布为‘不适法的’”，则是对《行政诉讼法》之立法宗旨的背离。

诉讼类型化

接下来我们就要进入另一个关键词：诉讼类型化。我本人一直致力于诉讼类型化的研究与倡导，在《行政诉讼法》即将启动修改的时候，曾经和我的同事王振宇一起发表署名文章《行政诉讼类型化：完善行政诉讼制度的新思路》，认为行政诉讼类型化有助于形成无漏洞的权利救济机制，有助于更好地监督和促进依法行政，有助于行政纠纷的实质性解决，有助于提高行政审判的质量和效率。在随全国人大常委会法工委行政法室赴日本考察行政诉讼制度时，也与日本同行就诉讼类型化问题进行了广泛而深入的交流。什么是诉讼类型化？为什么要实行诉讼类型化？我在《新行政诉讼法司法解释读本》一书中做了详细介绍，为便于大家理解随后的内容，这里再摘抄几个段落：

> 所谓诉讼类型，又称诉讼种类，简言之，就是诉讼方式或型态之格式化。如我国台湾地区行政法学者蔡志方的观点是：行政诉讼，“习惯上仍循一定之方式、形式或类型，原告始得就其所受侵害，请求行政法院提供救济，而行政法院亦仅能就法定之诉讼种类所相应得以救济之方法为裁判。此种诉讼方式或型态之格式化，谓之‘行政诉讼之种类’”。在民事诉讼中，通常是根据原告诉讼标的之性质和内容，将诉分为给付之诉、确认之诉和形

成之诉，分别对应实体法上的请求权、支配权和形成权。这三种诉的最终确立，是民事诉讼制度漫长发展史中的一大终点。行政诉讼的类型化，是二十世纪以来行政诉讼制度发展的趋势之一。对诉讼进行分类，在行政诉讼制度中占有重要地位。质言之，“行政诉讼种类之多寡，将影响人民权利保护之机会与行政法院裁判方法之加强或抑制”。

从比较法的角度看，美国法律没有明确规定行政诉讼的类型，这可能与其“司法审查”制度并非典型之行政诉讼不无关联。相应地，其在分类方面，似乎更习惯于以不同的审查对象作区分，例如：事实裁定的审查、法律结论的审查、行政法规的审查。而英、法两国则均有行政诉讼类型划分之滥觞。比如，英国行政诉讼分为普通救济诉讼和特别救济诉讼两种最基本类型。以诉讼请求为标准，普通救济诉讼又分为禁止令之诉、宣告令之诉和损害赔偿之诉；特别救济诉讼又分为人身保护令之诉、调卷令之诉、禁令之诉和强制令之诉。在法国，向行政法院起诉，起诉人的诉究标的须同各具特色的起诉方式相符，否则法庭将拒绝受理。起诉状必须遵守的这些方式，就是各种行政诉讼。其传统分类来源于十九世纪爱德华·拉弗里埃尔在其名著《行政裁判概论》中的分法，共有四种：撤销法规诉讼、全权裁判诉讼、解释诉讼、处罚诉讼。

相比之下，对于诉的类型的研究，向来是德国行政诉讼法学的重点，并且已经形成了比较成熟的体系。可以说，对诉的类型的规范在德国《联邦行政法院法》中是“核心内容”。该法第四十条规定：“针对侵犯公民权利的每一种国家权力行为，都必须有一个适当的诉讼种类可供利用。”在德国，诉的类型的形成是依据一定标准对不同的诉进行划分的结果。通常的分类方法有两种：一种是根据原告起诉要求法院提供的法律保护的方式，将各种类型的诉划分到形成之诉、给付之诉和确认之诉三大基本类型中。此三分法源自《民事诉讼法》，也是《联邦行政法院法》划分诉的类型的根本依据。另一种是根据诉的标的将诉分为针对行政行为、事实行为和法律以下的法规三大类别。一般认为，德国行政诉讼中有如下类型的诉：①撤销之诉，指原告要求撤销（已作出的）行政行为的诉。②义务之诉，指原告要求法院判决被告作出其拒绝作出或停止作出的（通常是授益性的）行政行为的诉。义务之诉是给付之诉中特别针对行政行为的诉种，也称为特别给付之诉。义务之诉可分为对行政机关拒绝作出某行政行为的（否定性）决定提起的否定决定之诉、对行政机关的不作为提起的不作为之诉和旨在要求法院判决行政机关根据法院的法律观点对原告作出答复的答复之诉。③确认之诉，指原告要求法院判决确认某法律关系的存在与否或确认行政行为自始无效的诉。确认之诉的亚类较多，有旨在确认某法律关系存在（积极确认）或不存在（消极确认）的一般确认之诉、涉及对未来法律关系进行确认的预防性确认之诉、要求确认行政行为自始无效的无效性确认之诉、要求确认已经不再产生法律效果的行政行为的违法性的继续确认之诉、要求确认在诉讼过程中某一有争议的法律关系存在与否的中间确认之诉等。④一般给付之诉，指公民要求公共行政主体作出、容忍或停止作出除行政行为以外的其他所有行为或公共行政主体要求公民依公法规范作出、容忍或停止作出某行为的诉。一般给付之诉适用的范围非常广泛，其要求的给付通常可以是除行政行为以外的任何一种给付。⑤规范审查程序，是指法院经申请对有关行政机关制定的规范进行审查的程序。也可被认为是确认之诉的一种特别的亚类。⑥行政诉讼中的机构之诉。涉及的是同一法人或法定主体内部不同机构之间的公法争议。严格而言，机构之诉并不是诉的一种类型，而是有关内部机构争议的各种程序的总称。在机构之诉中通常采用的诉的类型有一般给付之诉、一般确认之诉和规范审查等。⑦其他的形成之诉。

也许是受到德国法的一些影响，日本《行政案件诉讼法》比较注重清晰地划分行政诉讼的类型。在日本，行政诉讼中的诉讼种类脱胎于民事诉讼的痕迹比较明显，正如盐野宏所言："行政案件诉讼的诉讼类型可以归属于民事诉讼的某种类型"，因为"民事诉讼的分类和行政案件诉讼的分类只是观点不同，它们并不是相互排他的"。无独有偶，德国学者弗里德赫尔穆·胡芬也称："仔细审视便会发现，行政诉讼中诉讼种类体系之'开放性'的意义，其实也并不像乍看时那么大。在多数情况下，那些被称为'特别的'诉种或者'特殊的'诉种的诉讼类型，其实最终也可以被归入某个司空见惯的'类型'中，也就是形成之诉、给付之诉、确认之诉。"但是，毕竟"行政案件诉讼与民事诉讼的性质不同，在历史性沿革上，其源于行政诉愿；在目的上，行政诉讼除了国民的权利救济外，还要谋求对行政进行法的统制。并且，鉴于司法权和行政权分立的旨趣（作用分担），也不能不考虑对行政权的行使进行司法审查存在制约。因此，《行政案件诉讼法》对诉讼类型的规定自有其鲜明特色。具体而言，该法以对行政厅的公权力的行使不服的诉讼（抗告诉讼）为中心，在承认了各种各样的特殊性的同时，规定了抗告诉讼、当事人诉讼、民众诉讼和机关诉讼共四种诉讼类型。"对于抗告诉讼，《行政案件诉讼法》则进一步规定了如下六种诉讼形式（法定抗告诉讼）：处分的撤销诉讼；裁决的撤销诉讼；无效等确认诉讼；不作为的违法确认诉讼；义务赋课诉讼；中止诉讼。

我国台湾地区"行政诉讼法"则明显以德国法与日本法为摹

本，在诉讼类型上，列举七大类：撤销诉讼；怠为处分之诉；拒绝申请之诉；确认行政处分无效或违法之诉；确认法律关系存否之诉；一般给付诉讼；合并请求财产上给付之诉讼。此外，“行政诉讼法”第九条规定：“人民为维护公益，就无关自己权利及法律上利益之事项，对于行政机关之违法行为，得提起行政诉讼。但以法律有特别规定者为限。”第十条规定：“选举罢免之争议，除法律别有规定外，得依本法提起行政诉讼。”我国台湾地区学者刘宗德、彭凤至曾云：“行政诉讼类型具有提供适当权利保护模式、统一处理及筛检适当诉讼方式以及调整行政权与司法权关系等功能。”我国早期的一本行政诉讼法权威统编教材曾用专节论述了“诉的种类”问题。并指出：“对行政诉讼中的诉进行分类的意义主要在于：①为不同的诉设定不同的起诉条件；②不同的诉具有不同的权利保护要件；③不同的诉可能适用不同的诉讼程序。”但与当时《行政诉讼法》的实定法规范相对照，这恐怕还只是一个高于现实的理想。

行政诉讼类型化之所以越来越成为各国行政诉讼制度之中心课题，且“诉讼类型在客观上表现出多样化、细密化的发展趋势”，盖与社会法治国时代行政任务的急剧变化息息相关：“传统自由主义法治国时代受限于国家目的之单纯性而产生之行政行为‘单样化’——即只依靠行政处分，已不符合时代的需要”，与此相应，“传统的撤销诉讼一体主义的行政诉讼旧格局”亦被打破。但是，修改前的《行政诉讼法》由于深受行政行为形式论的影响，在以撤销诉讼为中心的立法模式之下，“几乎将行政诉讼全部等同于以具体行政行为为适用对象的撤销诉讼”，“也就是说，整部《行政诉讼法》的条文设计几乎全部是专门为撤销诉讼所精心准备的”。“因而从严格意义上来说，我国并不存在实质上的类型化的行政诉讼，充其量只能说存在几种类型诉讼的萌芽”。“在这种情况下，即使出现了若干新类型的行政诉讼，彼时的法律也无法为其提供起码的诉讼规则，甚至可以说新型诉讼根本就难以融入现行行政诉讼的制度框架之中”。《最高人民法院关于审理政府信息公开行政案件若干问题的规定》在《行政诉讼法》修改之前率先进行了诉讼类型化的尝试。这次《行政诉讼法》修改过程中，最高人民法院的一些法官和一些专家学者极力倡导类型化改造，虽然限于修法体例无法进行彻底的类型化改造，但通过具有类型化样态的判决方式的设计，还是使得这部法律在诉讼类型上基本具备规模，所欠缺的只是一些不同于撤销诉讼但为各个诉讼类型所必须的特殊规则。

司法解释在第二条通过明确原告可以提出的具体诉讼请求的方式，划分了以下诉讼类型：①请求判决撤销或者变更行政行为；②请求判决行政机关履行法定职责或者给付义务；③请求判决确认行政行为违法；④请求判决确认行政行为无效；⑤请求判决行政机关予以赔偿或者补偿；⑥请求解决行政协议争议；⑦请求一并审查规章以下规范性文件；⑧请求一并解决相关民事争议；⑨其他诉讼请求。值得指出的是，即便在实行诉讼类型化的德国、日本等国，也对诉讼类型的繁多及其分类的复杂颇有诟病，例如德国学者弗里德赫尔穆·胡分就指出：在行政诉讼中将诉的适当性和正确的诉讼类型联系在一起的制度已经丧失了其在传统上所具有的限定法律保护方式的作用，而只会导致学理上以及司法实践中的不必要的麻烦。因此他认为，应消除这一制度，以对行政诉讼中的诉讼类型制度进行“决定性的简化”。本书作者在随全国人大常委会法工委行政法室赴日本考察行政诉讼制度时，日本学者也建议中国在修改《行政诉讼法》时未必要引入诉讼类型化。我国一些学者也表达过类似主张。例如刘飞教授认为："设置诉讼类型的目的在于为公民权利的保护提供一种具体方式。因此，多种诉讼类型的并存不应对公民构成负担。在司法实践中，选择适当的诉讼类型也不应是公民的任务。相反，原告在诉讼中实际上仅需指明其诉讼请求所指向的具体对象就足够了。从这个意义上来说，诉讼类型制度的意义主要在于对法院的诉讼行为作出规范。"本书的观点是：第一，德国、日本等国和我国行政诉讼制度的发展阶段不同，因此不可同日而语。这些国家的诉讼类型化差不多已告完成，当下的任务当然就是要防止其沦为繁复化。我国长期以来基本上只存在单一的撤销诉讼，对诉讼类型予以丰富恰是当前需要完成的使命。第二，诉讼类型化并非为当事人带来负担，相反，类型化有利于为当事人提供"无漏洞且有效的权利保护"。从比较法的视角看，权利救济是否"无漏洞且有效"，"除了行政审判权限的范围、原告适格的条件以及诉讼中的暂时性权利保护措施外，最主要的就属诉讼类型数量的多寡及其适法性要件的设计了"。"对于侵犯公民权利的每一种国家权利行为，都必须有一个适当的诉讼种类可供利用"，说的就是这个意思。第三，将诉讼类型与诉讼请求予以割裂，从而排除当事人的责任，也是不符合诉的原理的。没有具体的诉讼请求，也就没有了具体的权利主张，没有具体的权利主张，也就没有了诉讼对象，这样的诉难言成立。而一旦提出具体的诉讼请求，诉讼类型也就相应明晰。当然，鉴于诉讼类型的概念相对较新，"期望公民在起诉时就对其有一定程度的了解是不现实的"，因此法院的解释说明工作亦属必要，司法解释为此在第二条第二款专门作出要求："当事人未能正确表达诉讼请求的，人民法院应当予以释明。"

诉讼请求

前边我们对诉讼类型化的基本内容做了一些介绍，其中提到：“将诉讼类型与诉讼请求予以割裂，从而排除当事人的责任，也是不符合诉的原理的。没有具体的诉讼请求，也就没有了具体的权利主张，没有具体的权利主张，也就没有了诉讼对象，这样的诉难言成立。而一旦提出具体的诉讼请求，诉讼类型也就相应明晰。”这话不是随便说的。诉讼类型化确实与诉讼请求有着密不可分的关系。所谓诉讼类型，其实就是诉的类型；所谓诉讼类型化，其实就是诉讼请求的类型化。所以，我们就先从诉和诉讼请求说起。

关于诉讼类型与诉讼请求的关系，我们最初是在郭传欣案裁定中提及的：

> 修改后的《行政诉讼法》虽然没有直接引入诉讼种类的概念，但通过判决方式的丰富和整合，事实上完成了诉讼类型化改造。《最高人民法院关于适用〈中华人民共和国行政诉讼法〉若干问题的解释》第二条通过对“具体的诉讼请求”的解释，也对各诉讼种类作出了明示性规定。设置诉讼类型的目的既然在于为公民权利的保护提供一种具体方式，那么选择一个适当的类型就不应成为公民的任务甚至额外增加的负担。诉讼类型制度的根本意义更在于对法院的诉讼行为作出规范，以使法院根据不

同的诉讼类型选择最适宜的救济方式和裁判方式。通常情况下，原告对于诉讼类型并不表现得多么疏离，因为他在诉讼请求中表达的想要实现的目的本身就已经自然而然地体现为一个具体的诉讼种类。对于诉讼类型不习惯、不熟悉甚至有意排斥的往往是法官，因为他已经在单一的撤销之诉的环境之中浸淫太久，以至于对于任何争议都习惯性地运用合法性审查的方法。

在张艳君案裁定中，我们又做了类似的论述：

诉讼请求的具体特定，也体现在选择一个适当的诉讼类型。按照《最高人民法院关于适用〈中华人民共和国行政诉讼法〉若干问题的解释》第二条第一款的规定，原告不仅可以请求撤销行政行为，也可以请求变更行政行为，或者请求确认行政行为违法或者无效，还可以请求判决行政机关予以赔偿或者补偿。不仅可以针对行政行为起诉，还可以请求判决行政机关履行法定职责或者给付义务，请求解决行政协议争议，请求一并审查规章以下规范性文件，请求一并解决相关民事争议。可以说，诉讼类型越丰富，权利救济的渠道也就越丰富。人民法院针对具体的诉讼请求进行审理和裁判，也更有针对性，更能作出具体明确的解决实际问题的判决。

提起诉讼应当“有具体的诉讼请求”，是《行政诉讼法》第四十九条所做的要求。诉讼请求是指原告基于一定的事实关系所请求的裁判之要求，亦即在诉讼中应当被实现的实体权利主张。任何一个起诉，都应当有明确具体的诉讼请求。这不仅是诉的具体的内容，是原告的诉讼主张，同时也构成了法院审理和裁判的对象。在日本的教科书里，诉讼请求通常还与“诉讼标的”、“诉讼对象”、“诉讼物”这几个概念互用，而从诉讼标的、诉讼对象、诉讼物的字面意义上，就能直观看出它就是法院审理与判决的内容。有人还说：“诉讼对象是诉讼的支柱”，“诉讼是围绕着诉讼对象（诉讼上的请求）而开始、发展乃至终了”。

说到这里，我们有必要对过去的一个传统说法进行一番反思。在过去的司法实务中，“合法性审查”成为行政诉讼“去民事化”的鲜明标签。例如有学者认为：“行政诉讼一定程度上是以行政行为的合法性的审查为中心的，而非原告的诉讼请求。这种特殊性也导致了行政诉讼的性质、审理对象、诉讼法律关系乃至诉判关系等方面与民事诉讼具有较大的差异性。”过去的实务见解，也大多将具体行政行为当作行政诉讼的审理对象。例如有的观点认为：“具体行政行为是行政诉讼的客体。人民法院审理行政案件的主要任务是对具体行政行为是否合法进行审查。”但这种流行了几十年的说法是存在问题的。问题的实质在于，混淆了审查对象和审理对象。人民法院对行政案件审查的是具体行政行为，而审理的则是原告的诉讼请求是否成立。如果将审查的对象等同于审理的对象，那就不能揭示诉讼的实质，不会着眼于案件的全部事实，也难以做到判诉对应。所以，当我们拿到一个案件，首先要看的，是原告的诉讼请求，而非被诉的行政行为。

我曾在卡多佐的传记中看到这样一段描述：在所有有关合同构成的案件中，卡多佐设法确定的是当事人真正要做的是什么，这对于确定他们的合理预期很重要。其实，不只是有关合同的案件，我们办每一个案子，通常都应从这一点着手——搞清楚当事人真正要做的是什么。就诉讼术语而言，也就是要明确他的诉讼请求究竟是什么。中国古代判案的时候喜欢说“原情”，其中的一个意思也是说，要搞清楚当事人打官司的真实目的是什么。宋代的胡石壁受理了一个案件，原告蒋邦先状告李茂森，要求官府判决“除毁其屋”。理由是，李茂森租赁其店舍，“不待文约之立，不取主人之命，而遽行撤旧造新”。胡石壁通过对诸般情状的分析，找出了原告兴讼的真实动因：“必是见李茂森具数太多，其间必不能一一皆实，所以兴讼以邀之，其意不过欲勒其裁减钱数耳，非果欲除毁其屋也。”原情既成，争点立现，审理的重点也就能够聚焦。

要能做到“原情”，首先依赖于原告能否正确表达诉讼请求。那么，怎样才算正确地表达了诉讼请求呢？或者说，什么才算是一个“标准”的诉讼请求呢？日本学者中村英郎说过，“诉讼上的请求是因事件满足某一要件而产生的法效果的主张，因此，请求包含着权利根据面与权利主张面这两个问题”。而所谓的权利根据面和权利主张面，在诉状中就体现为请求趣旨和请求原因，通过两者的描述可以明确请求是基于何种法律关系以及主张何种权利。例如，当事人说：我请求撤销某某行政行为，这就是请求趣旨；因为这个行政行为是违法的，并且侵犯了我的合法权益，这就是请求原因。但是，这样一个不太复杂的事情，也不是每一个当事人都能做好。相信我们每一个法官都曾见过密密麻麻好几页纸，却梳理不出个子丑寅卯的诉状。这个时候我们法官就有释明的义务。我们应该清楚，法官的释明不只是与人方便，也是自己方便。否则，原告昏昏，法官也昏昏，真成了葫芦僧判断葫芦案。

尽管我不是初审法官，平常办的都是申请再审的案子，但当我拿到一个案子，第一个要看的是他一审时的起诉状，而不是再审申请书。我要看他到法院来最原初的诉讼请求是什么。这是万物之源，因为诉讼就是围绕着他的诉讼请求能否实现进行的。无论一审、二审、再审，都不能偏离这个根本的对象。被告的答辩同样重要，把它和原告的诉讼请求结合在一起，也就形成了“争”。通常在我带着助理们读过原告的诉讼请求之后，便让他们猜被告会如何答辩，猜对了常常会引发一阵很有成就感的笑声。通过原告的诉讼请求和被告答辩的比对，我们就找到了争点，然后就是看围绕这些争点有哪些相应的事实证据和法律依据，这么一来，如何裁判也就呼之欲出了。这时再看看原审的结果，很多情况下是意料之中的，但也有少数时候是匪夷所思的。为什么匪夷所思，基本都属于对原告的诉讼请求不回应，或者压根儿就没搞清楚原告的诉讼请求是什么。一个答非所问的裁判，肯定不是一个公正的裁判，也不是一个能够解决问题的裁判。

我在好几篇裁判中都讲到了诉讼请求。例如在张艳君案，就讲到正确表达诉讼请求以及人民法院能否行使释明权。我们在裁定中是这样说的：

> 由于我国行政诉讼类型长期以来相对单一，公民、法人或者其他组织对此需要一个逐渐适应的过程，因此，前述司法解释第二条第二款专门作出要求：“当事人未能正确表达诉讼请求的，人民法院应当予以释明。”同时，这也并不排除在经过释明原告坚持不作更改的情况下，人民法院根据原告诉求的实质性质，选择最为合适也能最大限度实现其诉讼目的的诉讼类型和判决方式。具体到本案，虽然再审申请人的诉讼请求只包括“确认再审被申请人不履行行政复议职责的行为违法”，原审法院在查明并不存在“判决履行没有意义”的基础上直接判决再审被申请人于判决生效之日起六十日内针对再审申请人提起的行政复议申请作出处理，不仅不属超出再审申请人的诉讼请求，反而对其合法权益保护更为有利。又如前所述，判决行政机关履行法定职责

即包含了对其不履行法定职责的违法性的确认，故再审申请人主张原审判决没有确认再审被申请人未履行法定职责违法属遗漏诉讼请求，依法不能成立。

在冯庄三组案裁定中，我们主张，“提出一个符合法律规定的明确具体的诉讼请求，终究是原告的义务”。

根据《行政诉讼法》第四十九条第三项的规定，提起诉讼应当“有具体的诉讼请求”。这是因为，诉讼请求是原告提起诉讼时向人民法院提出的在诉讼中应当被实现的实体权利主张，它构成诉讼的标的和对象，决定了人民法院审理和判决的范围。《最高人民法院关于适用〈中华人民共和国行政诉讼法〉的解释》第六十八条第三款规定：“当事人未能正确表达诉讼请求的，人民法院应当要求其明确诉讼请求。”这一规定有两个方面的含义：第一，诉讼是由原告发起，因此在起诉时必须正确表达诉讼请求；第二，当事人未能正确表达诉讼请求的，人民法院既有要求其明确的职责，又有帮助其明确的释明义务。提出一个符合法律规定的明确具体的诉讼请求，终究是原告的义务，再审申请人认为“一审法院错误行使释明权，致缩减了原诉讼请求所包涵的内容量”，理由不能成立。

在冯庄三组案中，裁定还指出：“通常情况下，具体的诉讼请求往往会指向行政机关作出的行政行为。结合《行政诉讼法》第二十六条的规定，在一个诉讼请求中，被诉的行政行为，一般仅指一个行政机关作出的一个行政行为，或者两个以上行政机关共同作出的一个行政行为，而不包括同一行政机关或者两个以上行政机关作出的两个以上行政行为。”但是，针对几个行为与提出几个请求是两码事，针对一个行为也可以发生请求的合并。我曾接手过一个案子，原告王吉霞等向一审法院提起诉讼，其诉讼请求是——确认河南省政府作出的《中止行政复议通知书》违法并予以撤销，判令河南省政府依据其申请依法作出行政复议决定。一审和二审法院均认为，该两项诉讼请求“分属不同于不同的诉讼请求类型，不能在同一个案件中进行审理”。经原审法院释明，王吉霞等仍坚持要求对这两项诉讼请求进行一并审查，原审法院据此认定其诉讼请求不具体。我们并不认为一审和二审法院的观点是对的，我们在裁定中阐明了我们的看法：

> 诉讼请求固然应当具体特定，但从诉讼经济原则出发，法律并不排除请求的合并，也就是，同一原告可以在一个诉讼程序中向同一被告提出数个诉讼请求。至于合并的形态，则包括单纯合并、预备性合并、重叠性合并以及选择性合并等。《最高人民法院关于适用〈中华人民共和国行政诉讼法〉的解释》第六十八条虽然分项列举各类诉讼请求，但这并不能理解为各类诉讼请求不能在一个案件中合并提出。只要各类诉讼请求相互关联，不相互矛盾，就应当予以准许。至于本案，虽然再审申请人的诉讼请求有两项——撤销《中止行政复议通知书》、判令作出行政复议决定，但却并不属于典型的请求的合并，而应当视其为一个请求的整体，也就是请求判令再审被申请人履行作出行政复议决定的法定职责。所谓履行法定职责之诉，一般包括两种类型，一种是“不作为之诉”，也就是行政机关既没有拒绝，也没有作出被申请的行政行为；另一种是“否定决定之诉”，也就是行政机关已经通过否定性决定拒绝作出行政行为。在否定决定之诉中，原告的诉

讼请求尽管通常也包括撤销拒绝决定，但从根本上看，针对的并不是拒绝决定本身，而是要求行政机关履行某一种法定职责。因此，这种诉讼虽然看似会有两个诉讼请求，但在性质上应当属于一个履行法定职责之诉，尽管人民法院通常也会在判决履行法定职责时首先作出一个撤销拒绝决定的判决。

在这个裁判中，我们认为：撤销《中止行政复议通知书》、判令作出行政复议决定，这两项请求并非典型的请求的合并，而“应当视其为一个请求的整体，也就是请求判令再审被申请人履行作出行政复议决定的法定职责。”这是因为，“所谓履行法定职责之诉，一般包括两种类型，一种是‘不作为之诉’，也就是行政机关既没有拒绝，也没有作出被申请的行政行为；另一种是‘否定决定之诉’，也就是行政机关已经通过否定性决定拒绝作出行政行为。在否定决定之诉中，原告的诉讼请求尽管通常也包括撤销拒绝决定，但从根本上看，针对的并不是拒绝决定本身，而是要求行政机关履行某一种法定职责。因此，这种诉讼虽然看似会有两个诉讼请求，但在性质上应当属于一个履行法定职责之诉，尽管人民法院通常也会在判决履行法定职责时首先作出一个撤销拒绝决定的判决。”

不仅如此，从理论上讲，在一个诉讼中，原告同时请求确认行政行为无效或者确认行政行为违法，或者同时请求确认行政行为无效或者撤销行政行为，也是可以允许的。在请求合并的形态上这属于预备性合并，也就是原告在诉讼中既提出一个主请求（例如请求确认行政行为无效），同时也提出一个预备性请求（例如请求撤销行政行为），一般而言，主请求比预备性请求更为有利一些，原告当然要追求利益最大化，实在不行就退而求其次，争取实现预备性请求。这是人之常情，也是诉讼原理所允许的。法院呢，通常先对主请求进行审理，只有在认为主请求无理由时才对预备性请求进行审理。对于确认无效、确认违法、请求撤销这类诉讼请求而言，之所以允许请求的合并，是因为他们主张的都是同一个行政行为的违法性，只是违法性程度有所差异而已。对于法院来讲，未必需要对这种预备性合并进行两次或两次以上审查，所以也不存在增加负担的问题。从制度优越性上讲，请求的合并还有利于防止以后的重复起诉，例如我们就碰到过前诉请求撤销、后诉请求确认违法，这样的重复起诉的情形。如果在一个诉中一次性解决，也就打消了他以后钻空子的机会了。

反过来说，允许请求合并也并不意味着在一个诉状中可以对不同的行政机关的行政行为提出多项诉讼请求。在张麒麟案中，当事人就是这样做的。他在一份诉状当中，对武陟县政府、三阳乡政府的不同行政行为提出了多项诉讼请求，原审法院认为应当分别提起诉讼，因此裁定驳回了他的起诉，二审也维持了一审裁定。张麒麟申请再审，主张他所起诉的属于同类行政行为，要求他分别起诉没有法律依据。我们没有认可他的主张，裁定指出：

> 行政诉讼基本上系由单一之原告对单一之被告，就单一之起诉声明及单一之诉讼标的起诉，即所谓的单一之诉，共同诉讼只是单一之诉为原则之下的一种特殊规则。《行政诉讼法》第二十七条规定："当事人一方或者双方为二人以上，因同一行政行为发生的行政案件，或者因同类行政行为发生的行政案件、人民法院认为可以合并审理并经当事人同意的，为共同诉讼。"根据本条规定，行政诉讼中的共同诉讼包括两种情形。一种是因同一行政行为发生的行政案件，在此情形下，既有可能是由数个行政机关共同作出一个行政行为，也有可能是一个行政行为针对

数个相对人作出，如果案件必须合一确定，则可将数个原告或数个被告视为一体，一同起诉或一同被诉。共同诉讼的另一种情形是因同类行政行为发生的行政案件，法律之所以允许合并审理，并非必须合一确定，而是为了诉讼经济以及防止裁判发生矛盾。但对于同类行政行为，本应分别提起诉讼，只有当人民法院认为有必要时，再将数个起诉合并审理。本案中，再审申请人在一份诉状中对武陟县政府、三阳乡政府的不同行政行为提出了多项诉讼请求，既不属于因同一行政行为发生的行政案件，也不属于因同类行政行为发生的行政案件，原审法院认为应当分别提起诉讼，进而裁定驳回起诉，符合《行政诉讼法》第二十七条的规定。更何况，在不符合共同诉讼法定条件的情况下，以乡政府为被告到中级人民法院起诉，也不符合级别管辖的规定。

在张麒麟的诉状中，不仅针对不同行政机关、不同行政行为提出了多项诉讼请求，还将私人列为被告，请求人民法院一并审理其土地使用权争议，这就是更为离谱的事了。裁定借此也对什么是“一并解决相关民事争议”进行了解读：

《行政诉讼法》对一并解决相关民事争议作出了规定，这一制度对于解决民事行政争议相互交织、减少循环诉讼、避免民事行政裁判的相互矛盾和相互推诿，均具有积极意义。但是，《行政诉讼法》所确立的“一并解决相关民事争议”，在性质上是行政争议与民事争议“一并解决”，而不是“行政附带民事诉讼”。确切地说，是为了诉讼便利的考虑将两个不同性质的诉讼一并审理。一并审理后，仍然存在行政与民事两类诉讼、两个争议。正是基于这一特点，《最高人民法院关于适用〈中华人民共和国行政诉讼法〉若干问题的解释》第十八条第一款规定：“人民法院在行政诉讼中一并审理相关民事争议的，民事争议应当单独立案，由同一审判组织审理。”本案中，再审申请人将私人列为被告，请求人民法院一并审理其土地使用权争议，既不符合行政诉讼“被告恒定”的制度设计，也不符合《土地管理法》第十六条规定的关于土地使用权争议的解决方式。即使属于一并解决民事争议的范畴，再审申请人在行政诉讼中直接提出民事请求，也不符合上述司法解释的规定。

实践中还会发生提出新的诉讼请求的问题，《最高人民法院关于执行〈中华人民共和国行政诉讼法〉若干问题的解释》第四十五条就对此进行了规定。我们在侯春明案裁定中对相关法律规定进行了解读：

所谓“提出新的诉讼请求”，通常是指，在不变更诉讼请求同一性的前提下追加或者变更诉讼请求的申请。例如，针对被告作出的同一个行政行为，在原来提出的撤销请求的基础上追加赔偿请求、将原来提出的撤销请求变更为确认违法请求，或者只是单纯对于请求金额作出增减。在这种情况下，虽然具体的请求发生了变化，但请求的基础并未发生变更，因而可以在一个诉讼程序内审理新请求，旧请求的诉讼资料或证据资料可以被用于新请求的审理。

不过，侯春明在本案当中所说的“新的诉讼请求”，却与法律规定的并非一回事。裁定进行了具体分析：

侯春明针对第一次强拆的请求是确认违法，针对第二次强拆的请求亦是确认违法，在请求趣旨上并无什么不同。尤为关键的是，前后两个请求针对的是发生于两个不同时间的两次独立的强拆行为。这种情况更应归类于《最高人民法院关于执行〈中华人民共和国行政诉讼法〉若干问题的解释》第四十六条第三项规定的人民法院可以决定合并审理的情形，即，“在诉讼过程中，被告对原告作出新的具体行政行为，原告不服向同一人民法院起诉的”。依据该条规定，在诉讼过程中被告对原告作出新的具体行政行为，人民法院尽管可以将新旧行为合并审理，但却不是通过原告在同一个诉讼中“提出新的诉讼请求”，而须原告首先针对新的具体行政行为另案提起诉讼，再由人民法院斟酌是否适宜合并审理。本案没有另案提起诉讼固有缺陷，但基本符合合并审理的其他要件，离石区政府对此亦没有提出异议，因此并无予以纠正的必要。

另外要注意的是，不能在任何环节随意提出新的诉讼请求。我们在宋太宏案裁定中明确过这一问题：

诉讼请求不仅可以界定法院的审理范围，也便于对方当事人在此范围内提出攻击防御的方法。如果原告欲要求法院审理此范围以外的请求，就必须通过另行起诉或通过提出新的诉讼请求来实现。而在诉讼中提出新的诉讼请求，通常须经过对方当事人的同意以及法院的准许，更为重要的是，不能在任何环节随意提出新的诉讼请求。根据《最高人民法院关于适用〈中华人民共和国行政诉讼法〉的解释》第七十条的规定，“起诉状副本送达被告后，原告提出新的诉讼请求的，人民法院不予准许，但有正当理由的除外。”在一审期间提出新的诉讼请求尚有如此限制，在二审阶段提出，更为法律所不允。所以，二审法院认为“其在二审时提出对第二项内容也不服的理由不属于本案审查范围”，并无不当。宋太宏认为原判决遗漏了诉讼请求，理由不能成立。

不同的诉讼请求决定了诉讼类型和起诉条件的不同，这一观点在赵英军案中得到了充分印证。我们在裁定中说：

根据《最高人民法院关于适用〈中华人民共和国行政诉讼法〉的解释》第六十八条的规定，行政诉讼的原告提起诉讼，既可以请求判决撤销或者变更行政行为，也可以请求判决行政机关履行特定法定职责或者给付义务，还可以请求判决确认行政行为违法或者无效……不同的诉讼请求可能决定了诉讼类型的不同，不同的诉讼类型又决定了起诉条件、裁判标准和判决方式等的不同。在本案，就存在究竟属于一个履行法定职责之诉，还是属于一个撤销之诉的判断问题。对于诉讼类型判断的正确与否，足以导致对于案件处理的正确与否。

那么，赵英军案又是怎样一种情况呢？裁定进行了具体分析：

在本案，赵英军等人在一审中提出了多达五项诉讼请求，虽然首当其冲的是“判令撤销对赵英军等二十一户每亩15000元的不合理补偿标准”，但其核心诉求却是，“判令平定县政府按公告中规定的土地安置补偿标准旱地每亩29376元，重新对赵英军等二十一户进行补偿”，因此，在性质上，本案显然属于一个履行法定职责之诉。虽然诉讼请求中也包括了撤销2011年的

> “不合理补偿标准”的内容，但是，在履行法定职责之诉中，通常都会包括撤销一个拒绝性决定和可能存在的复议决定的请求，但这个请求并不是必要的，也不能因为包括一个撤销拒绝性决定或者复议决定的请求，就此认定这个起诉在类型上属于撤销之诉。因为撤销之诉的性质在于通过撤销一个为原告设定负担的行政行为的方式来形成权利，而本案，原告请求撤销的2011年的“不合理补偿标准”很难说属于一个为原告设定负担的行政行为；并且，仅仅撤销这个“不合理补偿标准”并不能直接为原告形成权利。因此，原告真正的诉讼目标还不是撤销，而仍然是判令行政机关以新的标准重新进行补偿这个授益行为本身。

赵英军案是我非常看重的一个案子，不仅仅是因为它是为数不多的原告胜诉的案子，更为重要的是，正是因为运用诉讼类型化的思维，才使得赵英军等人的补偿利益得以实现。同样的情形也发生在郭传欣案当中，那个案子是我第一次（也可能是中国大陆第一次）在裁判文书中阐述诉讼类型化主张，某种程度上具有诉讼类型化“宣言书”的性质。裁定说：

> 《行政诉讼法》的立法目的在于“保护公民、法人或者其他组织的合法权益，监督行政机关依法行使职权”，而要实现此一目的，很大程度上取决于诉讼种类之完善。如果对于侵犯公民权利的每一种国家权力行为都有一个适当的诉讼种类可供利用，则公民合法权益的受保护程度势必会得到大幅提高。

选择一个最为适当的

进行到现在，已经引述了许多我写的裁判文书，你们可能会感觉到，尽管有一些理论含量，但风格上未免太书面化了。我也是存有这份遗憾的，也会逮到合适机会去尝试我心目中的语言风格。刘书平案就是这样一篇。

当一个公民满怀期待向行政机关寄去一份国家赔偿申请，收回的却是一份被中国邮政标注“拒收”字样而退回的信封原件，他的沮丧和愤懑可想而知。本案再审申请人就遇见了这样的境况，他转而将行政机关告到法庭，也是行使诉讼权利的当然之举。然而，他选择的诉讼种类并不十分恰当——“依法宣告被告拒收信函违法”，并不是最便捷、最能解决实际问题的诉讼类型。

说到各种诉讼类型，确认之诉很像一个装满各种工具的杂物筐。《行政诉讼法》规定的各种确认判决多达六种，但通说认为，只有请求确认某种法律关系存在或者不存在的一般确认之诉，才是“真正的”确认之诉，其他的确认之诉，比如确认无效之诉、继续确认之诉，以及情势判决中的违法确认等，都不过是撤销之诉、义务之诉、给付之诉等诉讼类型的变种。正因如此，确认之诉具有补充性，也就是说，仅当原告不能通过其他诉讼类型达到其目的，才存在提起确认之诉的可能。

回到本案。再审申请人向行政机关邮寄信件，目的是要求行政机关作出一个国家赔偿决定，他在信封上也写明信件内容是国家赔偿申请书。由于行政机关无需拆开信封即可获知寄件人的目的，那么“拒收”信件就会明白无误地表明，其在事实上拒绝了这个申请，这样一来，“赔偿义务机关先行处理”这个前提条件就会成就，再审申请人可以毫无障碍地直接提起请求判令行政机关予以赔偿的诉讼。仅仅要求确认一个“拒收”行为违法，既缺乏“澄清”某种法律关系的需要，也不是最便捷、最能解决实际问题的诉讼类型。在这种情况下，裁定驳回起诉并无不当。

提起再审也要有实际利益。即使原审裁判存在某些瑕疵，如果通过再审并不能实质解决争议，或者在再审之外另有更为便捷的解决途径，那么耗时费力地启动一次再审，也只会是浪费资源、徒劳无益。本院在审查中查明，再审申请人在信件被拒收后已经再次邮寄了国家赔偿申请，再审被申请人予以受理，相关国家赔偿争议也已进入诉讼程序，在这种背景之下，更没有提起再审的任何必要。

最后要讲几句题外话。受理国家赔偿申请是赔偿义务机关的法定责任，无论基于什么原因，拒收申请终归不是一件负责任的行为。如果没有拒收行为的发生，也就不可能发生一轮又一轮没有实质意义的诉讼。选择一个最为适当的诉讼类型，对于当事人来讲通常并不十分容易，人民法院就有义务进行必要的释明，建议原告对诉讼请求进行必要的变更，以使双方当事人都能尽量减少诉累，行政争议能够尽早尘埃落定。理性行使诉权，实质解决纠纷，大家都有责任。

综上，再审申请人刘书平的再审申请不符合《中华人民共和国行政诉讼法》第九十一条规定的情形。依照《中华人民共和国行政诉讼法》第一百零一条、《中华人民共和国民事诉讼法》第二百零四条第一款之规定，裁定如下：

驳回再审申请人刘书平的再审申请。

这个裁判虽然篇幅很短，但却论及了许多重要法律问题，有些问题还是非常艰深费解的，但也可以用“拉家常”的口吻表达出来。这也启发我们，追求裁判文书的通俗化，不是能不能的问题，而是肯不肯的问题。我们现在还没有进入讨论语言风格的时段，所以我只点到为止，还是从裁判理念方面展开讨论。

我注意到，刘书平案入选了《行政法判例百选》，对这个案件进行评述的是章志远教授，他也是研究诉讼类型化的重要学者。对于本判例的意义，他这样认为：

> 本判例是《行政诉讼法》（2014年）实施以来最高人民法院推动诉讼类型构造的重要案例之一。法官借助该判例阐述了诉讼类型化的基本样式，对各类型之间的相互关系以及如何恰当选择等问题作了详细论述。法院明确说明确认诉讼的本质内涵和补充性地位，对完善行政诉讼类型的选择适用规则具有重要意义。诉讼类型的选择需要以争议的实质性解决为目的，充分考虑各类诉讼的相互关系及具体类型的特征，同时发挥法官的专业性提倡释明义务。如此才能既便利诉讼，节约诉讼资源，又有助于及时化解争议，为行政相对人提供完整而又有效的司法救济。本判例不仅促使诉讼类型化从学理探讨进一步迈向实践运用以更好指导法院裁判，为当事人有效作出“最佳选择”提供司法经验，而且推动行政诉讼类型化体系更加精细化、科学化，是学理论证支撑审判实践与实务探索反哺学术研究的典型之作。

章志远教授的眼光非常敏锐，敏锐之处就在于，就诉讼类型化而言，本案裁定固然对确认之诉的补充性进行了充分阐述，但更大的意义在于，它强调了要选择一个最为适当的诉讼类型。所谓适当，就是“最便捷、最能解决实际问题”。选择是一种权利，也是一种义务；选择的权利和义务，既属于原告，也属于法官。裁定说：“确认之诉很像一个装满各种工具的杂物筐。”这仅是就确认之诉而言，说到各种诉讼类型，那就无异于许多个“装满各种工具的杂物筐”。如何在这些杂物筐的夹缝中行走，去选择一个最为适当的工具，说难也难，说不难也不难，关键是要弄清楚各种类型的性质作用以及不同类型之间的相互关系。接下来，会结合我们自己的裁判，就各种诉讼类型以及它们之间的相互关系做一些展开。

逃离撤销诉讼

弗里德赫尔穆·胡芬曾说：“作为一种要求撤销国家——为公民设置负担——的个别调整的诉，撤销之诉是行政诉讼的‘经典’诉讼种类。”也是“救济人民权益的最重要方法”。撤销诉讼的目标在于撤销、变更行政行为，因此属于一种形成之诉。“它以通过撤销为原告设定负担的行政行为的方式来形成权利，也就是要达到消除行政行为之效力的目的”。在日本行政诉讼理论中，也有观点认为，“撤销诉讼是最具有行政诉讼特点的诉讼”，因为“无效确认诉讼只不过是撤销诉讼的补充，当事人诉讼在属于有关法律关系、权利义务的争议这点上与民事诉讼相同，并没有充分显示出行政诉讼的特点”。

在日本，过去存在所谓的撤销诉讼中心主义，“从整部行政事件诉讼法的规定来看，详细规定了撤销诉讼的诉讼要件、审理程序、判决等一般性事项，对于其他的诉讼类型，仅仅规定相当于撤销诉讼的特殊之处，对其他与撤销诉讼相同之处规定准用撤销诉讼的条款”。在我国，修改前的《行政诉讼法》的全部结构和内容，也几乎都是围绕撤销诉讼设计的。这也难怪，因为以前的行政行为模式就主要是干预行政，公民之所以提起诉讼，主要的就是针对行政处罚之类的损益性行政行为，这样的话仅有撤销之诉这一种类型基本上就差不多够用。但社会发展了，人民的需求丰富了，服务行政应运而生。面对形形色色崭新的诉讼请求，一成不变的沿用撤销诉讼的老套路，就会出现“驴唇不对马嘴”的问题。

郭传欣案就是一个经典的例子。这个案子的案情倒不是很复杂。之所以人为地搞复杂，就是因为不适当地运用了撤销诉讼的套路。裁判对此有详细的叙述和评论：

> 郭传欣针对补偿决定提起行政诉讼，他的诉讼请求，除了要求撤销补偿决定，还包括要求对其房屋全部按照商用房给予577.35万元的征收补偿。从诉讼类型上说，提出这种金钱支付请求通常属于一般给付之诉。由于一般给付之诉涉及的往往是行政事实行为，而本案之前已有一个补偿决定，因此更进一步归类于作为给付之诉亚类的义务之诉，也就是我们通常所说的履行职责之诉。义务之诉与撤销之诉的趣旨有所不同。撤销之诉旨在撤销一个对原告不利的行政行为，一经撤销，该行政行为的法律效力就会随之消除，原告所寻求的权利救济也就不待执行即已实现。义务之诉却不像撤销之诉那样源于经典的干预行政，而是产生于给付行政。义务之诉的原告，总是希望通过他的请求获得授益，总是希望通过判决达到一种较之于初始状态更佳的境况。义务之诉中也可能有一个撤销行政决定的请求，但撤销行政决定本身不是目的，也不是必须，原告的终极目的是要求法院判决行政机关履行他所期待的某项义务。正因为如此，法院在义务之诉中并非只是对行政机关已经作出的决定进行合法性审查并一撤了之，而要进一步对行政机关的义务进行裁判。只要原告对所申请的行政行为有请求权，法院就应当直接宣布行政机关的义务。具体到针对补偿决定的诉讼，法院不能仅仅止于对违法的补偿决定的撤销，更要根据原告的请求，对于具体补偿问题作出裁判。

本案一审法院对被诉补偿决定进行了合法性审查，以认定事实不清、适用法律错误为由予以撤销；对于原告要求判令被告补偿 577.35 万元的诉讼请求则不予支持，理由是“确定涉案房屋征收行政补偿金额并作出征收补偿决定系被告行政职权范围，原告可在被告作出征收补偿决定的过程中提出证据主张自己相应的权利”，很显然是不适当地采用了撤销之诉的审理方式，其结果是将本来是案件审理重点的补偿问题一推了之。

诚然，在义务之诉中也并非所有的案件都能直接宣布行政机关的义务，作出这种具体到位的判决，需要原告具有请求权，也需要裁判时机成熟，也就是所有事实和法律上的前提皆已具备。在有些情况下，法院可以一方面通过责令行政机关补作所欠缺的事实调查，另一方面通过自己判定尚不清楚的法律问题等途径，促使裁判时机成熟。如此一来更能减少循环诉讼、实质解决纠纷。但在有些情况下，如果这种事实调查过于繁重，或者存在行政裁量或判断余地之情形，法院也可以作出一种答复判决，即法院不是直接宣布行政机关的义务，而是责令行政机关按照法院的法律观重新作出决定。显而易见的是，原审法院尽管表示了司法权对于行政权的必要尊重，但却忽视了作出一个必须作出的答复判决。再退一步讲，即使仍然适用撤销判决的方式，《行政诉讼法》第七十条也规定，“……人民法院判决撤销或者部分撤销，并可以判决被告重新作出行政行为”。重作判决针对的正是行政行为被撤销后仍有需要重新作出行政行为的情形。

不厌其烦地讲了这么多，实在有些普法的意思，但是，即便是如此明显的道理，也并非所有的人都明白，都能接受。所以我们在裁定中也不禁发出这样的感叹：

对于诉讼类型不习惯、不熟悉甚至有意排斥的往往是法官，因为他已经在单一的撤销之诉的环境之中浸淫太久，以至于对于任何争议都习惯性地运用合法性审查的方法。

长期以来，行政诉讼经常遭受“空调白判”、“不解决实际问题”之讥。有人将其归因于司法环境不好，有人将其归因于行政诉讼手段不足，有人转而去寻求诉讼之外的协调，但很少有人考虑到这里边也有诉讼类型单一这样一个因素。即使是我们每天“玩弄于股掌之上”的撤销诉讼，也并非完全用足用好了它的全部功能。事实上，不同的诉讼类型早已为我们提供了丰富的解决问题的手段，如果将各种诉讼类型用准用好，很大程度上能够免去诉讼之外奔波协调的劳苦，避免那些本来可以避免的“翻烧饼”和“夹生饭”。所以，我们强调转变司法理念，首先要接受诉讼类型化；而要接受诉讼类型化，首先是要逃离撤销诉讼。

熟悉的陌生人

在郭传欣案中，我们提到了义务之诉，更多的时候人们称它为履行法定职责之诉。这一诉讼类型，本来是个老面孔，是和撤销诉讼一样见于老的《行政诉讼法》的规定的。但是，尽管是个老熟人，却又是个熟悉的陌生人。我们在好几篇裁判中对这位老熟人的陌生的一面做了介绍，例如前边提到过的赵英军案。在这个裁判中，我们就对履行法定职责之诉与撤销之诉的关系进行了辨析：

> 根据《最高人民法院关于适用〈中华人民共和国行政诉讼法〉的解释》第六十八条的规定，行政诉讼的原告提起诉讼，既可以请求判决撤销或者变更行政行为，也可以请求判决行政机关履行特定法定职责或者给付义务，还可以请求判决确认行政行为违法或者无效……不同的诉讼请求可能决定了诉讼类型的不同，不同的诉讼类型又决定了起诉条件、裁判标准和判决方式等的不同。在本案，就存在究竟属于一个履行法定职责之诉，还是属于一个撤销之诉的判断问题。对于诉讼类型判断的正确与否，足以导致对于案件处理的正确与否。

为什么说“对于诉讼类型判断的正确与否，足以导致对于案件处理的正确与否”呢？来看看案件的情况：

在本案，赵英军等人在一审中提出了多达五项诉讼请求，虽然首当其冲的是“判令撤销对赵英军等二十一户每亩15000元的不合理补偿标准”，但其核心诉求却是，“判令平定县政府按公告中规定的土地安置补偿标准旱地每亩29376元，重新对赵英军等二十一户进行补偿”，因此，在性质上，本案显然属于一个履行法定职责之诉。虽然诉讼请求中也包括了撤销2011年的“不合理补偿标准”的内容，但是，在履行法定职责之诉中，通常都会包括撤销一个拒绝性决定和可能存在的复议决定的请求，但这个请求并不是必要的，也不能因为包括一个撤销拒绝性决定或者复议决定的请求，就此认定这个起诉在类型上属于撤销之诉。因为撤销之诉的性质在于通过撤销一个为原告设定负担的行政行为的方式来形成权利，而本案，原告请求撤销的2011年的“不合理补偿标准”很难说属于一个为原告设定负担的行政行为；并且，仅仅撤销这个“不合理补偿标准”并不能直接为原告形成权利。因此，原告真正的诉讼目标还不是撤销，而仍然是判令行政机关以新的标准重新进行补偿这个授益行为本身。

由于搞错了诉讼类型，就只好一错再错了。本案的错误之处就是按照撤销之诉确定了起诉期限的起算点，这对于当事人的权利救济可是起决定性作用的。

不同的诉讼类型决定了起诉期限会有所不同，也决定了起诉期限的起算点会有所不同。二审法院认为，“2011年赵英军等人在《307复线娘子关建筑拆迁明细表》和《307复线娘子关征地明细表》上签字确认，并于2011年领取了全部补偿款，说明赵英军等人在2011年就应当知道被诉补偿标准，其针对2011

年的补偿标准于2015年4月21日提起行政诉讼，超过《最高人民法院关于执行〈中华人民共和国行政诉讼法〉若干问题的解释》第四十一条第一款规定的二年起诉期限，对赵英军等人的起诉应当驳回。”这一认定显然是建立在认为本案属于撤销之诉，请求撤销的对象是“2011年的补偿标准”的基础之上的。但二审法院显然忽略了赵英军等人的核心诉求是请求判令被告履行法定职责，即判令行政机关以新的标准重新进行补偿。就此事项，赵英军等人曾于2014年8月19日以平定县政府为被申请人向阳泉市政府申请行政复议。根据《行政诉讼法》第四十五条的规定，经过复议的案件，起诉期限以收到复议决定书之日起算，起诉期限为十五日。在本案，赵英军等人于2015年4月7日收到复议决定书，并于2015年4月21日提起本案诉讼，并未超过起诉期限。

这样说未必完全让人信服，二审法院就有不同的观点。我们接着就二审法院的观点展开了对话，在对话过程中，一个关于申请复议期限的起算点问题的法律观点不期然地形成。

至于二审法院认为“赵英军等人超过了行政复议申请期限，阳泉市政府在不符合受理条件的情况下作出复议决定，程序违法”，显然也是将赵英军等人的行政复议申请理解为单纯请求撤销2011年的补偿标准。根据《行政复议法》第六条的规定，公民、法人或者其他组织申请行政复议，不仅可以申请撤销一个具体行政行为，也可以申请行政机关履行法定职责。申请撤销一个具体行政行为，申请期限应当依照《行政复议法》第九条的规定，自知道该具体行政行为之日起六十日内提出行政复议申请；

要求行政机关履行法定职责的申请期限，通常应以行政机关拒绝履行的决定的作出时间起算，行政机关不予答复的则应当以行政机关“未履行”法定职责的具体情况，例如行政复议申请人知道要求行政机关履行法定职责的请求权基础的时间确定。在本案，赵英军等人的复议申请，系要求行政机关履行法定职责，即“依照 2014 年 7 月 7 日公布的平定县政府征收土地公告（2014 年第 38 号）和平定县国土资源局征地补偿安置方案公告（2014 年第 38 号）的土地补偿安置标准旱地每亩 29376 元依法对我们二十八户的承包地合理补偿”。即使从作为其请求权基础的前述公告的公告之日（2014 年 7 月 7 日）起算，到其于 2014 年 8 月 19 日提出行政复议申请，也并未超过六十日。

在最后的处理上，我们也曾有过纠结——即使你在法律层面分析得头头是道，赵英军他们之前不是已经领过补偿款了吗？再去多申请是否像张有为案那样，存在有违诚信的嫌疑呢？综合本案的基本情况，我们最终还是选择了指令再审，对于指令再审的理由以及再审的方向，我们也明明白白地进行了告知：

综上所述，山西省高级人民法院以超过起诉期限为由裁定撤销一审判决并驳回赵英军等人的起诉错误，应当指令再审，并对实体问题作出判决。至于本案的实体争议，主要集中于赵英军等人提出的“判令平定县政府按公告中规定的土地安置补偿标准旱地每亩 29376 元，重新对赵英军等二十一户进行补偿”的诉讼请求能否得到支持。虽然赵英军等人已经按照 2011 年的补偿标准领取了全部补偿款，但该标准低于 2014 年 7 月 7 日公告的补偿标准，且后者系经中华人民共和国国务院批准、中华人民共和国国土资源部批复同意，中华人民共和国国土资源部并要求“按照经批准的征收土地方案及时足额支付补偿费用”。在平定县政府不作为的情况下，赵英军等人根据新的补偿标准，有权提出补充给付的请求。阳泉市政府提出的“平定县政府制定的标准不低于山西省的最低限”、平定县政府提出的“平定县财政无法承担”的理由，不能成为按照法定标准足额进行补偿的法定抗辩理由。山西省高级人民法院在再审中应当结合新的补偿标准、再审申请人已经先行领取的补偿款数额等情况对案件实体问题作出裁判。

不作为就可以起诉吗?

按照以往的理解，提起履行法定职责之诉并没有过高的门槛，只要行政机关“不作为”，申请人就可以提起。但是，不作为就可以起诉吗？我们在李国秀案中有不同的看法。这个案件的具体案情是这样的：李国秀向山东省人民政府邮寄请求报告，请求其依法对《山东省人民政府关于城镇住房制度改革的意见（试行）》中关于平房和自管公房的房改具体问题和事项进行明确解释，并要求尽快出台相应法规政策。山东省人民政府按照信访事项转交信访部门处理，原审法院亦认定山东省人民政府对再审申请人反映信访事项予以转办处理的行为不属于行政诉讼的受案范围。李国秀在再审申请中认为，其邮寄的请求报告与平时的人民来信不同。我们在裁定中同意“这种主张具有一定道理”，并且指出：“人民法院也不宜任意扩大对于信访事项的归类，并以此简单地排除出行政诉讼的受案范围。”但我们同时认为：“再审申请人认为由此就构成‘人民法院立案受理的前提’，却没有相应的法律依据支持。”裁定书是这样论证的：

再审申请人提起本案诉讼，诉讼请求为“责令被告依法对原告《致山东省人民政府关于现居住公房包括自管公房职工参加房改请求报告》的请求事项予以处理”，因此，其所提诉讼在诉讼类型上应当属于履行职责之诉。履行职责之诉并不意味着：

公民、法人或者其他组织随便向任何一个行政机关提出任何一项请求，该行政机关就有履行该项请求的义务；也不意味着只要行政机关“不作为”就可以提起“不作为之诉”。一般来讲，公民、法人或者其他组织提起履行职责之诉至少应当具备这样几个条件：第一，他向行政机关提出过申请，并且行政机关明确予以拒绝或者逾期不予答复。第二，他所申请的事项具有实体法上的请求权基础。这种请求权基础可以产生于或者基于某一法律、某一行政机关的保证以及某一行政合同。总之，要求行政机关依照其申请作出一个特定行政行为，必须具有法定的权利依据。第三，他是向一个有管辖权的行政机关提出。管辖权是行政机关活动的基础和范围，行政机关应当在执行法定任务的同时遵守管辖权的界限。这种管辖权既包括该行政机关是否主管申请人所申请的专业事务，也包括同一专业事务中不同地域、不同级别的行政机关之间对于管辖权的具体分工。向一个无管辖权的行政机关随意提出一个申请，即使该行政机关予以拒绝，也不会使申请人当然地获取了诉权。第四，他申请行政机关作出的行为应当是一个具体的、特定的行政行为。要求行政机关实施没有外部效力的内部调整或者不是针对他个人的一般性调整，必须基于法律的明确规定。第五，行政机关对于原告申请的拒绝，可能侵害的必须是属于原告自己的主观权利。在原告不具备主观权利的情况下，即使行政机关的不作为有可能侵害公共利益，个体也未必具有提起行政诉讼的权利。

洋洋洒洒抛出了五项条件，可能过于琐碎，但以往我们所欠缺的，可能恰恰就是这种琐碎。我宁愿把这种琐碎看作是精细，而精细恰是中华法系的一大优良传统。法律具有预测功能，不精不细的后果，便少了行为的指引，以至于让原告浪费了许多感情，让被告承受了许多滋扰，让法院增加了许多负担，让官民关系少了许多和谐。闲言少叙，再回过头来看看裁定对本案具体情形的分析：

> 本案中，如果再审申请人申请解决的是其本人的住房居所问题，则属于请求行政机关针对其本人作出一个具体的、特定的处理，但即使如此省级政府显然也不具有直接处理该项个人事务的职责。从再审申请人请求报告的内容来看，其核心是请求山东省人民政府对相关政策进行解释并要求尽快出台相关法规政策。这种请求在性质上属于要求行政机关进行一般性的规范创制。应当承认，公民、法人或者其他组织的合法权益，不仅会由于具体行政行为而遭受侵害，也会由于行政机关应当颁布而未颁布相应规范而受到影响，但是，《行政诉讼法》只是规定公民、法人或者其他组织在针对行政机关作出的行政行为起诉时才可以一并请求对该行政行为所依据的规范性文件进行审查，并没有规定可以直接提起要求行政机关依照其申请制定规范或解释规范的规范颁布之诉，从这个意义上讲，再审申请人提起的本案之诉，既不符合履行职责之诉的法定起诉条件，也不属于行政诉讼的受案范围。原一、二审法院分别裁定驳回再审申请人的起诉和上诉，并无不当。

彻底裁判

如果说，李国秀案所阐明的规则带有一定的诉权收紧的倾向，那么我们在王幼华案中所表达的立场则有利于实体上的权利救济。这个立场也并不是凭空想象出来的，而是法律的固有之义，只不过少了些旗帜鲜明的解读而已。所以，我们在裁定中首先对法律规范进行了一番梳理：

> 再审申请人王幼华一审的诉讼请求是：确认洪山区政府不负责组织处理拆迁遗留问题的行为违法，判令洪山区政府依法履行组织处理其拆迁遗留问题的职责。据此，再审申请人提起的是履行法定职责之诉。《行政诉讼法》第七十二条规定："人民法院经过审理，查明被告不履行法定职责的，判决被告在一定期限内履行。"第七十四条第二款规定："行政行为有下列情形之一，不需要撤销或者判决履行的，人民法院判决确认违法：……（三）被告不履行或者拖延履行法定职责，判决履行没有意义的。"《最高人民法院关于适用〈中华人民共和国行政诉讼法〉的解释》第九十一条规定："原告请求被告履行法定职责的理由成立，被告违法拒绝履行或者无正当理由逾期不予答复的，人民法院可以根据行政诉讼法第七十二条的规定，判决被告在一定期限内依法履行原告请求的法定职责；尚需被告调查或者裁量的，应当判决被

告针对原告的请求重新作出处理。”

由以上法律规范，我们提炼出履行法定职责之诉的一个鲜明特点，那就是“彻底裁判”。裁定并且对“彻底裁判”的前提条件以及例外适用进行了解说：

> 由此可知，履行法定职责之诉具有“彻底裁判”的特点，只要所有事实和法律上的前提条件皆已具备，人民法院就应当直接判决行政机关履行原告所请求的法定职责；如果裁判时机尚未成熟，人民法院也应当作出答复判决；只有判决履行没有意义的情况下才适用“补充性”的确认违法判决。在原告的诉讼请求明确包括判决履行法定职责，且人民法院查明被告不履行法定职责、且不存在判决履行没有意义的情形下，仅仅判决确认违法，构成遗漏诉讼请求。

大村敦志等人在《民法研究指引》一书中曾经指出：“在判决理由中，多数情形下会存在这样一部分内容：在叙述一般意义的、形式上的法律论后，多将该法律论嵌入原审认定的事实中，在此基础上得出结论。”那么，本案的事实又是怎么一回事呢？

> 本案中，湖北省高级人民法院一方面认为，“洪山区政府收到王幼华要求处理其房屋拆迁遗留问题的申请后，没有给予答复，也未提供其履行相关职责的证据，该不作为行为违法。王幼华房屋自被拆迁至今，未能得到安置补偿。洪山区政府作为该辖区政府应当履行相关职责，组织处理该房屋因被拆迁而遗留的安置补偿问题，以便早日妥善解决王幼华的安置补偿问题”；

> 另一方面又仅仅作出确认违法判决，而不是如再审申请人所请求的那样作出一个履行法定职责的判决。而且，湖北省高级人民法院也没有对是否存在判决履行没有意义等情形作出任何说明。因此，再审申请人质疑二审法院“遗漏诉讼请求、适用法律错误”，并以此为由申请再审，理由成立，本案应当指令再审。湖北省高级人民法院应当在查明事实的基础上，重新作出相应裁判。

本案的结果是指令再审，指令再审的理由是原判遗漏了诉讼请求；遗漏诉讼请求并非疏忽所致，而是对履行法定职责之诉所具有的“彻底裁判”特点没有认识到位。鲜活的案例再一次证明了无视诉讼类型化会带来什么样的后果。此外，裁定的最后一段话也是颇具深意的。我们先来看一下：

> 还须指出的是，所谓法定职责，应当是一种具体、特定的职责，多数情况下仅凭行政机关单方作出一个行政行为就能直接达到行政相对人所欲追求的法律效果；但在个别情况下，法律、法规规定行政机关应当就某一行政管理事项“组织处理”，这虽然也属法定职责，但行政法律效果能否实现尚须相关各方共同协力。在后一种情况下，人民法院固然应当判决行政机关履行“组织处理”的法定职责，但在行政机关尽其所能“组织”之后，如果相关各方不予积极配合，不宜就此认定行政机关怠于履行法定职责。在本案，再审申请人要求再审被申请人履行的是组织协调和督促处理其与武汉紫崧公司拆迁遗留问题的义务，能否达成拆迁补偿协议，需要再审申请人与武汉紫崧公司务实而积极的配合。本院也希望再审申请人积极支持再审被申请人的协调工作，以使遗留问题最终得到解决。

这段话，首先是对下级法院再审的一种指引，仅此一点，就与许多常见的指令再审裁定有所不同。以往我们似乎更习惯藏着掖着，唯恐会对下级法院的再审有所影响。这其实是一种多余的担心。上级法院之所以指令再审，一定是查明了原判的错误所在，一定会对再审应当朝着怎样一种方向努力心中有数，把它告诉下级法院，不仅不会对其有不当影响，反而会避免无谓的翻烧饼现象的出现。我在读弗里德赫尔穆·胡芬的《行政诉讼法》时，就发现他经常提到法院的“法律观”。这个法律观，不仅要告诉下级法院，如果是发回行政机关重做的话，也应该告诉行政机关。此外，这段话也是对当事人的“预警”，通过对“法定职责”之内在含义的解读，打消他不切实际的心理预期，以避免未来无休无止的折腾。

有意思的是，有时候，当事人本来可以得到彻底裁判，但当你给了对他有利的彻底裁判，他不仅不领情，反而对你提出质疑。张艳君案就存在这种情形。这是一个什么案件呢？正如裁定一开头所说的那样：“本案的提起，是因为再审被申请人收到了再审申请人的行政复议申请逾期未作答复而引发。”一审法院查明：“根据邮寄查询单显示，张艳君通过邮寄的方式向北京市政府提出行政复议申请，已于2015年3月12日妥投，但北京市政府至今未对张艳君的行政复议申请作出处理，已超过法定处理期限。”据此，判决北京市政府于判决生效之日起六十日内针对张艳君提起的行政复议申请作出处理。这个处理就符合履行法定职责之诉“彻底裁判”的特点，我们也在裁定中对这一特点进行了阐述：

所谓履行法定职责之诉，其准确的诉讼标的，就是原告基于一个具体的事实状况提出的如下主张：他的权利由于所请求的行政行为被拒绝或未作出而受到了伤害。《行政诉讼法》第七十二条规定：“人民法院经过审理，查明被告不履行法定职责的，判决被告在一定期限内履行。”由此可知，履行法定职责之诉具有“彻底裁判”的特点，只要所有事实和法律上的前提条件皆已具备，人民法院就可以直接判决行政机关履行原告所请求的法定职责。

接着，裁定还就履行法定职责之诉与撤销之诉的不同进行了辨析：

履行法定职责之诉是独立于撤销之诉的一种诉讼类型，尽管行政机关针对当事人的申请往往也会作出一个明确的拒绝决定，但履行法定职责之诉的诉讼目的并不在于撤销行政机关的拒绝决定，而在于要求法院判决行政机关履行某一法定职责，所以在判决行政机关履行法定职责的情况下，对于拒绝决定的撤销本身并不是非常必要，因为它已经包含于对法定职责的履行中。换言之，不撤销拒绝决定，其要求履行法定职责的愿望也可实现；仅仅撤销拒绝决定而不判决履行法定职责，对于原告请求的实现也只能于事无补。同理，在行政机关针对当事人的申请逾期未作答复的情况下，只要所有事实和法律上的前提条件皆已具备，人民法院也可以直接判决行政机关履行原告所请求的法定职责，而不必同时判决确认行政机关逾期不予答复违法。

为什么又要说到判决履行法定职责不必同时判决确认逾期不予答复违法？并不是故意扯这么远，也不是为了体系的完整而把裁判文书写成教科书，而是再审申请人恰恰就此提出了质疑。再审申请人强调，“本案应当适用《行政诉讼法》第七十四条的规定，确认再审被申请人未履行法定职责违法。”他这样强调，也许是故意找茬，也许是一知半解，也许是怀疑法院不确认违法是官官相护，无论基于什么考虑，我们都有必要把法律的原本意思给他讲清楚。所以裁定说：

该条规定的确认判决的各种情形都具有“补充性”的特点，仅当原告不能，或者未能通过某个其他诉讼种类，在相同范围内并以相同效力实现其法律保护时，始得提起确认诉讼。具体而言，根据该条第二款第三项的规定，在被告不履行或者拖延履行法定职责时，只有判决履行没有意义的情况下才适用确认违法判决。而本案判决行政机关履行行政复议法定职责能够更好更直接地实现再审申请人的预期目的，因此没必要选择裁判效果更为间接的确认违法判决。所以，原审裁判不仅符合《行政诉讼法》第七十四条的规定，而且最大限度地保护了再审申请人的利益，并不构成“适用法律错误”。

此后，裁定还针对再审申请人关于法院一方面增加了他的诉讼请求，一方面又遗漏了他的诉讼请求的质疑，逐一进行了回应：

前述司法解释第二条第二款专门作出要求：“当事人未能正确表达诉讼请求的，人民法院应当予以释明。”同时，这也并不排除在经过释明原告坚持不作更改的情况下，人民法院根据原告诉求的实质性质，选择最为合适也能最大限度实现其诉讼目的的诉讼类型和判决方式。具体到本案，虽然再审申请人的诉讼请求只包括“确认再审被申请人不履行行政复议职责的行为违法”，原审法院在查明并不存在“判决履行没有意义”的基础上直接判决再审被申请人于判决生效之日起六十日内针对再审申请人提起的行政复议申请作出处理，不仅不属超出再审申请人的诉讼请求，反而对其合法权益保护更为有利。又如前所述，判决行政机关履行法定职责即包含了对其不履行法定职责的违法性的确认，故再审申请人主张原审判决没有确认再审被申请人未履行法定职责违法属遗漏诉讼请求，依法不能成立。

例外与变种

正如前边我们所讲到的，履行法定职责之诉具有“彻底裁判”的特点，但是彻底裁判需要一定的条件，用法律术语说就是需要“裁判时机成熟”。在晏春林案中就涉及这一问题。裁定首先以政府信息公开诉讼为例，阐述了此类履行法定职责之诉在裁判时机成熟的情况下，应当尽可能彻底裁判的特点：

> 政府信息公开诉讼在诉讼类型上属于履行法定职责之诉。履行法定职责之诉的诉讼目的，就是要求人民法院判令行政机关作出特定行政行为。因此，在裁判时机成熟的情况下，人民法院应当直接判决行政机关作出原告所申请的特定的行政行为，例如，判决行政机关向原告提供他所申请的某一个政府信息，而不是仅仅将行政机关的拒绝决定一撤了之，或者仅仅原则性地判决行政机关作出答复。

接着又解释是什么“裁判时机成熟”：

> 所谓裁判时机成熟，意味着作出这样一个具体的、全面满足原告诉讼请求的判决所依赖的所有事实和法律上的前提都已具备。如果“案件事证尚未臻明确”，或者“尚需被告调查或者裁

量”，就属于裁判时机不成熟，依照《最高人民法院关于适用〈中华人民共和国行政诉讼法〉的解释》第九十一条的规定，“应当判决被告针对原告的请求重新作出处理”。对此，《最高人民法院关于审理政府信息公开行政案件若干问题的规定》第九条第一款也早已明确规定：“被告对依法应当公开的政府信息拒绝或者部分拒绝公开的，人民法院应当撤销或者部分撤销被诉不予公开决定，并判决被告在一定期限内公开。尚需被告调查、裁量的，判决其在一定期限内重新答复。”

最后是将上述规则归入本案的具体情况：

本案中，一审法院正是“鉴于对晏春林申请公开的政府信息是否存在、是否属于其公开的范围等情况，文峰区政府需进一步调查和裁量”，才作出“责令文峰区政府在本判决生效之日起十五个工作日内重新作出答复”的判决。该判决符合前述司法解释的规定。再审申请人在再审申请中请求对本案提起再审，判令文峰区政府公开“2009年1月5日安阳市人民政府批准，文峰区后张村养老保险基金每亩168000元批文文件”，因本案生效裁判已经责令行政机关对此作出答复，该再审请求本院不予支持。

不能“彻底裁判”的另外一种情形是：虽然“被告不履行或者拖延履行法定职责”的情形存在，但“判决履行没有意义”。按照《行政诉讼法》第七十四条第二款第三项，此时不需要判决履行，而是判决确认违法。学理上将此称为“继续确认之诉”。我们在李清林案裁定中对此曾有说明：

本院注意到，再审申请人提起本案的具体诉讼请求，并非直接要求人民法院判令安阳市政府履行对安阳市食药局的监督职责，而是请求人民法院确认安阳市政府不履行监督职责的行政不作为违法。这类“继续确认之诉”是被《行政诉讼法》第七十四条第二款第三项所明确规定的，该项规定的具体内容是，“被告不履行或者拖延履行法定职责，判决履行没有意义的”，“人民法院判决确认违法”。由此可知，确认不履行或者拖延履行法定职责违法，只是请求履行法定职责之诉的一个亚类或者补充，其含义是指，本来应当判决责令行政机关履行法定职责，只是因为“判决履行没有意义”，才将履行判决的方式转为确认违法判决。正是由于继续确认之诉与请求履行法定职责之诉涉及的是相同的标的，所以存在相同的评判基础。如果请求行政机关履行的不是一个具有外部效力的调整，既不能责令行政机关履行，也无从确认行政机关拒绝履行这个请求违法。

继续确认之诉，虽然顶着“确认”的名号，但却不是典型的确认之诉。就《行政诉讼法》第七十四条第二款第三项所规定的情形来看，它本来是一个履行法定职责之诉，只是因为“判决履行没有意义”，才转而继续作出确认违法判决，以便当事人凭此判决继续救济自己的权利。例如，遇到歹徒袭击时向公安局报警，公安局没有出警，造成报警人被歹徒伤害的后果。如果事后再判决公安局履行保护公民人身权的法定职责，显然没有意义，但如果判决确认违法，则可以凭借此确认继续主张国家赔偿的权利。

其实，《行政诉讼法》第七十四条规定的各种判决确认违法的情形，除第二款第三项外，其他各项都属于撤销之诉的变种或者补充。例如，第一款第一项规定的“行政行为依法应当撤销，但撤销会给国家利益、社会公共利益造成重大损害的”，称作“情况判决”，它本是撤销之诉，本也应当撤销，只是存在应当考虑的其他“情况”，才只确认违法而不撤销，以保留行政行为的效力。第一款第二项规定的“行政行为程序轻微违法，但对原告权利不产生实际影响的”，同样属于撤销诉讼，但行政行为只是在程序上有轻微违法，并没有达到应当撤销的程度，为了对行政机关予以警示，才判决确认程序违法，行政行为本身的效力并不受影响。第二款第一项规定的“行政行为违法，但不具有可撤销内容的”，重点在“不具有可撤销内容”。例如，被诉的是一个事实行为，就没有可撤销的对象。第二款第二项规定的“被告改变原违法行政行为，原告仍要求确认原行政行为违法的”，似乎属于比较典型的继续确认之诉，它不是变种，而是补充。被告自行改变了，原违法的行政行为不存在了，自然无从撤销，补充一个确认之诉，追加一个违法确认，更有利于随后的救济。

在刘国庆案中，就涉及对《行政诉讼法》第七十四条第二款第一项规定的理解。我们在裁定中对该项规定的含义进行了解读，并对原审法院在理解上适用上存在的问题进行了辨析。裁定是这样说的：

> 《行政诉讼法》第七十四条第二款第一项规定，“行政行为违法，但不具有可撤销内容的”，“人民法院判决确认违法”。该项所规定的确认违法判决，主要是针对违法的事实行为。所谓事实行为，是与法律行为相对的概念，是指一切并非以发生法律效果为目的，而以发生事实效果为目的的行政措施。事实行为不会对当事人的权利义务产生创设、变更或消灭的法律效果，因而不能成为撤销判决的对象，在其违法时只能适用确认判决。该项所规定的确认违法判决，还适用于在作出判决前行政行为已经了结，亦即已经执行完毕而无恢复原状可能或因其他事由而消

灭的情形。因为该行政行为已无可撤销之效力，只能判决确认违法。而本案被诉行政行为是芮城县政府作出的撤销刘国庆房屋转移登记的行政决定以及运城市政府作出的行政复议决定，均系法律行为。一审法院以“本案涉及的房屋已被全部拆除，芮城县政府的行政行为不具有可撤销内容”为由判决确认行政行为违法，属于混淆了撤销判决的对象。二审法院予以纠正，并无不妥。

此外，这个裁判还强调了这样一个问题：撤销诉讼的对象必须是一个法律行为，而不能是事实行为。撤销之诉的一个特点是，仅仅通过撤销被诉行政行为的效力，就可以恢复原告被侵害的权利。与此类似的是，履行法定职责之诉所要求行政机关履行的，通常也必须是一个法律行为。所以有人说过，撤销之诉与履行法定职责之诉很像，只不过是一反一正而已。我们在李清林案裁定中也对履行法定职责之诉的这个特点做过强调：

虽然《行政诉讼法》第十二条第一款第六项规定，“申请行政机关履行保护人身权、财产权等合法权益的法定职责，行政机关拒绝履行或者不予答复的”，属于行政诉讼受案范围。这类诉讼在学理上通常称为请求履行法定职责之诉，有时也称为“请求应为行政处分之诉”。这两个概念本身，就比较清楚地阐明了这类诉讼的要义——所谓“请求履行法定职责”，是指请求行政机关履行的，必须是法律、法规、规章等明确赋予行政机关对外行使的行政管理职责。“请求应为行政处分”则是强调，请求行政机关作出的，只能是具有外部效力的调整。那些仅限于行政内部领域的措施，例如请求上级行政机关对下级行政机关作出一个命令、对下级行政机关实施监管监督，因其不具有对外性、不直接设定新的权利义务，通常不能在请求履行法定职责之诉中提出。

本案中，再审申请人因认为再审被申请人安阳市政府未履行监督、监管、纠正安阳市食药局违法行为的职责而提起诉讼。虽然安阳市政府具有监督其所属工作部门的职责，但这种职责系基于上下级行政机关之间的层级监督关系，属于行政机关的内部监督管理范畴。上级行政机关对下级行政机关监督职责的履行与否，一般并不直接设定当事人新的权利义务。从司法权与行政权的关系出发，人民法院也不宜过多地介入行政机关的内部关系当中。此外，从诉的利益考虑，当事人如果认为下级行政机关的行政行为侵犯其合法权益，可以通过直接针对下级行政机关提起行政诉讼的方式寻求救济，在有更为便捷直接的救济方式的情况下，较为“迂回”和“间接”的方式就不能被容许。

继续确认的利益

前边我们讲了“继续确认之诉”，但这并不是说，任何情况下都有作出继续确认的必要，我们在李汴菊案裁定中就曾指出：“继续确认之诉须有确认利益”。这个案子实际就是前边讲过的《行政诉讼法》第七十四条第二款第二项规定情形的现实版。裁定首先论及的是行政机关能否自行改变行政行为，这是一个前提问题。裁定是这样说的：

> 行政行为的作出是单方面的，但行政行为一经作出，其约束力却是双方面的，行政行为对行政相对人和行政机关都有约束力。但这种约束力只存在于行政行为的存续期间，行政机关虽然受行政行为的约束，但在特定条件下可以自行改变（包括撤销、废止）行政行为，这是由行政权自身的特性所决定的——首先，行政机关具有自我纠错的机能；其次，行政行为也要适应新情况，如果原来合法的行政行为因作为其根据的事实或者法律状态发生变化，或者缺乏继续存在下去的利益，行政机关也可以废止或者改变原来的行政行为。《行政诉讼法》第七十四条第二款第二项规定：“被告改变原违法行政行为，原告仍要求确认原行政行为违法的”，“人民法院判决确认违法”；第六十二条规定：“人民法院对行政案件宣告判决或者裁定前，原告申请撤诉的，或者

被告改变其所作的行政行为，原告同意并申请撤诉的，是否准许，由人民法院裁定。”都说明行政机关不仅可以在行政诉讼程序之外、而且也可以在行政诉讼程序进行当中，自行改变其作出的行政行为。

接着就引出了本案的事实：

本案情况就是如此。当再审申请人针对鼓楼区政府作出的鼓政征补决〔2014〕004号房屋征收补偿决定提起诉讼后，鼓楼区政府先是作出对被诉房屋征收补偿决定终止执行的决定，继而重新作出鼓政征补决〔2015〕19号房屋征收补偿决定，而且再审申请人已经针对新的房屋征收补偿决定另行提起了行政诉讼。问题在于，再审申请人对原来的起诉不撤诉，坚持要求确认原征收补偿决定违法，法院经审理驳回了其诉讼请求。

那么，原审法院驳回李汴菊的诉讼请求符合法律规定吗？裁定进行了详细分析：

如前所述，行政机关在起诉前自行改变行政行为，原行政行为尽管再也不会产生法律效果，当事人仍可以就原行政行为提起确认违法之诉；如果是在诉讼进行中行政机关改变被诉行政行为，当事人则可以要求继续初始的诉讼，只是将原来的撤销请求转换为确认违法。正因如此，这种诉讼才被称为继续确认之诉。之所以允许对一个已经终结的、再也不会产生效果的行政行为继续进行确认，是因为在有些情况下仍然存在确认的利益。比如，确认原行政行为违法，有利于当事人后续主张国家赔偿等权利；

再比如，有利于完成对于那些随诉讼终结被弃置不顾的法律问题的继续澄清。但是，这种继续确认的利益，通常只有在被改变的行政行为属于对原告不利的负担行政行为时才会存在，因为该行政行为尽管已经终结，但其违法性曾经存在，违法的后果未必会随着行政行为的终结而自行终结。对于一个授益行政行为而言，由于该行政行为自始就不曾对当事人施与过任何负担，就不会存在确认原行政行为违法的利益。有时，即使法院应当事人的要求继续初始的诉讼，也未必都会对行政机关业已改变的原行政行为作出违法确认。如果原行政行为本身并不违法，作出改变只是因为作为其根据的事实或者法律状态发生变化；如果原行政行为的违法性被及时治愈或转换，例如通过一个内容相同的另一行政行为取代，或者通过其他措施得到处理，行政行为的违法性即不存在。就本案而言，被诉行政行为是一个房屋征收补偿决定，这类决定并非负担行政行为，当它被另一个补偿决定替代之后，不会产生任何遗留下来的不利影响。对于补偿多少的争执，完全可以在针对新的补偿决定提起的诉讼中解决，坚持对已经不存在的原补偿决定进行违法性确认没有任何实际意义。一审和二审法院认为“原补偿决定在实质上不再发生法律效力，对李汴菊的权利义务也未产生实际影响”，从而分别判决驳回李汴菊的诉讼请求和上诉，并无不当。

在乔超超案中，也涉及确认违法的利益问题。这个案件的案情是：乔超超由于城关镇政府对其政府信息公开申请不予答复，向太和县政府申请行政复议，太和县政府在法定期限内作出复议决定，责令城关镇政府自收到决定书之日起30日内作出答复，纠正了城关镇政府的违法不作为，实现了乔超超的权利主张，客观上也履行了监督行政机关依法行使职权的法定职责。但乔超超并不满意，他认为，“太和县政府未确认城关镇政府不作为违法，属遗漏复议请求。”这个观点能够支持吗？我们在裁定中作了回答：

国家设立行政复议制度，是为了防止和纠正违法的或者不当的具体行政行为，保护公民、法人或者其他组织的合法权益，保障和监督行政机关依法行使职权。本案中，再审申请人这一观点是对法律规定的误解。正如二审裁判所言，确认违法通常只针对作为类行政行为，对于行政机关的违法不作为，复议机关或者人民法院根据当事人的请求，责令行政机关履行相应的法定职责，更能彻底地实现当事人的权利保护要求。责令履行法定职责，本身就包含了对于行政机关不作为违法性的评价，只有在责令履行法定职责已经没有实际意义或者实际条件不能成就的情况下，才转而确认不作为违法。并且，确认违法也要具备确认的利益，也就是，作出违法确认对于当事人后续主张赔偿权利或者澄清某种法律关系是否为必须。

无论面对什么样的当事人，我们都是极具耐心的。无论他是真不懂，还是故意装作不懂，我们都会从法律的原义出发进行充分的说理。但是，细心的读者也许能够品味出我们在语气上的微妙不同。至于在哪些地方有所不同，你可以通过下面这一段文字自己体会：

当事人对行政复议决定不服，有权向人民法院提起行政诉讼。但是，针对一个完全满足了当事人权利救济需求的复议决定提起诉讼，虽然在形式上似乎符合起诉条件，但却丝毫没有权利保护的必要。为了不必要地浪费司法资源和行政成本，对于这类明显缺乏诉的利益的起诉，人民法院可以直接裁定不予立案或者在立案后经过必要审查裁定驳回起诉。再审申请人在一审法院和二审法院不厌其烦地对于法律规定予以教示之后，仍执意向本院申请再审，但其所述再审理由无一能够成立。

在现代社会做一个法官，比不得樊增祥他们那会儿。教养和克制，是必须具备的品格。

诉由消失

当事人的主张永远比你的想象丰富，这是我多年办案的一个体会；当事人的主张总能让你的法律知识派上用场，这是我多年办案的另一个体会。有人曾说："你办的案子也都是司空见惯的案子，为什么你总能一个理论又一个理论地写进去呢？"没有别的，日常看的书多一些，总会有理论碰上现实的那一天；反之，如果脑子里没有更多的存储，看见的也就跟平常人看见的没有二致。我记得，好几年前，在读美国法官爱德华兹的裁判文书自选集时，见到过一个新鲜的词汇——诉由消失。在伯特尔政府协会诉国务院案中，伯特尔政府协会提起诉讼，要求豁免他们申请政府信息的费用。但在诉讼过程中，国务院改变了立场，决定给予他们费用豁免。法院因此认为，诉由消失了。就费用豁免而言，伯特尔政府协会"已经获得了他们通过本案支持其主张的判决所能够获得的一切"。至于他们要求法院宣告拒绝豁免行为违法，并不是"一项现实的、实质性的、能够给予具体救济的纠纷"。想不到，若干年后，我在第四巡回法庭碰到了类似的情况。

这是张远凤案，这个案子也跟政府信息公开申请有关。张远凤等提起本案诉讼，是因为其在法定期限内没有收到丹江口市政府的行政复议决定，因而请求人民法院判决丹江口市政府限期责令丹江口市新港经济开发管理处公开相关信息并作出行政复议决定。在一审诉讼过程中，张远凤收到丹江口市政府邮寄送达的行政复议决定，该决定责令丹江口市新港经济开发管理处在收到该决定三十日内以书面形式对张远凤提出的信息公开申请予以答复，该决定的作出时间也是在法定期限之内。一审法院认为，丹江口市政府于 2017 年 8 月 12 日作出行政复议决定，虽然是在六十日内作出，但于 2017 年 9 月 2 日邮寄送达，“存在送达不及时问题，致本案起诉时该决定对张远凤等尚未生效。丹江口市政府应与当事人加强沟通，提高行政效率，避免不必要的诉讼”。但一审法院同时认为，“送达不及时的轻微程序性瑕疵，不影响行政复议实体处理”，据此判决驳回张远凤的诉讼请求。二审法院经审理认为，虽然“行政复议行为存在一定瑕疵，但尚不足以因此对该行为的合法性作出否定性评价”，据此判决驳回上诉，维持原判。

张远凤对复议决定的内容并未表示异议，其申请再审，主要是认为，“再审申请人的诉讼请求是要求再审被申请人履行法定职责，再审被申请人在审理过程中，虽然作出了行政复议决定，但再审申请人并未撤回起诉，人民法院应当根据《行政诉讼法》第七十四条第二款的规定，依法确认再审被申请人未依法履行行政复议法定职责的行为违法”。这就涉及对《行政诉讼法》第七十四条第二款规定的理解与适用问题。我们在裁定中对此做了以下分析：

> 《行政诉讼法》第七十四条第二款规定的是“不需要撤销或者判决履行的，人民法院判决确认违法”的具体情形，其中第三项是：“被告不履行或者拖延履行法定职责，判决履行没有意义的。”这里规定的是履行法定职责之诉终结后的继续确认之诉。所谓继续确认之诉，并不是一个独立的诉讼种类，它是在初始诉讼终结之后，为使那些随诉讼终结被弃置不顾的法律问题继续

得以澄清而提供的一种具有“事后确认”性质的诉讼。所谓“终结”，是指诉讼标的终结。例如，原告提起一个旨在撤销一个行政行为的撤销之诉，但在诉讼期间被诉行政行为在法律上或者由于事实原因已经终结，这时，初始的撤销之诉就告终结，因为人民法院不需要、甚至无法对一个已经终结的行政行为再一次判决撤销。履行法定职责之诉中也会出现诉讼终结的情形，例如，在原告提起诉讼之后行政机关履行了法定职责，从而使原告的请求获得了满足；或者在人民法院作出裁判时法律上或者事实上的客观状况使得判决行政机关履行法定职责变得不可能或者没有意义。继续确认之诉的本义，就是允许原告在初始诉讼终结之后请求继续原来的诉讼，以对已经终结的行政行为以及不履行或者拖延履行法定职责的违法性进行事后确认。但是，正如一般确认之诉需要具备确认的利益一样，要求继续确认也要具备某种特殊的确认利益。这些特殊的确认利益包括，存在重复危险、存在恢复名誉的利益、存在进一步请求赔偿的可能，等等。就本案来讲，行政机关在诉讼过程中作出了行政复议决定，再审申请人所提起的履行法定职责之诉已告终结。行政机关固然存在送达不及时的问题，但在复议决定支持了其请求的情况下，仅以这种轻微程序性瑕疵就进行继续确认诉讼，显然欠缺确认利益。

我们理解，再审申请人之所以执意申请再审，在于他们认为，按照《行政诉讼法》第七十四条第二款第三项的规定，对于在诉讼过程中履行了法定职责的，如果不需要判决履行，就必然应当确认当初不履行或者拖延履行法定职责违法。仅仅从字面上理解，这一见解难说错误。但是，每个法律规范都是统一的法律整体的一部分，也是某一法律部门的一部分，它的功能的发挥是以与其他规范相互配合为条件的。因此，为正确理解和适用某一个法律规范，就必须同其他法律规范联系起来，通过解释前后法律条文和法律的内在价值与目的，来明晰这个具体法律规范的含义。法律规范作为一个体系，就好比一个森林，是由好多棵树木组成。只见一棵树木，难窥森林全貌。在本案，一审法院的裁判依据是《行政诉讼法》第六十九条，该条规定的内容是："行政行为证据确凿，适用法律、法规正确，符合法定程序的，或者原告申请被告履行法定职责或者给付义务理由不成立的，人民法院判决驳回原告的诉讼请求。"该条所说的"原告申请被告履行法定职责或者给付义务理由不成立"，既包括被告根本不存在不履行法定职责或者给付义务，也包括原告申请被告履行法定职责或者给付义务的诉由消失。所谓诉由消失，是指在诉讼过程中原告已经获得了通过本案支持其主张的判决所能获得的一切，在争议已经解决或已不存在的情况下，法院不可能责令行政机关再去做他们已经做完了的事情。通常情况下，在履行法定职责之诉中，如果在诉讼中被告履行了法定职责，就属于诉由消失，因为原告提起诉讼的目的已经达到。在此情况下，人民法院应当依照《行政诉讼法》第六十九条的规定，判决驳回原告的诉讼请求。只有在确实存在特殊确认利益的情况下，经原告申请，人民法院才提供继续确认之诉，并依照《行政诉讼法》第七十四条第二款第三项的规定，对行政机关不履行或者拖延履行法定职责的违法性作出事后确认。因此，《行政诉讼法》第六十九条与第七十四条第二款第三项之间，是一种一般与特殊的关系，在不存在特殊确认利益的情况下，可以优先适用一般性规范，判决驳回原告的诉讼请求。在本案，一审法院正是依照《行政诉讼法》第六十九条的规定，作出了这样的处理。

这个裁判，除了引入了诉由消失这个概念，用力最多的是阐述法律规范体系问题。正如裁定所指出的："法律规范作为一个体系，就好比一个森林，是由好多棵树木组成。只见一棵树木，难窥森林全貌。"不能太过于责怪我们的当事人，总是执着于法律条文中的只言片语，即便是我们自己，也时常会犯"见木不见林"的毛病。为什么有的裁判看似是严格依照法条判案，却没有一个好的效果呢？就是在体系方面出了问题，只看见了"这一棵"，却没有顾及它与"另一棵"，乃至整片森林的关系。

“武器”论

接下来该说说确认无效之诉了。修改后的《行政诉讼法》对确认无效首次作出规定，但围绕着它的适用仍然存在许多有待明确的问题。我们且举魏修娥案为例。魏修娥提起本案诉讼，是请求确认再审被申请人利川市政府、利川市国土资源局组织实施征地行为无效。一审法院认为，利川市政府、利川市国土资源局具有征收土地的主体资格，且有依据，虽然在征收土地行为中有瑕疵，但尚未达到“重大且明显违法”的程度，据此判决驳回魏修娥的诉讼请求。二审法院以同样理由判决驳回上诉，维持原判。

魏修娥申请再审，除了坚持认为利川市政府、利川市国土资源局组织实施征地行为无效，还援引最高人民法院（2016）最高法行申 2720 号行政裁定书，主张“即使再审申请人起诉的是确认征收土地行为无效，人民法院也应当对案件进行全面审理，若未达到重大且明显违法情形的，也应当依法判决确认组织实施征地行为违法，而不能直接驳回诉讼请求”。

魏修娥所说的 2720 号案件，就是陈前生案，也是我审理的。我经常在再审申请书中看到当事人援引我之前办过的案子，甚至大段抄录我在裁定中表达的观点。事实上，下级法院摘抄我的裁判的情况更为普遍。南开大学教授闫尔宝在《行政法判例百选》中对尚淑琴案所作的评述中就说：

本判例对各级人民法院的案件审理产生了较大影响，评判当事人的起诉是否具有“权利保护必要”渐次成为人民法院的一项重要审查内容。对于相似内容和性质的诉请，一些法院的裁判文书甚至原样照搬了本判例的裁判说理。

我认为这是好事，说明我们的裁判受到了法院内外的关注，即使在老百姓那里也产生了一定影响。无论是援引还是摘抄，都说明这些观点或者理念得到了他们的认同。长此以往，裁判的预测功能定会大大提升，先例效应也会渐次形成。不过顺带要说一句的是，我见到的一些下级法院的裁判，在摘抄技术上还略嫌生硬。要学会剪裁，要紧贴自己案子的实际，甚至都可以把它们转化成自己说话的方式，毕竟你所摘抄的并不是具有法律效力的先例判决，所以不必照本宣科。

回到魏修娥案子上来。针对魏修娥的主张，我们在裁定中做了这样的回应：

由于确认行政行为无效与撤销行政行为或者确认行政行为违法一样，都是基于对被诉行政行为合法性的审查，因此的确存在一种可转换的关系。正因如此，本院在（2016）最高法行申2720号行政裁定书中曾经指出：“实践中，真正的无效确认之诉，主要出现于辅助请求中，或者它是遵照法院的释明采取的一种转换形式。换句话说，即使原告的请求仅是撤销，法院经审理认为达到自始无效的程度，也会判决确认无效；反之，如果原告请求的是确认无效，法院经审理认为仅仅属于一般违法，也会转而作出撤销判决。因此，无论原告的诉讼请求是确认无效，还是请求撤销（或确认违法），法院通常都会对是否违法以及违法的程度作出全面的审查和评价。”嗣后于2018年2月8日起施行的《最高人民法院关于适用〈中华人民共和国行政诉讼法〉的解释》第九十四条对此进行了明确，该条第一款规定：“公民、法人或者其他组织起诉请求撤销行政行为，人民法院经审查认为行政行为无效的，应当作出确认无效的判决。”第二款中规定：“公民、法人或者其他组织起诉请求确认行政行为无效，人民法院审查认为行政行为不属于无效情形，经释明，原告请求撤销行政行为的，应当继续审理并依法作出相应判决。”本案一审裁判作出时，虽然上述司法解释尚未施行，但依据法理和先前最高人民法院的裁判观点，亦应行使相应的释明权。就这一点而言，再审申请人的再审理由不无道理。不过，在行政行为虽然存在一定程度的违法但并未达到“重大且明显违法”的情况下，人民法院也不是一概会转而作出撤销判决或者确认违法判决，其前提必须是在其提起确认无效之诉时尚没有超过撤销之诉的法定起诉期限。否则，提起确认无效之诉就会成为规避撤销之诉起诉期限的“武器”。《最高人民法院关于适用〈中华人民共和国行政诉讼法〉的解释》第九十四条第二款关于“原告请求撤销行政行为但超过法定起诉期限的，裁定驳回起诉”的规定，说的就是这个问题。

原审法院虽然没有就起诉期限问题作出认定，但本院针对一个已经发生法律效力的判决、裁定决定提审或者指令再审，必然要对包括起诉期限在内的各种起诉条件是否具备进行审查。根据原审法院认定的事实，2015年4月22日，利川市人民政府就发布了《利川市人民政府征收土地公告》，2015年5月8日，利川市国土资源局又发布了《利川市国土资源局土地及房屋征收补偿安置方案公告》，截至2015年6月8日，相关居民对土地房屋征收补偿安置方案无异议，无一人口头或者书面要求举行听证会。再审申请人迟至2017年6月12日提起行政诉讼，显然已经超过《最高人民法院关于执行〈中华人民共和国行政诉讼法〉若干问题的解释》第四十一条规定的两年的起诉期限。在此情况下，原审法院不予作出确认违法判决，并无不当。其认定被诉行政行为“尚未达到重大且明显违法情形”，亦无不妥。

上述论述中，有两个观点最值得关注。第一个观点是：提起确认无效之诉不能成为规避撤销之诉起诉期限的“武器”。这一说法非常形象，但直指问题的本质。通常认为，提起确认无效之诉不受起诉期限的限制，因为——正像胡芬所说——“在任何情况下，一个自始无效的行政行为都不可以通过期限被耽误，而获得一种‘确定力’”。如果经人民法院审查，被诉行政行为确实达到“重大且明显违法”的情形，即使超过了撤销诉讼的起诉期限，也应当作出确认违法的判决。但是，当事人却不能因此就高枕无忧地睡大觉，不及时寻求救济的话会有风险的，如果法院认为达不到“重大且明显违法”的情形，你又超出了起诉期限，那就连判决撤销和确认违法也得不到了。

第二个观点是：针对一个已经发生法律效力的判决、裁定决定提审或者指令再审，必然要对包括起诉期限在内的各种起诉条件是否具备进行审查。这是审判监督程序的特点所决定的，因为要否定一个生效裁判的既判力必须十分慎重，不能抓住一点，不及其余。是否符合起诉条件是最基本的东西，也是非常容易判断的。如果不加审查，将一个本来不符合起诉条件的案子指令下级法院再审，那就成了笑话。

说到这里，我想暂时从那些枯燥的法律问题中出来一会儿，说几句轻松的话题。在魏修娥案的裁定里，最让我敝帚自珍的，不是对法律规则的论说，而是一句话，就是那句“武器”论。这种用家常话的方式来论说晦涩的法律问题的方法是我一直追求的，可惜太少，可遇而不可求。但是，这类家常话，在丹宁勋爵的判决书里可以说俯拾即是。例如，如果一名被告处于极为不利的危险之中，他就说他正被“上下磨石碾磨”。年轻的读者可能没有见过石磨，在我小的时候，我们家乡到处都是这个东西。通常是由驴子拉，还要给驴子蒙上眼睛。丹宁家乡的小镇上也有一座磨房，已经有近一千年的历史了，所以他对石磨很熟悉——“上磨石转动得很快。它叫作‘砖石’。上下磨石是紧紧扣在一起的，非常结实。”

在说到法律救济手段应当跟上时代时，丹宁又运用了铁铲和铁锹的比喻——“正如铁铲和铁锹已不再适于采煤一样，履行责任令、调卷令和在案诉讼等法律程序也不再适于在新的时代赢得自由。它们必须被新的跟上时代的机制——宣告令、禁制令和过失诉讼——所取代。”在“肯特警察局长诉V案”中，他用“一只满是纸币的箱子”来类比警察局长能否冻结一个银行账户上的存款：“假设一个银行窃贼偷了一百万英镑的容易流通的纸币。他把这些钱放在一只箱子里，放在行李间或银行。如果警察有理由认为这些钱是偷来的或是诈骗得来的，他们就可以在拿到搜查证或在得到许可的情况下扣留这只箱子里面的钱。警察可以扣留这些物品，就像可以扣留他们认为是偷来的或是诈骗得来的其他物品一样。”

为什么有些人对语言这个理想的工具感到用起来不怎么顺手，丹宁说，“原因是很多人，不管是讲话人还是书写人，总是过多地想到他自己，他应该更多地想到他的听众或读者。”裁判文书的受众首先是老百姓，所以要尽可能用家常话的方式把专业的法律问题讲得通俗易懂一些。这样做，肯定能使裁判的接受度有一个明显提升。

本土化

在确认无效之诉方面，我们还遇见一个问题：提起确认无效诉讼是否必须先经行政机关确认？这个问题发生在周火生案当中。正如裁定书所记载的：

> 根据《最高人民法院关于适用〈中华人民共和国行政诉讼法〉若干问题的解释》第二条第一款第四项的规定，公民、法人或者其他组织可以向人民法院请求判决确认行政行为无效。本案中，再审申请人的诉讼请求正是要求人民法院确认汉川市政府征收土地行为无效。一审法院认为，“确认无效诉讼必须先经行政机关确认是否无效，只有在行政机关在法定期限内不予答复或者未被确认无效的情况下，才能提起确认行政行为无效诉讼”。“由于周火生未先向行政机关申请确认征收土地行为无效，不具有请求确认行政行为无效的前提条件”，因而裁定驳回再审申请人的起诉。再审申请人对此提出质疑，认为原审法院的上述理由“实在无法无据”。

我们对此是这样回应的：

> 在一些国家和地区，的确要求当事人在提起确认行政行为无

效之诉时，必须已向作出行政行为的机关请求确认行政行为无效而未被允许或未获答复。规定此一先行程序，有利于穷尽更为便捷的行政救济手段，避免滥诉。但该先行程序通常必须基于法律的明文规定。而在我国，《行政诉讼法》以及其他法律、法规对此并未规定。因此，一审法院的裁判理由尽管合乎法理，却没有明确的法律依据，由此驳回当事人的起诉，客观上不仅会对当事人行使诉权增设门槛，也会为行政机关附加法定之外的先行处理义务。

一审法官无疑是一个很爱学习、很有理论素养的人，在案卷中我们还看到他所援引的国外行政法学理论的出处。我们合议的时候，也有法官搬出弗里德赫尔穆·胡芬的《行政诉讼法》等著作，认为国外的理论确实如此。但我说，我们可以参考国外的学说，我自己也常常参考国外的学说，但这样做主要应当是用来解释我国的法律，而不是替代我国的法律。像这个案件这样，为确认无效之诉增设前置处理程序，就没有任何法律依据，所以老百姓和行政机关都不服气，都认为是在法律之外为他们增设义务。这就不是一个小问题。所以，一审法院的裁判理由尽管合乎法理，尽管我自己也认为这是一种合理状态，但却无法得到我们的支持。

章剑生、胡敏洁、查云飞三位教授在为《行政法判例百选》写的《自序》中说了这样一段话：

我们坚信，一国行政法的思想不只是源于某些“天才”人物的创造，也不只是源于逻辑推断出来的知识（那种认为通过逻辑推理可以获得绝对真理的“法律形式主义”），也不只是从异国他乡搬运进来的条条框框（那种认为法律可以脱离特定时空的

"法律普适主义"），研究中国法的判例，或许正是中国行政法思想的基本源泉。

这让我又一次想起我随团去日本考察行政诉讼制度时，与日本同行所发生的有关诉讼类型化的争论。那是立法机关为了《行政诉讼法》修改特意安排的一次考察和培训。我们在日本法务省古色古香的大楼里进行了好几天的培训和交流，日方为我们安排了好几位顶尖的行政法学者，分专题讲授我们事先开列的内容。诉讼类型化当然是其中之一，因为我们代表最高人民法院一直向立法机关提出这一建议，立法机关的同志也想听听日方的见解。但是，出乎我的意料的是，几位专家几乎一致不赞同中国在修法时搞诉讼类型化。我当时有些着急，有些冲动地从听众变身为辩手。我大概讲了五六点应该搞的理由，核心一点就是要着眼于"本土"的具体情况。在日本，在德国，诉讼类型已经很发达，所以面临的课题是不能让它再繁琐下去，以免给人民带来不当的困扰；但在中国，是根本还没有诉讼类型的起码架构。用一句通俗的话比喻，那就是"饱汉子不知饿汉子饥"，发展阶段的不同决定了方案选择的不同。想不到的是，这一番争辩反而让他们对我更友好了。那位曾经做过法官的最为资深的教授后来总是称我为"学者型法官"，另一位教授隔年来中国研讨《行政诉讼法》修改时，特意给我带了一盒精致的抹茶。

还是再一次回到周火生案吧。有意思的是本案的最后处理。裁定这样说：

我国实行两审终审制，再审是对已经发生法律效力的判决、裁定提出的特殊不服请求。人民法院启动再审程序，一方面要对"确有错误"的判决、裁定予以纠正，以恢复人民群众对于裁判的信赖；另一方面，也要考虑权利救济的实际需要。如果有其他途径同样能够达到目标，甚至更为便捷经济，未必一律启动再审程序。经本院了解，再审申请人在二审裁定生效后，已向再审被申请人递交《确认无效申请书》，再审被申请人对此也未作处理。在此情况下，再审申请人完全可以重新提起诉讼，即使本案不启动再审，也不影响再审申请人继续行使诉权。

这种处理方式，毋宁说就是我所理想的实质法治主义。生效裁判的安定性得到保证，原审法院的错案追究不会发生，启动再审的资源不用浪费，关键是——权利救济的渠道没有堵死，理论上的错误认识也得到了澄清。积极探索实质法治主义，兴许也是本土化的路径之一。

多用途武器

如果说，在确认之诉中，我对诉权采取的是一个收紧的立场，那么，在一般给付之诉中，则采取了一个极度扩张的立场。为什么会有这种反差？正是因为诉讼种类的不同。确认之诉的补充性和间接性的特点——正如我们前边讨论过的——决定了，若是不在诉的利益方面加以限制，很容易成为一个滥诉的天堂。而一般给付之诉，从他的基因里就带着比较实在的特点。

《行政诉讼法》第七十三条规定："人民法院经过审理，查明被告依法负有给付义务的，判决被告履行给付义务。"一般认为，这是关于一般给付之诉判决条款。这一条是独立于第七十二条所规定的履行法定职责之诉判决的。这种设计，正与学界对于两者关系的见解相契合。我国台湾地区学者林腾鹞曾指出：

> 要说明公法上一般给付诉讼的意涵，可用"减法"方式，亦即是在广义的给付诉讼范围内，减去课予义务诉讼的适用范围，剩下的即是一般给付诉讼的范围。而所谓广义的公法上给付诉讼，乃是指基于公法上请求权，向行政法院起诉请求给付判决，判命行政机关为一定行为、容忍或者不作为者。其中包含课予义务诉讼。

但是，法律对于一般给付诉讼的规定非常简单，司法实践中对它所蕴藏的巨大的权利救济能力认识得远远不够。我是在读过胡芬的《行政诉讼法》和毛雷尔的《行政法学总论》之后，渐渐地加深对于一般给付之诉的认识的。胡芬说："一般给付之诉的诉讼目的，可能是任何一种非行政行为之给付"，"在许多情况中，这种诉讼涉及的都是事实性行政行为"。"但给付之诉绝不局限于事实行为"，"因此，这种诉讼已经逐渐成为'诉讼上的多用途武器'"。

我在杜三友案中，开始尝试以一般给付诉讼的立场解释《行政诉讼法》第七十三条。本案的核心争议是，行政机关没有依法支付养老保险统筹项目外待遇是否属于行政诉讼受案范围。一审法院认为："《行政诉讼法》第十二条第一款第十项规定：'人民法院受理公民、法人或者其他组织提起的下列诉讼：……（十）认为行政机关没有依法支付抚恤金、最低生活保障待遇或者社会保险待遇的。'杜三友等 804 人要求临汾市政府履行政策性破产企业退休人员基本养老保险统筹项目外待遇给付义务并赔偿损失，不符合上述规定，不属于行政诉讼受案范围。"我们不同意一审法院的上述观点，认为"这是对《行政诉讼法》相关规定的限缩解释"。裁定是这样论述的：

> 《行政诉讼法》第七十三条规定："人民法院经过审理，查明被告依法负有给付义务的，判决被告履行给付义务。"这是修改后的《行政诉讼法》确立的一种新的判决方式。《最高人民法院关于适用〈中华人民共和国行政诉讼法〉若干问题的解释》第二条也规定，"具体的诉讼请求"包括请求判决行政机关履行给付义务。依法支付抚恤金、最低生活保障待遇或者社会保险待遇，是行政机关重要的给付义务，但绝不仅仅是给付义务的全部内容。只要公民、法人或者其他组织具有给付请求权，就可以

依法向人民法院提起给付之诉。而这种给付请求权，既有可能来自法律、法规、规章的规定，来自一个行政决定或者一个行政协议的约定，也有可能来自行政机关作出的各种形式的承诺。仅当从任何角度看，给付请求权都显然而明确地不存在，或者不可能属于原告的主观权利时，才可以否定其诉权。

裁定也结合本案的具体案情，对一般给付之诉与履行法定职责之诉的关系进行了辨析：

当然，提起给付之诉也需要具备一定的起诉条件。例如，如果一般给付之诉涉及金钱给付内容，请求金钱给付的金额须已获确定；如果须由行政机关事先作出一个行政决定核定给付内容，则应经由提起一个履行法定职责之诉实现其权利要求。提起给付之诉也应遵守期限规定，如果期限届满同样也会丧失诉权。本案中，临汾市政府国有资产监督管理委员会 2011 年 7 月 24 日就作出了《关于对临纺等政策性破产企业部分退休人员诉求统筹项目外待遇问题的答复》，再审申请人迟至 2016 年 8 月才提起本案诉讼，显然早已超过法定起诉期限。因此，虽然一审和二审法院认为不属于行政诉讼受案范围的裁判理由错误，但不予立案的结果并无不当，没有提起再审的必要。

海乐公司案就涉及“须由行政机关事先作出一个行政决定核定给付内容”的问题，为什么要这样要求，裁定给出的理由是“行政首次判断权”。裁定的第二部分是这样说的：

本案的实际情况也表明，直接导致再审申请人企业关闭和退出这一法律效果之发生的，并非7号通知和174号决定，而是再审申请人与太湖县安监局签订的《太湖县烟花爆竹生产企业退出工作协议书》。正是基于该协议，再审申请人自行拆除了相关工房和设备，并按照协议分别领取160万元、70万元，共计230万元补偿款。再审申请人在起诉中，请求判令安庆市政府、太湖县政府追加补偿款520.77万元。其事实根据是，《太湖县烟花爆竹生产企业退出工作协议书》第三条规定，“待全市烟花爆竹生产企业退出后，再视周边县补偿情况和企业资产投入酌定最终补偿额”，再审申请人在一审和二审中已提供了其他企业高于再审申请人获得相关补偿的证据，再审被申请人增加补偿的条件已经成就。对此本院认为，烟花爆竹企业整体退出属于产业政策调整范畴，符合公共利益，但退出企业因此而受到的财产损失依法应当予以补偿。根据《最高人民法院关于适用〈中华人民共和国行政诉讼法〉若干问题的解释》第二条第一款第五项的规定，当事人可以请求判决行政机关予以赔偿或者补偿。但是，提起请求金钱补偿的一般给付之诉，必须是请求金额或者补偿标准已获明确，如果行政机关在作出实际给付之前尚有优先判断或者裁量余地，则不能直接起诉，而是应与行政机关先行协商解决。作出这种要求，系基于行政首次判断权原则，即，对于行政机关职权范围内未予判断处理的事项，应待行政机关先行处理后，法院再对其是否合法以及明显不当进行审查。如果司法机关过早介入，就会有代替或者干预行政权行使的嫌疑。本案中，姑且不论协议约定的补偿是否已实际履行到位，即使如再审申请人所主张并未获得最终补偿，按照《太湖县烟花爆竹生产企业退出工作协议书》第三条的约定，行政机关也还有“酌定”的空间，在这种情况下，再审申请人应与行政机关协商处理后再行寻求司法救济，人民法院不能代替行政机关率先作出决定。因此，二审法院认为协议书中的前述约定属行政权处理范畴，进而维持一审法院驳回起诉裁定，并无不妥。

这两个案件虽然亮出了一般给付之诉的“多用途武器”，但由于种种原因，这一武器并没有在救济当事人权利方面派上用场。不过，也不必就此低估裁判所蕴含的面向未来的力量。你们可能都很熟悉马伯里诉麦迪逊案，那个案件给我的影响非常大。我一直认为，作为最高法院的裁判，确立一项利国利民的规则远比解决一个个案有价值。

一堵围墙引发的案件

在四巡的第二个夏天，我们收到了周士贵的再审申请书。正如我们在裁定中所介绍的：

本案的争议，是由一堵围墙所引发。再审申请人周士贵在荆州边拥有一处房屋，出租作为商铺使用。2017年8月，荆州区政府在周士贵房屋前沿线搭建起围墙，据称是与荆州城北快速路项目建设房屋征收相关，为了对该路段的318国道进行拓宽改造，故对包括周士贵房屋在内的荆北村沿318国道一线房屋进行征收。此时，周士贵并未与荆州区政府就征收补偿问题达成协议。周士贵认为荆州区政府搭建的围墙严重影响了其房屋作为商铺的正常经营使用，提起本案诉讼，请求依法判令荆州区政府立即拆除其在原告房屋旁边搭建的围墙，停止妨碍对商铺的正常经营使用。

一审和二审法院尽管对荆州区政府搭建围墙的行为确认为违法，但却对判令荆州区政府立即拆除其在原告房屋旁边搭建的围墙的诉讼请求不予支持。两级法院的裁判依据是《行政诉讼法》第七十四条第一款第一项。该项规定："行政行为有下列情形之一的，人民法院判决确认违法，但不撤销行政行为：（一）行政行为依法应当撤销，但撤销会给国家利益、社会公共利益造成重大损害的。”

我们经合议认为，原审法院的处理思路出现了问题，错误的发生又与诉讼种类有关。为正本清源，我们在裁定中对一审和二审法院作为裁判依据援引的《行政诉讼法》第七十四条第一款第一项进行了解读：

> 很显然，该项所规定的判决方式系“情势判决”。所谓“情势判决”，虽然也确认行政行为违法，但严格讲并不属于确认之诉的判决方式，而是撤销之诉的一种例外情形。其含义是指，在针对一个行政行为提起的撤销之诉中，虽然行政行为违法且依法应当撤销，但在撤销该行政行为会给国家利益、社会公共利益造成重大损害的情况下，人民法院只确认该行政行为违法，但不撤销行政行为。可见，适用《行政诉讼法》第七十四条第一款第一项规定的“情势判决”，其前提必须是针对一个行政行为，该行政行为应当撤销且具有可撤销内容。在本案，被诉的搭建围墙的行为显然不是一个具有可撤销内容的行政行为，当事人也没有提出撤销一个行政行为的诉讼请求，一审和二审法院适用“情势判决”，显然误用了诉讼种类。

进而我们提出了本案所应当适用的诉讼种类，并对适用规则进行了阐述。从下面的阐述，我们更可以直观地感受到：如果当事人确实受到了行政行为的侵害，他的诉讼请求必定是明确具体的，这不是基于他所具有的法律知识，而是基于他的权利救济本能。而一个明确具体的诉讼请求，必定会自然而然地对应上一个适当的诉讼种类。法官逆其道而行，误用诉讼种类，不是不明白，就是故意装作不明白。因为一个适当的诉讼种类往往具有彻底到位的特点，这远不如选择一个更“钝性”的种类来得更四平八稳。裁定是这样说的：

诉讼种类的误用，不仅会造成与诉讼请求的不对应，也会使行政争议的有效解决大打折扣。在本案，再审申请人的诉讼请求是，依法判令荆州区政府立即拆除其在原告房屋旁边搭建的围墙，停止妨碍对商铺的正常经营使用。从当事人的诉讼请求来看，他是提起一个要求停止侵害、排除妨碍的一般给付之诉。《最高人民法院关于适用〈中华人民共和国行政诉讼法〉的解释》第六十八条第一款第二项规定：“行政诉讼法第四十九条第三项规定的‘有具体的诉讼请求’”，包括“请求判决行政机关履行特定法定职责或者给付义务”。这里所说的“请求判决行政机关履行特定给付义务”，就是指一般给付之诉。与“请求判决行政机关履行特定法定职责”相同，它们都属于给付之诉，所不同的是，后者是要求判决行政机关作出特定行政行为，前者则是要求判决行政机关作出除行政行为以外的其他各种行为，在许多情况下，这种诉讼涉及的都是事实行为。一般给付之诉被称为“诉讼上的多用途武器”，当事人不仅可以行使金钱给付和事实行为请求权，也可以行使不当得利返还和后果消除请求权。这些请求权既可能出自行政法律、法规的规定，也可能出自行政行为、行政承诺、行政协议，还可能出自对于民法规范的类推适用。

接下来遵循前面阐明的规则，对本案的情况进行了具体分析：

就本案而言，《物权法》第三十五条关于“妨害物权或者可能妨害物权的，权利人可以请求排除妨害或者消除危险”的规定，可以类推适用为再审申请人“请求依法判令荆州区政府立即拆除其在原告房屋旁边搭建的围墙，停止妨碍对商铺的正常经营使用”的请求权基础。再审申请人认为，“根据再审被申请人一审举证，荆州城北快速路项目目前仅取得了立项批文，并未取得其他批准文件，依法不得开工。另根据再审申请人开庭后取得并补充提交给一审法院的荆州市国土资源执法监察局所作《关于周世贵等人信访事项的回复》，城北快速路项目尚未实施征地，荆州市国土资源执法监察局明确要求该项目在未批准前不得实施占用土地行为，一审法院关于‘公共利益’的认定明显缺乏事实依据。”虽然一审和二审法院均认定”周士贵的房屋已被纳入征收范围”，但从一审判决所载明的再审被申请人提交的证据来看，其并未提交征地批复、征地公告等证明涉案集体土地已被依法征收的相关证据，亦未提交在搭建围墙前已与再审申请人达成征收补偿协议或者已依法对再审申请人进行补偿的证据。在此情况下，再审被申请人在再审申请人的房屋前搭建围墙，是否具有正当性，是否妨碍了涉案房屋作为经营性用房的正常使用，是否应当判令荆州区政府立即拆除，均应当认真审理并依法裁判。

我们本来是下定决心要去把这堵墙拆掉的，但经过了解得知，那堵墙已经不复存在了，这让我们略感遗憾。但是，拆掉一堵现实世界的墙，未必就比拆掉一堵横亘在人们心中的墙更为重要。那些由于没有吃透法律的精神，由于对于法条的机械理解，由于误用了行政诉讼的诉讼类型，乃至由于对于行政权的过度维护而造成的对于权利救济的限制，就好比一堵堵墙，把他们一一拆除之后，权利救济的路途定会畅通无阻。

对于本案，虽然再判令拆除围墙已无实际意义，但我们在裁定的最后也没有忘记向当事人释明继续寻求权利救济的路径：

一审和二审法院由于诉讼类型选择错误，导致对本案的审理有所偏差，未能准确回应再审申请人的诉讼请求，本应依法提起再审。但在再审审查过程中，本院从再审申请人那里了解到，其所诉称的被围墙妨碍正常经营使用的房屋已于2018年4月16日被拆除，房屋前的围墙亦已被拆除，如此一来，通过再审判令拆除围墙已无实际意义。鉴于原审法院已确认再审被申请人搭建围墙的行为违法，再审申请人如认为在其房屋存续期间，该围墙造成其经营损失或其他损失，可以依法另行通过行政赔偿或者补偿程序予以主张。

公法与私法

两年的巡回期眨眼间就要结束了，快要离开四巡的时候，一些有意思的案子纷至沓来。我似乎很舍不得离开这些案子，与接任的同事交接完之后，又滞留了将近一个月，去给那些案子做一个了结。陈丙兰案就是当中的一个。在这个案子中，我以一般给付之诉中的后果清除之诉为武器，为一个应当恢复享受最低生活保障金的老人扫平了障碍。能够多办一些这样的案子，一直是我的理想，只可惜办完这个案子不久，我就脱下了法袍，当了最高人民法院的新闻发言人。从事新闻工作也曾是我年轻时候的梦想，那个时候我甚至非常排斥做一名法官，但当我终于找到一些做法官的感觉时，却又不得不离开法官岗位。而且，这一去，可能永远回不来了。基于这种心情，请允许我把我法官生涯最后的一篇重要裁判全文抄在这里：

> 根据《社会救助暂行办法》（国务院令第 649 号）第九条的规定，“国家对共同生活的家庭成员人均收入低于当地最低生活保障标准，且符合当地最低生活保障家庭财产状况规定的家庭，给予最低生活保障。”本案再审申请人陈丙兰就曾获得最低生活保障。根据一审法院查明的事实，他自 2011 年 1 月 18 日至 2015 年 12 月 22 日期间，一直获发最低生活保障金。但是，自 2016 年 1 月起，他的最低生活保障金被停发。

再审被申请人港区管委会承认其停发陈丙兰最低生活保障金的事实。其在2018年6月28日致陈丙兰的《关于对陈丙兰低保待遇的处理回复》中说，因为陈丙兰“自2015年以来的家庭收入和家庭财产状况不符合郑政〔2014〕28号文关于最低生活保障对象的认定条件，故于2015年底依法撤销低保资格，不予发放最低生活保障金。”应当承认，再审被申请人具有决定停发最低生活保障金的职权，因为根据《社会救助暂行办法》第十三条第三款的规定，县级人民政府民政部门在最低生活保障家庭的人口状况、收入状况、财产状况发生变化时，应当及时决定增发、减发或者停发最低生活保障金。这也是社会救助制度“托底线、救急难、可持续”以及“应保尽保，应退尽退”原则的具体体现。

但是，是否有权撤销一个自己此前作出的行政行为是一回事，是否依法作出这样一个撤销行为是另一回事。撤销和废止不仅针对行政行为，而且其自身也是行政行为，因此，必须遵守行政行为的规则，必须符合法律、法规规定的实体和程序方面的各种要求。根据《社会救助暂行办法》第十三条第三款规定，“决定停发最低生活保障金的，应当书面说明理由。”经一审法院查明，再审被申请人并未提交证据证明其向陈丙兰送达了停发决定并书面说明理由，因此，程序的违法性显而易见。

就实体内容而言，按照《社会救助暂行办法》第十三条第三款的规定，决定增发、减发或者停发最低生活保障金应当以“最低生活保障家庭的人口状况、收入状况、财产状况发生变化”为前提。虽然再审被申请人认定，再审申请人因“2014年以来先后获得政府发放的拆迁安置、征地补偿款”，而使家庭收入和家庭财产状况发生变化，不再符合最低生活保障对象的认定条件，但再审申请人对此持有异议，并由此提起本案诉讼。因此，“陈丙兰当前是否符合低保条件”正是本案实体审理的重点，而非一审法院所认为的“不是本案审查范围”。一审法院的裁判也因此构成《行政诉讼法》第九十一条第三项规定的“原判决、裁定认定事实的主要证据不足”的情形。

二审法院虽然对上述重点问题进行了审理，并认定再审申请人“不符合其家庭财产状况和收入发生重大变化的情形”，但却认为，“关于最低保障待遇属于行政审批事项，应当履行行政审核程序，故陈丙兰主张由法院直接判决支付具体金额的理由，没有法律依据，不予支持”，据此，判决维持了“责令港区管委会于判决生效之日起30日内对陈丙兰的低保待遇作出处理”的一审判决。这一认定和判决结果恐有不妥。

在本案，再审申请人的诉讼请求是，请求法院判令被告恢复发放自2016年1月份起的最低生活保障金。这在诉讼类型上属于一般给付之诉中的后果清除之诉。原告的请求权依据是所谓后果清除请求权，或称恢复请求权，其目标是通过消除违法行政活动的后果，以恢复原始的状态。如前所述，行政机关有权自行撤销一个行政行为，但违法的撤销决定也可以被诉请撤销。撤销一个违法的撤销决定的后果是原行政行为“复活”，准确地说，是视为原行政行为自始没有被撤销。具体到本案，再审被申请人尽管没有向再审申请人送达一个书面决定，但其已决定停发再审申请人的最低生活保障金却是一个不争的事实，并且已经发生了停发的法律效果。人民法院经审理如果认为停发决定并不符合法律规定的条件，应当直接撤销这个停发决定，并按照原告的请求判决行政机关恢复发放。是否符合获得最低生活保障的条件，既是一个事实问题，更是一个法律问题，人民法院完全可以依照法律法规的规定作出认定。撤销一个违法撤销行政行为的决定，既不涉及行政机关的首次判断权，也无需行政机关再次履行审核程序，更不涉及人民法院对于具体支付金额的计算，因此，没有做出一个笼统地责令行政机关作出处理的答复判决的必要。再审申请人认为原审判决“判项不明确，导致无法执行”的再审理由，本院予以采纳。

综上，再审申请人陈丙兰的再审申请符合《中华人民共和国行政诉讼法》第九十一条第三项、第四项规定的情形。依照《中华人民共和国行政诉讼法》第九十二条第二款、《最高人民法院关于适用〈中华人民共和国行政诉讼法〉的解释》第一百一十八条第二款之规定，裁定如下：

一、本案指令河南省高级人民法院再审；

二、再审期间，中止原判决的执行。

本案所适用的后果清除之诉，虽然可以解释为属于一般给付之诉的一种，但它借用于民法的痕迹十分明显，这也代表了近年来我一直思索和主张的一个观念，那就是尽可能填平公法与私法之间过于明显的鸿沟。公法与私法之区分，可以远溯到古罗马时代。查士丁尼《法学总论》第一篇就说：“法律学习分为两部分，即公法与私法。公法涉及罗马帝国的政体，私法则涉及个人利益。”公私法二元论因而长期占据统治地位。但近代以降，“从‘警察国家’向‘福利国家’的发展，引发了包括行政法在内的公法形态与内容的‘地震’”。个中引人注目的，即是公私法二元论受到强烈挑战。一些学者相继提出了公私法相对论、公私法一元论、行政手段论以及依据实定法判断论等重构公私法二元论的新的理论。我国台湾地区学者吴庚指出：“公法与私法之区分虽远溯古罗马时代，但二者之区别并非不可动摇之定律。”日本学者星野英一认为：“民法与行政法，一个属于私法，一个属于公法，乍看起来迥然相异。而实际上它们关联很深。”德国学者卡尔·拉伦茨的说法则更为形象直观：“在公法与私法之间，并不能用刀子把它们精确无误地切割开，就像我们用刀子把一只苹果切成两半一样。”日本学者美浓部达吉早在一九三五年就写出《公法与私法》的专著，对于公法与私法的关系进行了系统和深入的阐述。美浓部达吉直言：

> 我是反对那否定公法与私法的区别的所谓法一元说的，但是，若过于偏重两者的区别，以为两者的法律关系之性质完全不同，其所适用之原理亦各异的那种论调，我对之亦未能赞同。尤其是曾风靡一时，以公法为权力关系的法、私法为对等关系的法的学说，虽然含着片面的真理，但未能完全贯通，我相信有修正的必要。

与公法私法相互融合有关的一个思潮，是所谓“行政诉讼民事诉讼化”。我在《新行政诉讼法逐条注释》中谈到过这一问题：

> 殊不知，近在我们的周边，一场行政诉讼“民事诉讼化”的“回归之旅”已经悄悄进行。在海峡的彼岸，2000年对“行政诉讼法”进行了全面修正，其中一个值得注意的动向是，“对程序事项则尽量采用民事诉讼法之相关规定，形成明显之民事诉讼化现象”。而在一衣带水的日本，“随着现代公共行政的发展，公共行政的主体与行政手段呈现多样化、复杂化，特别是非权力行政的兴起，公私法的领域趋于融合，公私法的界限并不明确”。“行政案件与民事案件的界限也不明显。”在此背景之下，2004年《行政案件诉讼法》完成较大修改，其中一大成果，就是义务赋课诉

讼和停止诉讼一起得以法定化。这一“的确是应对现代社会需求的诉讼”不仅脱胎于民事诉讼中的给付诉讼，就是在立法指导思想上，“脱离撤销诉讼中心主义”，“返回民事诉讼基本”之旨趣也属清晰可辨。

近年来，在国内关于《行政诉讼法》修改问题的讨论中，“一种让行政诉讼制度逐渐向民事诉讼‘回归’的声音渐次泛起”，其中，以依诉择判、诉判同一原则为基准，合理重构我国行政判决体系的呼声尤其引人瞩目。当然，行政诉讼独立论仍有相当市场。而介于两者之间的，是所谓的“两点论”。例如有学者认为，“行政诉讼一定程度上是以行政行为的合法性的审查为中心的，而非原告的诉讼请求。这种特殊性也导致了行政诉讼的性质、审理对象、诉讼法律关系乃至诉判关系等方面与民事诉讼具有较大的差异性”，而且，“我国行政诉讼功能模式应当是混合模式，即主观公权利救济和客观法秩序维护相统一的功能模式”。因之，该说提出了所谓的“两点论”：“主观公权利救济模式下，行政诉判关系具有诉与判相对应的特点”，而在“客观法秩序维护模式下，具有行政诉判关系未必对应的特点”。

对此，本书的立场是：第一，行政诉讼在权利救济的功能之外，确实还承载着“统制”抑或“监督”行政权力运行的客观法秩序维护之职能，就这一点来说，对民事诉讼制度的“全盘返祖”决非可能。第二，在此前提之下也应看到，即使这种客观法秩序维护之职能，也是在发生个案行政争议并且诉诸法院的情况下通过诉讼程序而展开的。此时不妨体味一下日本学者对于“行政诉讼”所作的定义。南博方认为：“所谓行政案件诉讼（或称行政诉讼），是指由法院根据诉讼程序进行的行政案件的审判。”行政诉讼之所以成为“诉讼”，就不能无视能够成其为“诉讼”

的共通的一般规律。质言之，在秉持行政诉讼固有特色的基础上，于法技术层面与民事诉讼适度趋同，不仅有利于弥补现行行政诉讼体制存在的构造性缺陷，也是解决现代型行政纷争之必须。例如政府信息公开诉讼，无疑就属于现代型行政纷争的典型代表。美国联邦法院在此类诉讼中罕见地采用类似于民事诉讼的“重新审理”方式，应当正是基于案件类型的特点和“当前的需要”，由“司法复审”的古典模式向“以权利为根据”、“直接涉及是非曲直”的新型模式的转变。

英国行政法学家卡罗尔·哈洛和理查德·罗林斯将司法审查的古典模式比喻为“排水管”，“狭窄、不容改变长度的管道由僵硬的安装环链接而成”，并关注到传统模式正“向更宽泛更敏锐的司法审查变化”。阿伦则针对“人们通常认为法院只关注行政行为的合法性，而不能涉及其是非曲直”，指出：“法院的管辖权可以以司法审查申请人的权利为根据进行合理的界定，法院对其利益的主要关注——与更宽泛的公共当局的目标相对——构成司法功能的核心。”伍尔夫勋爵将这些变化描述为“剧烈的”，法院有权力改变其干预的程度以反映当前的需要，并通过此种方式（有助于）维护作为普通法制度力量之一的民主社会的微妙平衡。

到今天，人们越来越认识到，虽然“民事实体法旨在调整私人生活关系”，但用以解决私人纠纷的民事诉讼法，其所存在的诉讼法律关系却“是与私法上法律关系性质有别的公法上法律关系”。“从‘规范国家对国民行使裁判权方法及界限’这一点来看，民事诉讼法可以说是公法”。在这一点上，行政诉讼法无疑具有相同之性质。不少国家，行政诉讼法就是从民事诉讼法脱胎而来，甚至到今天为止，仍有国家将行政诉讼法视为民事诉讼法的特别法。例如，“按照日本现行法律制度，行政诉讼原则上也依照民事诉讼法的规定进行诉讼，因此行政诉讼，从形式上也可以说也属于民事诉讼”。特别法的地位，造成行政诉讼法通常“并不是一部自给自足的程序法，它只针对行政诉讼的特有程序部分作了规定，而不是对整个行政诉讼程序都作了规定”，因此，对于行政诉讼法未作特别规定的其他程序事项，就有必要，也有可能适用民事诉讼法的相关规定。我国在修改《行政诉讼法》时，将“参照”《民事诉讼法》修改为“适用”，语汇上的变化实际上也体现了在法律层面对于两大诉讼法之间关系的一种认识上的变化。我在裁判当中也特别注重从《民事诉讼法》中寻找可资适用的依据。就实体法而言，也使得公法与私法交错运作的现象越来越普遍，“行政私法”与“私行政法”的概念也随之鹊起。我们不能忽视行政机关越来越透过私法规制手段直接履行行政任务的趋势，与之相应，我们也应当更加重视借助私法上的手段去化解新型行政争议，去锐化权利救济的武器。

司法的温度与界限

在我的裁判文书集《司法的温度与界限》卷末的《致谢》中，我这样写道：

> 在离开四巡之后的一天，留守郑州的同事说，当事人陈丙兰给我们送来了锦旗。陈丙兰是为行政机关停发他的最低生活保障金提起诉讼。他的案子，就收在这本书中。而在此前不久，辉县市政府来函说，根据我们的司法建议，已经制度性解决了1700余名水利伤残民工提高抚恤金待遇的诉求。

那就回过头来说说那1700余名水利伤残民工的案子吧。

这是一批“串儿案”，我和阎巍法官等人都分到一些。其中收进我的裁判文书自选集的那个案子，当事人叫黄绍花，所以我就以黄绍花案称之。黄绍花是河南辉县人。看到这个地名，顿时让我想起那个地方曾经发生过的英雄壮举。正像我在裁定开头所写的：

> 上世纪六七十年代，辉县人民在极端困难的情况下，劈山凿石，筑路修渠，大搞水利工程建设，当年的建设者“敢教日月换新天”的气概至今为人们所传诵。

黄绍花就是1700余名因兴修水利工程而受伤、牺牲的建设者中的一员，他们提起本案诉讼，是要求法院判令辉县市政府作出提高发放抚恤金标准的行政行为。一审法院认为，抚恤标准是具有普遍约束力的决定，并不具有可诉性，原告的起诉不属于行政诉讼受案范围，据此裁定驳回了起诉。再审申请人认为，在辉县市水利建设工程中因公伤亡的民工人数是特定的，因此，辉县市政府下发的《通知》不具有适用于不特定多数人的性质，并非行政机关发布的具有普遍约束力的决定和命令，属于可诉的行政行为。针对这一争执，我们在裁定中首先进行了分析：

> 就辉县市政府下发的《通知》是否属于行政机关发布的具有普遍约束力的决定、命令而言，本院对再审申请人的上述观点予以认可。可诉行政行为的一个重要标志，就是针对具体事件，并且指向特定个人。但是，个别与一般的区别不能仅根据数量确认，如果具体的处理行为针对的不是一个人，而是特定的或者可以确定的人群时，个别性仍然成立。二审法院根据这一原理，也否定了一审法院的裁判理由。

二审法院虽然否定了一审法院的裁判理由，但又提出了另一个看问题的角度。他们认为，涉案水利伤残抚恤金的标准由辉县市当地人民政府根据当地的经济发展状况和居民收入水平等因素综合确定，没有可直接适用或参照的法定标准，属于当地人民政府的行政裁量权范围。因人民法院不能替代行政机关直接行使行政裁量权，对行政机关行使自由裁量权行政行为的司法变更限于该行为畸轻或畸重的情形，故在辉县市政府没有对该标准调整的情况下，人民法院不宜通过裁判方式直接确定抚恤标准。对此我们是这样认为的：

> 这一认识也符合行政诉讼中司法权与行政权界限的划分。这就是，法院是解决法律问题的，不宜解决政策问题。对行政机关采取的存在较大裁量余地、具有较多政策因素的处理行为，因其缺乏可以直接适用或参照的法定标准，人民法院很难进行司法审查。

法理是这样，但就此驳回当事人的再审申请，我们的确非常于心不忍，就这样纠结了很多天。后来我在裁定中直言不讳地写出了这一纠结：

> 合议庭在对这批案件进行合议时，内心也很纠结。从法律层面讲，生效的二审裁定应当得到支持，但简单地驳回再审申请人的再审申请，又对伤残民工的生活境况心怀不忍……

说到纠结，我倒想先把黄绍花案放下，就此多说几句。如果你办过案子，你会承认，你常常会纠结于手头的案子如何裁断。为什么要纠结呢？纠结就在于，案件本身存在复杂性。正如波斯纳所说："最简单的案件不会被提出，或者不会上诉。"没有多少人能够做到"面对复杂，保持欢喜"。纠结就在于，很少有案件存在一目了然的标准答案，但我们又必须在这些备选答案中选择一个。在许多案件中，"正反论据的说服力相当，也有一些案件正反论据不太相当，却有些让人困惑之处。"丘吉尔就为此感慨过："一个官司若是两造都有相同程度的对与错时，是最难打的官司。"手起刀落，谈何容易。纠结还在于，除了纷繁复杂的事实、证据、法律，我们还要平衡许多相互冲突的利益。卡多佐说："即使事实清楚、基本准则也无可争议，也还是有一些案件难以得出适当结论。"克拉伦斯·托马斯说：

“许多案件在关键点上可能需要权衡利弊。否则，如果每个案件的结果都简单、明确，最高法院就不会有案子了，甚至任何法院都不会有案子了。”

问题在于，是否要在判决书中向公众披露这种“纠结”？波斯纳就赞成把它披露出去。他说：“一篇司法意见比另一篇司法意见好的原因，可能并不因为它的论证更有说服力，而是因为，通过坦率披露那些反对自己结论的事实和权威、通过语气上表现得具有试验性和让步、甚至通过对自己结论的正确性坦诚表示怀疑，这篇意见是一篇更加可信、更让人印象深刻的司法文件，尽管它并没有对结论作出更令人信服的辩护。”英美法院长期保留异议判决和附和判决的传统，也应当属于公开地告诉公众不一致或者“纠结”是存在的。庞德曾经指出：“反对意见是历史长河中生命力的体现。”英国的一位研究者则认为：异议判词和附和判词“共同确保了司法体系的高度开放”。不仅有大量事例说明，“许多难忘的反对意见后来逐渐演变而为（通过正当的法律程序）多数意见，甚至是一致意见”，而且，不同意见的坦露还具有一种特殊魅力——“很可能使得判词更容易让当事人接受，至少较那些非个性的、官僚化的集体决定更容易让人接受”。

纠结的结果就是派员去当地协调。我委派阎巍法官和我的助理去辉县找市政府的领导协调，为了给他“撑门面”，还给他们派了法庭最好的车。协调的效果还不错，市政府的领导态度非常积极。后来我又去了一趟辉县，与市委书记进行了非常有效的沟通。再往后，我们又以最高人民法院的名义给辉县市政府发去了司法建议书，请他们在政策允许的范围内妥善加以解决。不久，好消息就来了。我把这一过程都写进了裁定书里：

……为此委派合议庭成员专门到当地了解实际情况。经了解，为解决当地水利建设民工伤亡抚恤问题，辉县市政府自 1979 年出台首个文件《关于县办水利建设民工伤亡抚恤问题的意见（试行）》（辉革〔79〕84 号），对水利民工伤亡抚恤的原则、补助标准等进行规范以来，三十余年间共出台十多个文件，从不同角度规范水利伤残民工的抚恤和生活补助工作，并先后多次以增加生活补助、提高抚恤标准以及减免税费等方式提高水利伤残民工的抚恤水平。此外，当地政府还通过建设水利医院、为水利伤残人员原伤复发提供免费治疗等措施，减轻伤残人员的看病负担。本案二审裁定作出后，辉县市政府又再次将伤残抚恤照顾金提高 20%，且已实际发放完毕。在此基础上，辉县市政府还初步研究决定，“根据物价上涨情况和我市财力状况情况，原则上对抚恤金照顾标准每三年调整一次”。本院也专门发出司法建议，建议辉县市政府依据与当前居民收入水平和经济发展状况相适应的原则，就本案伤残抚恤金标准及相关问题统筹研究，在财政状况等条件允许的范围内，提高抚恤金发放基准，以保障和改善水利伤残人员的生活水平。

写这个裁定的时候，阳光大好，我忍不住在结尾追加了这么一句：

我们期待在今后的日子里，改革发展成果能够更多更公平地惠及包括再审申请人以及诸多水利伤残人员在内的人民群众。

这个裁定发布后产生了一定影响，有一家非常知名的民商事审判微信公众号也破例刊发了它，并把它称为“最高法史上最温情判决”。卡多佐曾说：“不管法律规范表现得多么严格，实际上并没有失去悲天悯人的品质。”在中华法系中，更是有哀矜的传统，“哀矜”一说，见于《论语·子张》：“孟氏使阳肤为士师，问于曾子。曾子曰：‘上失其道，民散久矣。如得其情，则哀矜而勿喜。’”士师就是古代的法官，阳肤做了法官，向曾子请教法官之道，曾子不说别的，只是让他“哀矜而勿喜”。可见“哀矜”对于法官是如何重要。“哀矜”的另一个说法是“钦恤”，见于《尚书·舜典》：“钦哉，钦哉，惟刑之恤哉！”朱熹对此疏解曰：“虽入于五刑而情可矜、法可疑，与夫亲贵、勋劳而不可加以刑者，则以此而宽之也。”现代儒学大师许倬云在《九堂中国文化课》里也解读过“哀矜而勿喜”，他说：

> 法律不是权威，是春风，所以要以人情为先，和为贵。法律惩罚人，是件令人难过的事情，总是要求其生而不得，在不得已情况下才求其死。

但是，曲法施恩却是有害于法治的。我办理黄绍花案的过程，就体现了对于司法的温度与界限的把握。我可以建议行政机关在政策和裁量范围内解决黄绍花们的困难，但不能为了给他们温情而把法律规则坏掉。行政诉讼涉及一个公权力机构对另一个公权力机构的监督，所以法律就为司法权划定了一定的界限。如果不遵从法定的界限，就会越界，也不利于公共利益的实现。对于这一点，同仁们有过非常多的经典论述。例如英国大法官黑尔什姆勋爵就曾说：“在每一个案件中记住一点是至关重要的：法律救济的目的是保障服从权力机构的个人得到权力机构的公正对待，它的目的不是以司法机关或个别法官的意见取代依据法律组成的权力机构决定所讨论的问题的意见。法院的职能是看到合法的权力不能通过不公正的做法而被滥用，不是企图自己去完成法律赋予权力机构的任务。”

与司法权界限相关的一个概念是司法谦抑，或者叫司法克制。克拉伦斯·托马斯说：“为了维持中立性，法官们也必须贯彻鼓励司法克制的方法论和原则。”阿哈龙·巴拉克则说：“法官自然熟悉法律与法律赋予法官的权力，但他还必须明白给身为法官的他所规定的界限；他必须知道这一权力不能滥用，法官也不能遂其所欲。”我们许多法官，非常具有爱民之心，始终心怀斗士之志，这是非常珍贵的品质，但也不能忽视司法所具有的最终性与被动性。正像巴拉克所说：“法官通常不应当成为新社会合意的旗手。一般来说，法官应当体现而非创造他们制度中所存在的价值和原则。特雷纳（Traynor）恰如其分地说：‘法官身为仲裁者的责任本身使他无法成为改革的斗士。”

我在《司法的温度与界限》一书的《致谢》中是这样说的：

> 对于老百姓而言，所求并不多，给一点阳光，就会灿烂。而这阳光，或许就是我们所说的司法的温度吧。作为司法者，纵使不能遍洒阳光雨露，也应当“一枝一叶总关情”。但是，相对于行政权，司法权的行使毕竟不能逾越应有的界限，这也决定了司法永远不会是万能的。唯其如此，我们更应当致力于通过诉讼类型化等手段，提高实质解决行政争议的能力。即使按照法律规定应当驳回当事人的起诉或者诉讼请求，我们也应当尽量把道理讲清楚，把话说到老百姓的心坎里，把每一个司法裁判都当成一堂法治公开课，这或许是另一个层面的司法的温度。

祭城路更名案

前不久我又回了一趟郑州，包括胡道才院长在内的许多河南法官都念念不忘祭城路更名案。这的确是我的案件中最有影响的一个，而它之所以产生较大影响，就在于它的说理方式，就在于他在说理中对于司法的温度与界限的清晰表达。

还记得，有一天四巡综合办的永辉开车拉我去医院看望正在住院的干警亲属，当驶入一条笔直宽广的马路时，永辉跟我说："这条路原来叫祭城路，现在改成了平安大道，就因为改名，打了好几年官司。"没想到的是，过了没几天，祭城路更名案就到了我手中。案子在我这里放得较久，我一直苦苦思索出路。按说，我是十分反感近些年盛行的更名乱象的，以我的勇气，也不是不敢动这个案子，但我最后拿出了不动的意见，合议庭也一致通过。但我深知，简单地驳回当事人的再审申请，不仅不会令他们服判息诉，对于社会舆论恐怕也难以交待。于是我绞尽脑汁，写下了这篇"网红"裁判：

> 地名是国家和民族文化的重要载体。一个长期形成的地名，久而久之，会成为一个地方的符号，成为那个地方所有人情感所系的标志。正因如此，《地名管理条例》对地名的更改规定了严格的原则、程序和审批权限。要求"从我国地名的历史和现状出发，保持地名的相对稳定"，"可改可不改的和当地群众

不同意改的地名，不要更改”。本案就是因为地名更改所引发。2015 年 5 月 21 日，郑州市政府发布通告，将“祭城路”更名为“平安大道”。这一街道更名事件并不普通，因为“祭城”这个名称具有非常悠久的历史。据一审法院查明，《辞海》中“祭”的词条内容为：“祭（zhài），古国名。姬姓。始封之君为周公之子。原为畿内之国，后东迁，在今河南郑州东北。”在郑州市新区规划中，原祭城镇的祭城村被拆迁，考古人员在此发掘了古代“祭伯城”的遗址。2013 年 5 月，“祭伯城遗址”被国务院核定公布为第七批全国重点文物保护单位。2013 年郑州市新区将兴建“祭伯城遗址公园”列入了当年的政府投资计划，目前该遗址公园已动工建设。位于郑州市新区的“祭城”原为祭城镇，2005 年，在该镇所辖范围内的熊儿河北岸修建了一条道路，西起商务内环，东至东四环，长 9.8 公里，当年 12 月命名为“祭城路”。随着城市发展变迁，祭城镇于 2006 年被撤销，同时分立为两个办事处，2010 年由郑东新区对其中的祭城路街道办事处实行代管，更名为新区祭城路街道办事处。

本案再审申请人朱广义、贺法群、朱狗妞、宋新安正是居住在郑州市祭城社区的居民。他们通过相关媒体得知“祭城路”更名一事，向河南省新乡市中级人民法院提起行政诉讼，请求依法责令郑州市政府撤销《关于祭城路更名平安大道的通告》，并恢复“祭城路”路名。新乡市中级人民法院虽然认为，“原告对地名和历史文化的保护意识值得提倡”，但同时认为，“这种更改道路名称行为考量的是公共利益，而不以追求特定权利义务关系的产生、变更或消灭为目的”，“原告朱广义等四人不具有提起行政诉讼的主体资格”，因此裁定驳回了他们的起诉。我们在接到朱广义等四人的再审申请书之后，对他们的再审理由进行了认真审查，虽然对他们所强调的“历史传承、文化认同、乡愁情结、灵魂归宿”表示深刻理解，但同时也认为，在法律层面，再审申请人的再审理由难以推翻驳回起诉的原审裁判。

再审申请人主张：“原告是否具有诉讼的主体资格，是该案争议的焦点，主要集中在对《行政诉讼法》第十二条第一款第十二项如何理解与适用上。”他们认为，“人民法院受理的行政案件，除了行政机关侵犯行政相对人的财产权、人身权以外，还应该包括其他合法权益”。“祭城路的更名所引发的名称使用权、姓名权、荣誉权等”，“是类似人身权性质的特殊的精神文化权益”，“当然应该受到法律保护”。再审申请人对《行政诉讼法》第十二条第一款第十二项关于权利保护范围的理解应属正确。《行政诉讼法》的立法目的之一，是“保护公民、法人和其他组织的合法权益”，权利保护范围逐步扩大也是行政诉讼制度发展的必然趋势。《行政诉讼法》第十二条第一款第十二项的修改就是一个具体体现。该项是一个兜底条款，所谓的“其他人身权、财产权等合法权益”，既包括前面各项所列举情形之外的其他人身权、财产权，也包括法律、法规规定的人身权、财产权以外的其他合法权益。不过，当原告主张一项权利，是否属于权利保护范围是一回事，是否属于他自己的权益是另一回事。即使某些权利属于《行政诉讼法》规定的权利保护范围，但如果被诉行政行为并非针对特定个人，如果原告只是有可能受到被诉行政行为影响的不特定公众中的一个或者一部分，那他也不具有提起行政诉讼的资格。

在本案，再审申请人自己也承认，“这个案件，让祭城3000多名公民牵挂”，“这个案件，让各地‘祭’姓人士注目”。很显然，与祭城路更名具有利害关系的远远不止原告几人。一如

《人民日报》署名文章《地名是我们回家的路》所言："慎重更换地名，就在于对地名有情感。这种情感，是个人的，是家族的，更是地方的、民族的。诸多地名情感的滋生、蔓延与丰富，才构成一个民族的文化自尊。"几个个人针对地名更改行为提起行政诉讼，固然承载着家族、地方甚至民族的情感自尊，但在《行政诉讼法》所确立的主观诉讼模式之下，又显然属于难以承载之重。不可否认，地名更改的乱象，不仅"损害了地名文化，割断了历史文脉"，也呼唤着地名管理更加法治化。如果能为地名更改中的公民参与提供切实可行的法律救济，如果能为地名的命名、更名、销名等行政决策设置一个犹豫期，让公民或者有关社会团体在相关行政决策真正付诸实施之前能够有机会提起一个预防性的禁止诉讼，无疑将会减少盲目决策所造成的社会成本和财政成本。但在法律制度进一步完善之前，我们只能依据现行法律规定驳回再审申请人对本案所提起的再审申请。

裁定作出后，我们并没有策划宣传，但社会各界和新闻媒体热议不断。代理此案的律师所在的"华泰郑州律所"发表了如下观点：

华泰所李党青律师代理的郑州市祭城路更名行政诉讼一案，历经新乡市中院、河南省高院以及最高人民法院三级法院的审理，近日终有结论。2015年以来，华泰所李党青律师代理了郑州市祭城路更名行政诉讼一案。该案不仅饱含了祭城人民殷切的希望、更承载着厚重的历史传承和文化关怀，但遗憾的是，最高院最终仍审慎地依据现行法律驳回了申请人的再审申请。然而同时我们也应看到，最高院在裁定中对再审申请人的乡土情感充满了深深的理解和关怀，并且裁定中明确提出了设置"地名的命名、更名、销名等行政决策犹豫期”、“预防性禁止诉讼”等切实可行的制度化建议。因此我们认为，该案虽以申请人败诉而告终，但仍为我国的法治化道路作出了重大的贡献，有其不可磨灭的历史意义。

《南方都市报》2018年11月8日也刊发评论：《一条路更名引发官司，最高法详尽说理意味深长》。这篇评论写得很有水准，所以我也把它全文摘录在这里：

日前，最高法第四巡回法庭通过其官方微信账号公布了一桩特殊的“民告官”诉讼，郑州市民朱先生等四人因为当地一条路的更名事项，将郑州市政府告上法庭，而且屡败屡战，官司一直打到了最高法院，结果依然是败诉。

2005年才命名的“祭城路”，十年后借着行政区划调整变成了“平安大道”，几位市民与当地政府的行政纠纷从一开始就围绕原告是否具有提起行政诉讼的主体资格展开。一二审法院在审理中对诉讼资格的认定直接援引现行法律条款并无不妥，但既然官司打到了最高法，也说明两次司法说理并未定纷止争。在最高法院的法庭上所进行的再审，市民对行诉法受案范围充分表达观点，既然行政机关侵犯相对人的财产权、人身权可诉，那是否应当还包括“类似人身权性质的特殊的精神文化权益”等其他合法权益，为数众多的“兜底条款”又究竟在兜着哪些底？

一些甚至可能被认为是牵强附会的诉讼理由，在最高法的裁判文书中不仅得到直接回应，而且获得明确认同。再审裁定坦承“权利保护范围逐步扩大也是行政诉讼制度发展的必然趋势”，司法行文对原告方诉求表示“深刻理解”，尽管“在法律制度进一步完善之前，我们只能依据现行法律规定驳回再审申请人对本案所提起的再审申请”，这不是司法裁量在抛开具体法律条款进行纯抒情，而是在透过裁判文书传递法律所应有的温情。

事关数千市民情感、历史的路名变更，从常理看市民的诉讼资格似乎不是问题。但带有公益诉讼性质的此种“官告官”，从公益诉讼条款引入现行法律体系，公民个体的诉讼主体资格便受到限制，实践层面则代之以检察机关提起的行政公益诉讼（但路名变更又不在目前明示的“官告官”范围之内）。但无论如何，公民对路名变更这一公共议题的参与权应当有畅通、有效的平台予以保障，哪怕是通过几级法院审理以及详尽的司法说理来完整呈现，包括裁判文书在法律允许的范围内充分表达对败诉方的“理解之同情”。

法律的归法律，不仅是要求具体司法裁量能够回归纯粹的司法逻辑、抗拒其他非法律因素的干扰，也包括司法能基于现行法律规定做出理性判断，当然同时可以在裁判文书撰写过程中充分表达态度、对社会运行的规范提出可行的司法建议。很显然，最高法在此番路名纠纷中提出的公共决策“犹豫期”不仅是对具体诉讼当事方的建议，更是对其他行政权力运行的警醒。如何有效减少“盲目决策所造成的社会成本和财政成本”，尽可能人性化也更鲜明的司法态度也是在力图从源头上规范权力运行，探明行政法治的可行路径。

再微小的社会纠纷，都有可能直达司法审判的最高层级，此前亦有成都市民因打“五元麻将”被拘继而官司打到最高法院的先例，法治社会需要慢慢习惯普通社会成员这种对权利的执拗坚持。此番路名诉讼之所以引人注目，可能还不在于官司之大小成败，而在于这桩确实不大的“民告官”即便一路败诉，几级司法裁量不是简单驳回，而是进行一级比一级更详尽的司法说理。

哪怕一路败诉，也不是在浪费司法资源，以案释法从来不仅是针对具体诉讼参与人，还有更广泛的社会主体。有魅力的司法裁量不独是简单的一句结果，更在于诉讼过程中每一个环节的程序保障，即便是败诉裁判文书也尽可能详尽说理。

如果说“华泰郑州律所”的“声明”代表的是案件当事方的态度，那么“南都评论”则在一定程度上反映了舆论的立场。司法永远是舆论关注的焦点，司法对待舆论的态度也是一个值得认真研究的课题。我还清晰地记得丹宁勋爵退休前不久碰到的那个案子。那是一个有关锡克男孩的头巾的案子，丹宁的判决引发了一场舆论的轩然大波。事情的起因是，一个私立学校的校长拒绝一个锡克男孩入学，那个校长说，之所以不让他入学，是因为他的头巾。锡克族是印度北方的一个少数民族，他们信仰锡克教，典型特征就是用头巾包头。男孩的父亲把校长告到了法庭。法官用五天时间审理这个案子，最后驳回了原告的要求。随后，丹宁驳回了对这个判决的上诉，他认为锡克人不是一个种族集团，“没有任何特征能够把锡克人作为一个群体从旁遮普邦的其他人中区分开来。”

这个判决惹恼了锡克人，他们组织了全国性的抗议游行。报纸上更是每天都有反对“丹宁勋爵判决”的抗议信，舆论认为，那份判决实际上剥夺了锡克人戴头巾的权利，而这与国会的意图是相反的。上议院的法官显然读到了那些报纸，他们完全推翻了初审和上诉法院的判决。丹宁说：“我不怀疑读报纸的法官的智慧。我想，他们应该读报纸，以便与舆论保持接触。法律应该与今天正确的舆论一致，而不是与它相悖。否则，它就不会受到尊重。”

我们办案，办的不仅是当事人的命，也是公众的情感。这句话，在我由法官转任新闻发言人之后，有了更为深切的理解。很多看起来非常小的案件，却意外引发舆论的轩然大波，就是因为每一个案外人都在案件里看到了自己过往的体验，以及未来的遭际。所以我们在裁判案件时，务必不能让眼光只在当事人的席位上梭巡。说实在话，当我看到祭城路更名案之前的汹涌舆情，曾经感到一丝后怕。之所以能抱着这块“烫手的山芋”平安着陆，关键是能给予当事人足够的情感认同，并且能与公众的关切同频共振。但是，在意不是“讨巧”，温情也不能冲垮定力。我们最终没有以司法裁判让“祭城路”恢复原名，并非像有的读者所认为的那样，是一种“司法的无奈”，而是我们深知，路名的更改会浪费巨大的社会成本和财政成本。如果说行政的盲目决策是一场灾难，随之而来的司法的盲动则无异于让灾难再一次上演。

一级说一级的话

在读了祭城路更名案这样的裁判之后，有一位地方法院的法官留言：“作为一个普通法官，也作为一个学了七年法律的法科生，表示超喜欢这样的说理方式。可惜的是，这样的判决书只可能在最高法的法官笔下才能形成，如果我写这样的判决书出来，肯定会被审判长斥责为标新立异而退回来。”这句话也对也不对。不对的是，这样一种说理方式，未必是最高法院的专利，只是我们以前不习惯罢了。对的是，不同审级的裁判文书，确实也不能一概趋同。比较理想的境界是：一级说一级的话。

与司法结构分作不同的审级相适应，裁判文书也出自不同的审级，这些不同审级的裁判文书之间也应当区分不同的功能。从两大法系的情况看，普通法系比大陆法系更加严格区分初审与上诉的功能。在普通法国家，初审法院认定事实，上诉审一般只限于程序方面和法律解释方面的问题，对初审法院认定的事实一般不再审查。正像里德法官所说的那样：“上诉法院对一审法官已认定事实进行重复认定会付出巨大司法成本，而其对事实认定准确性的影响却微不足道……当事人……已经被迫集中精力和资源说服一审法官相信其对事实的描述是正确的：要求他们再说服上诉法院的三名法官就强人所难了……一审是案情审判的‘主赛事’，……而不是‘晋级选拔赛’。”值得注意的是，大陆法系的一些国家也有向这个方向发展的迹象。例如德国，立法详尽划分法律问题与事实问题的界限，在职能分配上也呈现出向美国模式演进的趋势，“其核心是把事实问题的重心向金字塔基转移并由此强化一审程序的功能”。

与审级职能相匹配，美国的初审判决和上诉审判决就承担了不同的任务。在大多数案件中，美国联邦初审法院愿意在辩论结束时口头陈述意见，从而当即解决问题。当然，口头意见应该解释判决并说明理由。每年只有极少数案件涉及新的或复杂的法律问题，会引起广泛关注，只有这些案件才写出完整的法官意见并印刷出版。而上诉法院则写出更多的判决书。据美国法官 Frank M.Coffin 统计，在上诉法院，“一年下来，除了为数不少的非正式的备忘录意见书和命令外，一个法官还要发表上百件正式意见书。”这是因为“上诉法院与初审法院的工作重点不同。初审法院的工作重在认定事实和制作记录；而上诉法院的工作重在适用法律和建立法律规则”。

我在香港城市大学读过几年的法学博士课程，虽然我因耽于逛书店（那结果是出版了一本《香港寻书》，而且被同好誉为“书店杀手”）而最终没能提交学位论文，但课上课下也读过不少香港法院的裁判。这当中也有不少汪洋恣肆上百页的判决，但那些宏文主要是涉及香港基本法的适用等重大问题，平日处理普通案件的裁判也多有精炼之作。给我印象较深的有一篇回归前香港最高法院的刑事上诉判决，非常精炼，较好地体现出上诉审裁判主要回应上诉理由、说理主要是围绕法律适用问题展开这样一个特点。判决开篇载明：“上诉人黎寿明前在裁判法院承认一项入屋犯罪案，被判监两年。现以刑期过长为理由，上诉要求减刑。”短短两行字，把当事人、案由、诉讼过程、原审法院以及上诉理由交待得一清二楚。接下来的一段是“案情指出”：

> 在1996年6月12日凌晨三时，兆丰商业大厦看更发现上诉人由大厦外竹棚爬入五楼平台，于是报警。警员到场搜索。见上诉人正由天台爬下棚架，企图逃走。其后警员于五楼平台截获并制服上诉人。当时他双手戴上劳工手套，身上有现款，包括港币以及多种不同外币，面值由数元至千元不等。在被捕及警械后，他承认曾进入该楼宇偷窃。与此同时，警员在附近截获一辆汽车，车上有可用作偷窃的工具。车上两名男子亦同时被拘捕。受害人于翌日检查办公室时，发现丢失现金，数目和币值与从上诉人身上搜到的相同。

案情的叙述简练清晰，让人轻松地知晓这个案件属于人赃并获，证据确凿，更何况上诉人对于犯罪事实亦不抵赖，所以对于定罪问题乃无进一步审究之必要。前已揭示，上诉人之所以上诉，只是以刑期过长为理由，要求减刑，那么，裁判法院对于量刑是如何考虑的呢？判词在接下来的一段顺理成章地对此进行了陈述。

> 上诉人1980年已有犯罪记录，曾多次犯抢劫及入屋犯法罪。裁判官在其判刑理由中指出，上诉人是有计划地会同其他从犯，利用汽车运载偷窃工具到场进行偷窃，情况严重。上诉人是在犯案时失手被捕，所偷到的财物都在他身上找回，实不容上诉人抵赖控罪。上诉人只是三十五岁，却已是法庭常客，曾在劳役中心、教导所及监狱里，度过不少岁月，仍不悔改。裁判官认为上诉人是一名职业罪犯，以往各种刑罚皆未能遏制他犯罪，因此需要以两年监禁为量刑起点。裁判官又认为，上诉人是在人赃并获，证据确凿，不容抵赖的情况下才承认控罪的。所以上诉人不应得到通常的认罪折扣，遂判上诉人监禁两年。

法规规定，入屋犯法罪最高可判刑十四年。上诉法院于Attorney General v.Lui Khi [1993] 1 HKC 215 一案中，订明以入屋犯法罪而言，如果是进入住宅犯法，判刑起点应为监禁三年。如果是进入非住宅犯法，判刑起点应为两年半。上诉法院其后在 AG v.Io Ching Fai App for Review 12/95 中引述此案例，认为如果没有加刑或特殊减刑的因素存在，对初犯者而言，三年监禁是此类案件的适当量刑起点，这个准则是已经确定的。上诉人曾屡屡犯案，与初犯者不能相提并论。以本案性质和量刑来说，裁判官以监禁两年为判刑起点，实不为过，亦非不恰当。在减刑考虑方面，一般来说，如果被告人承认控罪，法庭曾减低刑罚以鼓励悔悟的罪犯认罪节省法庭时间。虽然上诉人是当场被捕，他的认罪仍然是使案件可以迅速解决的因素，所以上诉人应获酌量减刑，但只可略减。因此，本法庭判上诉得直，减刑三个月，即判监二十一个月。

我们国家对于不同审级的职能划分尚在改革过程之中，在过去，从基层法院、中级法院、高级法院，直到最高法院，从一审程序、二审程序，直到再审程序，都对个案负责，都承担着纠纷解决职能，也都有权（或有义务）全面审查事实问题和法律问题。从行政诉讼来看，一审和二审程序也存在一定程度的“同质化”，具体表现是：在二审审理阶段，完全重复一审审理程序的内容，对被诉行政行为的合法性进行再次审查和认定，相当于重打锣鼓另开张。从而缺乏对一审程序的应有尊重，也丧失了受下级法院事实陈述的应有约束，监督一审审理合法性的功能亦不能很好地发挥。一审程序则有一定的依赖心理，尤其是在事实证据的查明和认定方面，基础工作做得并不扎实。关于这一点，我在梁志斌案的裁定中就表达过一些看法：

原审法院只是笼统地认定山西省人社厅“对梁志斌所反映的每个事项进行实体调查后，对太钢公司的某些违法行为已经下达《责令改正决定书》”，对于每个事项缺乏具体的事实认定和法律定性。对此虽然没有通过再审加以纠正的必要，但原审法院亦应进行总结和改进。初审是所有审级的基础，无论上诉与否，大部分案件的结局取决于初审阶段。事实是由初审法院认定的，而且这些事实对于大部分案件来说都具决定性作用。作为初审程序，只有更加注重调查事实、全面审理，才能更好地解决个案纠纷。

值得肯定的是，《最高人民法院关于加强和规范裁判文书释法说理的指导意见》注意到了四级法院的职能分工和工作重点存在差别，该意见第十条对各个审级的释法说理提出了不尽相同的要求：“二审或者再审裁判文书应当针对上诉、控诉、申请再审的主张和理由强化释法说理。二审或者再审裁判文书认定的事实与一审或者原审不同的，或者认为一审、原审认定事实不清、适用法律错误的，应当在查清事实、纠正法律适用错误的基础上进行有针对性的说理；针对一审或者原审已经详尽阐述理由且诉讼各方无争议或者无新证据、新理由的事项，可以简化释法说理。”

我也对一审和二审行政裁判文书审级功能如何划分做过一些不成熟的思考。关于一审裁判文书，总的想法是，首先要进行一个繁简分流。对于那些案情简单、争议不大，尤其是适用简易程序，或者很有可能即时化解、不会上诉的案件，尽可能简化处理，甚至可以考虑制式文书。就我的体会来看，制作裁判文书的工作量很大一部分体现在不加选择地抄录诉状、答辩状、被诉行政行为内容以及各种证据上，这些内容还最容易出现文字校对错误。这些东西卷里都有，没有必要的话何必要在裁判文书中完整再现？我们可以看看宋代的《名公书判清明集》，那些流传千年的判词篇幅都很精炼，都是从“本院认为”开始，但丝毫也不影响我们对它们的理解。

分流之后剩下的“繁案”，尤其是有可能上诉的案件、新类型案件、有法律适用价值的案件，则要投入一定精力认真制作。第一是要高度重视基础工作，重点把事实证据梳理清楚。第二，既要对行政行为的合法性进行全面审查，又不能面面俱到，对于双方都无争议的方面，例如行政机关的职权依据问题，一笔带过甚至不去提及都可以。同时也不要把行政行为的合法性看作唯一的审理对象，事关原告诉讼请求是否能够支持的所有事实和法律问题都应涉及。第三，要适度说理，一方面是说服你的当事人，另一方面也是说服未来的二审法官，让他们明白你为何作出这样一个判决。第四，还要注意的是，行政诉讼一审与民事诉讼的一审还有不太一样的地方，由于在行政诉讼之前大多已经存在一个行政处理程序，有不少甚至经过了行政复议，所以在某种程度上也具有“复审”的特点，如何体现这一特点，也是一个值得探讨的问题。

至于二审裁判文书，首先要清楚行政二审程序所承担的双重职能——既要监督一审程序是否合法，又要监督被诉行政行为是否合法。由此也决定了，行政二审中所面对的对象有两个：一个是一审裁判结论，一个是被诉行政行为的处理结论。上诉人之所以上诉，首先是对一审裁判不服，其次也不排除对行政行为本身也有争辩。二审法院的直接审理对象应当是原判决，这从《行政诉讼法》第八十五条可以做出解读，但二审法院最终处理的也还是被诉行政行为的合法性问题。为了不完全重复一审的审理活动，又不致于弃被诉行政行为于不顾，所以不妨采取以审查一审裁判为基础，以审查被诉行政行为为补充的结合模式。这种审查一定不要面面俱到，应当聚焦于上诉理由和答辩理由，以此为主线适度展开。同时，应当侧重对法律问题的审查，对事实问题尽量尊重一审的认定。尽管法律允许二审法院自己查清事实，并可以直接改判，但这里的查清事实，应当主要限于一审在案证据证明了的事实，不是在事实认定方面完全另起炉灶。《最高人民法院关于行政诉讼证据若干问题的规定》对行政诉讼理论的一个很大的发展，就是“尽量限制原告在第二审程序中提供证据”。不言自明的是，被告更要受案卷外证据排除规则的约束。所以，事实证据问题，尽可能在一审就完成吧。

二审承担着纠错的功能，有时，二审尽管不改变一审裁判的结果，但会修正一审裁判中存在的错误，这种做法并不是所有当事人都能够理解的，有的当事人紧紧揪住一审的某些错误不放，并将其作为再审理由。艾年俊案就是如此。所以我在裁定中专门就此问题做了一些澄清。裁定是这样说的：

> 在论及行政复议决定与原行政行为关系时，有一个统一性原则。其含义是指，撤销之诉的审查对象是“以复议决定的形式体现出来的原行政行为”，换句话说，作为撤销之诉审查对象的原行政行为，是已经以复议决定修正之后的新形式出现的原行政行为。如果原行政行为的理由不当，但经过复议决定修正后理由已经合法的，则视为原行政行为也合法。行政诉讼的二审裁判与一审裁判的关系也是如此。我国实行两审终审制，第二审程序承担着对第一审程序的纠错功能，如果一审裁判结果正确但理由不当，二审裁判在对理由进行修正后维持一审裁判的结果，则视为一审裁判的理由已经不复存在，因为发生法律效力的是二审裁判而非一审。本案中，二审裁判已经将裁判理由修正为：“该批复是对市规划局区域性旧城改造详细规划的审批意见，性质上

属于规划编制的内部管理，其内容并不对艾年俊权利义务产生直接影响”，再审申请人仍然执着于已经不复存在的一审裁判观点，并将其作为申请再审的事由，缺乏事实和法律基础。

不要小看小案件

樊增祥从政几近三十载，判案无数。他在《樊山批判》"自序"中云："服官十年，凡有讼牒，皆手自批答，先后殆以万计。"这数以万计的案件，并非都那么有趣，也是可想而知。对此，樊增祥体会颇深。他在《批临潼县词讼册》中说：

> 听讼之事，千形百态，有有趣者，有无趣者，有极讨厌者。大约百案之中，有趣者不过什一，有味者什六七，无味而又讨厌者什二三。不能问案者，一味茫然，不必论矣。能问案者，不难于审有趣之案，难在审无味而讨厌之案。非不明也，非不决也，身坐堂皇，遇此极讨嫌之事，先存一不耐烦之心，无暇推求，三言两语，喝令具结，内问诸心，实亦不甚清楚。彼持牒来愬者，不复控必上控矣。故做官以耐烦为第一义。正如举子作时文题目，宏深阔大，有工夫、有才气者皆能见长，必须能作无味题目，他人不能生发者，我独做得津津有味，为是真正好手。此册胪列八案，无一稍有趣者，咬得来无味，轇轕得讨嫌。而能平心静气，旁敲侧证，究底寻根，务期尽得其情，然后以片言折之，使诪张者无词可遁，吁不易也。非过来人，不知此中甘苦。

洋人也发过类似感慨。伦奎斯特说："我的助理总是极其希望，我能分到他们真正感兴趣的、十分重要的案件。不走运的是，他们在这方面经常失望，因为不是每个案件都既有趣又重要。”霍姆斯在担任马萨诸塞州最高法院法官的二十年时间，出具过上千份判决，“这一千个案件中的许多案件只涉及琐碎的不具有深远意义的问题”。即使到了美国最高法院，也不是经常能碰到马伯里诉麦迪逊那样的传世大案，日常做出的也多是“小”判决。但“他一直试着把一些更具有普遍意义的理论灌输在这些‘小’判决当中”。他说：“我最感兴趣的不是什么重大的问题和什么重大的案件，而是一般人会忽视的小判决。因为这些小判决既不涉及宪法，也不涉及电话公司，但这些小判决当中蕴藏着一些大理论的实质，因而能反映出法律机体自身发生的深刻的细胞质的变化。”

你们很多人可能都知道，霍姆斯在遥远的中国有一个“忘年交”，他就是近代中国法学界的旷世奇才吴经熊。在吴经熊看来，他一生中最有意义的两件事，除了早年与霍姆斯的交往，便是在上海公共租界临时法院担任推事。法官生涯虽然只有短短三年，但他也审理了差不多上千件案子。他后来回忆说：“每当回想起那些当法官的日子，我都禁不住期望自己再体验一次。我审过的案子，大到国际法，小到裁缝的技术问题。我的一些关于大案子的判决在这里再版，但却是那些小案子勾起了我最美好的回忆。”

我自己用心写的那些判决，基本都是司空见惯的小案子。经常有同事说，这样的案子我们天天打交道，随便就放过去了，你怎么就能写出花来？我想主要的恐怕还是用不用心。要想偷偷懒，也就放过去了，因为这样的案件太多太平常了。其次呢，也有个眼力问题。同样一个案件，你能不能发现里边蕴藏的法律价值，是需要眼力的，这个眼力来源于理论的积累。记得那次合议王建设案，大家也就围绕着对申诉的重复处理泛泛而谈，我提出来，这个问题实质上涉及的是行政程序的重开问题。有的同志甚至没有听说过这个概念，我就搬来了毛雷尔的著作，给大家一读，也就茅塞顿开。于是就在这个裁判当中重点阐述了行政程序重开问题。说实在话，我国还没有行政程序法，法律对行政程序重开问题缺乏系统规定，这个裁判的出台，引发了学界的广泛关注，打那儿以后，出现了好几篇专门研究这个问题的论文。

还有一篇将“无味题目”做得津津有味的，是杨子哲案。记得拿到这个案子后，快速把卷宗看了一遍，发现并不是什么天大的事情——杨子哲提起诉讼，只是要求行政机关向他提供一份政府信息的复印件。行政机关虽然拒绝了他的申请，但此前还是允许他对该政府信息进行过查阅、摘抄，并不存在因保密或者其他原因不能公开的问题。我觉着，案件的争执只在于政府信息公开的方式和形式问题，也就是给不给他一份复印件。争执并不是水火不容，给不给复印件行政机关也做得了主。所以，与其兴师动众地裁判一番，不如协商调解来得更经济、迅速和彻底。于是请法官助理打电话探探双方的底，结果一来二回，很快就调成了。合议之后，助理迅速做好了制式的准予撤诉裁定，我说你先放下，我可能要重写这个裁定。助理瞪大眼睛说：“有什么好改的？我见过的所有准予撤诉裁定，都是这么写的。”当我笔走龙蛇一番把手稿交给她，她的眼睛瞪得更大了：“我去！裁定还可以这样写？”

当然了，并不是所有的准予撤诉裁定都值得这样大动干戈，但这篇恰恰有兴师动众的价值——第一，传递政府信息公开案件尽可能调解解决的导向。这些年来，政府信息公开案件一直占据很大比重，有的可能比较复杂，但更多的都不是什么大不了的事。像杨子哲案这样，也就是一个复印件的事，如果一审的时候就试试调解，分分钟就能化解纠纷，何苦为了这等区区小事走完了所有的审级。于是我在裁定书中写道：

再审申请人提起诉讼，只是要求行政机关向他提供一份政府信息的复印件。行政机关拒绝了他的申请，尽管此前曾经允许他对该政府信息进行查阅、摘抄。合议庭经审查认为，案件的争执只在于政府信息公开的方式和形式问题，对此行政机关拥有较大裁量空间。对于这类十分常见的纠纷而言，与其兴师动众，刚性裁判，不如协商调解来得经济和彻底。经合议庭建议，行政机关决定向再审申请人提供复印件。当合议庭致电再审申请人时，再审申请人正在去行政机关的路上，他说："我的诉讼目的就是为了拿到这份函件的复印件，现在他们愿意给我提供一份复印件，那我的目的也就达到了，我同意撤回再审申请。"如今，再审申请人已经拿到了复印件，并且当场写了撤回再审申请，请行政机关帮他邮寄。合议庭乐见这种结果，并且一致认为再审申请人的申请应予准许。

第二点要强调的，是在写的过程中冒出来的——我在裁定当中公开本案的调解过程以及调解内容，在法律上是不是允许？幸好，刚刚施行的《最高人民法院关于适用〈中华人民共和国行政诉讼法〉的解释》对此作出了规定。我敢肯定，我会是适用这一条款的第一人。不仅如此，我还对具体适用问题做了一些阐述。裁定是这样写的：

另外要讲到的是，调解过程和调解协议内容不公开，这是《最高人民法院关于适用〈中华人民共和国行政诉讼法〉的解释》第八十六条第一款和第三款的规定。调解保密原则意在保护调解过程中产生的当事人敏感信息，不仅双方当事人应当保守调解秘

> 密，人民法院亦应受到约束。但该司法解释第八十六条第三款对调解协议内容不公开还规定了例外情形，这就是，“为保护国家利益、社会公共利益、他人合法权益，人民法院认为确有必要公开的除外”。合议庭认为，将本案的调解协议内容公开，不仅没有当事人敏感信息被披露的危险，而且通过对双方当事人理性与合作态度的宣传，可以引导行政机关更好地服务人民群众，引导公民、法人或者其他组织更理性地行使诉讼权利，进而在全社会营造减少诉讼、增进和谐的风气。因此，本院决定在准许再审申请人撤回再审申请的同时，将本裁定予以公开。

这个案子是判决、裁定发生法律效力后向最高人民法院申请再审，在这个阶段可不可以调解，实践当中并不存在问题，但法律规定并不是十分明确，这就有必要先就此做一个简单交待。接下来还涉及一个问题：这类案件是否属于调解范围，亦即是否属于行政机关行使法律、法规规定的自由裁量权的案件？裁定的开头正是从这个问题切入：

> 《行政诉讼法》第六十条第一款规定：“人民法院审理行政案件，不适用调解。但是，行政赔偿、补偿以及行政机关行使法律、法规规定的自由裁量权的案件可以调解。”允许行政案件在一定范围内适用调解，无疑具有积极意义。不仅有利于妥善处理行政争议，增进当事人与行政机关的相互理解与信任，还能减轻双方当事人的诉累，节约司法资源。人民法院对行政案件进行调解，不只适用于一审和二审过程中，在立案、执行以及审查再审申请和再审审理的各个阶段均可随时进行。就可以调解的范围来讲，《行政诉讼法》第六十条将其限定于“行政机关行使法律、法规

规定的自由裁量权的案件”，用意是为了排除“行政行为是否合法没有调解余地”的情形。对调解余地的判断，不仅要看行政机关在作出被诉行政行为时是否具有裁量权，更要看双方当事人特别是行政机关就调解标的是否具有处分权，且调解结果是否损害国家利益、社会公共利益和他人合法权益。

上文所提到的“更要看双方当事人特别是行政机关就调解标的是否具有处分权”，可以简称为“调解标的”说，这是有别于流行的“自由裁量权”说的。后者更加强调被诉行政行为是否属于“行政机关行使法律、法规规定的自由裁量权”，以此作为允许调解的条件，殊不知在诉讼当中的调解，往往并不会触及原行政行为，经常会在此之外采取一些行动，所以，“要看双方当事人特别是行政机关就调解标的是否具有处分权”，似乎更符合实际情况，也更具有可操作性。作为最高法院来讲，未必有太多机会碰上调解的案子，抓住这一机会，明确一些规则，总比出一份毫无创意的制式的准予撤诉裁定更有意义。

先具结构于胸中

清代姚鼐在《述庵文钞序》中提出："余尝论学问之事，有三端焉，曰：义理也，考证也，文章也。是三者，苟善用之，则皆足以相济；苟不善用之，则或至于相害。"写裁判文书，固然不是纯粹的学问之事，但也有相通之处。裁判文书中也有义理，说理是也；裁判文书中也有考证，寻找事实，寻找法律，难说不是一种考证；文章，则是表达能力，无论是叙述事实，解释法律，还是说理，最终都要靠语言和文字表达出来，善与不善，有若云泥。霍姆斯也曾说："思想的形成并不是件难事，难的是如何用语言将思想表达出来。"霍姆斯的继任者卡多佐更是明确地不赞成把形式与本质割裂开来，他说："形式不只是附加于本质的醒目的装饰，两者是凝结为一个整体的。""形式中诞生的力量，以及从形式的匮乏中诞生的软弱，构成本质的真实品质。它们是事物的主宰者，它们使事物各得其所。"所以，接下来的几篇，我会谈谈裁判文书的形式和表达问题。

还记得清代有一位没有留下姓名的人物在《儒林外史回评》中说过这样一段话："凡做一部大著，如匠石之营宫室，必先具结构于胸中，孰为厅堂，孰为卧室，孰为书斋灶厩，一一布置停当，然后可以兴工。"裁判文书虽说不是鸿篇巨制，但也应当在开笔前"先具结构于胸中"。所以我们就先从结构说起。

我们在上小学时，就知道了文章有记叙文、议论文和应用文之分。

夏丏尊和叶圣陶两位语文大师曾经特别强调过应用文与其他普通文在形式上的不同，他们是这样说的：

应用文的目的在应付实际事务，有的属于交际方面，有的属于社会约束方面，和我们的实际生活关系很密切，所以都有一定的形式。我们写普通文，不论是记叙文、叙述文或是说明文、议论文，都可自由说话，不受刻板的形式的限制；惟有写应用文不能不遵守形式，否则就不合适。

中国古代的判词，最初是与普通文没有本质区别的，但越往后，越演变成一种独立的文体，成为公牍的一种，所以是属于应用文范畴的，而且是官方给定格式的应用文，因此在大的结构方面，没有什么自由发挥的空间。《最高人民法院关于加强和规范裁判文书释法说理的指导意见》就列举了刑事、民事、行政、国家赔偿等领域的八种文书样式，并要求“应当遵循”这些文件所规定的“技术规范标准”。如果非要说有那么一片“自留地”，也就“本院认为”那一部分吧。我们讨论结构问题，也是限于这一部分之内的。

我因为写系列文章《判词经典》，把中国古代上下两千年的判词浏览了很多，发现这些所谓的判词，其实也只是“本院认为”部分，而这一部分的结构实在是不拘一格的。南宋时期的《名公书判清明集》，素来被认为是中国古代判词的高峰，我们且随机选取一篇，来看看其在结构方面的特色。这是胡石壁的《赁人屋而自起造》：

李茂森赁人店舍，不待文约之立，不取主人之命，而遽行撤旧造新，固不无专擅之罪。但自去年十月初兴工，至今年三月末讫事，历时如此之久，蒋邦先岂不知之？若以为不可，则当不俟终日而讼之于官矣，何为及今而始有词？况当其告成之后，又尝有笔贴，令其以起造费用之数见论。以此观之，则是必已有前定之言矣，不然，则李茂森非甚愚无知之人，岂肯贸然捐金縻粟，为他人作事哉！词讼之兴，要不为此，必是见李茂森具数太多，其间必不能一一皆实，所以兴讼以邀之，其意不过欲勒其裁减钱数耳，非果欲除毁其屋也。小人奸状，有何难见，两家既是亲戚，岂宜为小失大。押下本厢，唤邻里从公劝和，务要两平，不得偏党。五日。

不足三百字的一篇判词，信息量巨大，要素一样不缺。有当事人：原告“蒋邦先”，被告“李茂森”；关系：“亲戚”；法律关系：“赁人店舍”。有诉讼请求：“除毁其屋”。有事实：“李茂森赁人店舍，不待文约之立，不取主人之命，而遽行撤旧造新”。有证据：“又尝有笔贴，令其以起造费用之数见论”。有事理：“自去年十月初兴工，至今年三月末讫事，历时如此之久，蒋邦先岂不知之？若以为不可，则当不俟终日而讼之于官矣，何为及今而始有词？”有推论：“词讼之兴，要不为此，必是见李茂森具数太多，其间必不能一一皆实，所以兴讼以邀之，其意不过欲勒其裁减钱数耳，非果欲除毁其屋也”。有是非：“小人奸状，有何难见”。有情理：“两家既是亲戚，岂宜为小失大”。有处理：“押下本厢，唤邻里从公劝和，务要两平”。有指引：“务要两平，不得偏党”。有时限：“五日”。这么丰富的内容，在结构上却没有一个八股的格式，一气呵成，浑然天成。将其放在唐宋八大家之小品散文当中，亦非下品。

一直到清代，判词的结构都是这样别开生面，不落窠臼的。我们来读一篇清代陆稼书的“囚犯剃发之妙判”：

囚犯不得剃发，律有明条。囚犯不得私带刀锥等凶器入狱，又有明文。该犯三麻子因窃案而入狱，又骫法以剃发。私带小刀，显犯王制，按律应予杖二百，徒一年。禁卒王德成，所司何事，竟于囚犯入狱之时，不先为检查，被私自带刀，所幸仅犯剃发耳，使更大于此或私凿镣铐，图谋越狱，或任意杀人酿成命案，其咎谁应负之？其平日之颟顸糊涂于此，可见责其有忝职守，亦无可辞，应重杖一百。此判。

囚犯之不得剃发，不得带刀，律有明条，没有什么好商量的，所以直接援律处置，无须置喙。不去说理，反见干脆。倒是狱卒疏于管理，有忝职守，有得一论，因此更多的篇幅放在了这里。可谓轻重有别，简繁有致。如果不分场合，开篇也就囚犯何以不得剃发，何以不得带刀，来上一番宏论，那就有些多此一举了。仔细揣摩，陆稼书的做法是，什么问题重要，就集中力量说什么问题。譬如在“杀叔自首之妙判”中，复杂的法律适用问题成为焦点，他就集中力量论述法律适用。判词是这样的：

审得谢威如被杀一案。据倒申伯供称，因威如醉后强奸其妻，持刀威吓，及门望见申伯，既惭且惧，即弃刀逃窜。申伯未及细视为何人，且亦不疑为威如，因拾刀追逐，至林中，杀之。倒地方知为叔，悔恨莫及，用敢自首，请为究办等语。本县查律载：杀其功服尊亲者，斩立决；误杀者减一等。又律载：自首者，以本罪减一等。又康熙六年，山西巡抚奏准：太原府农民曹素工持刀守夜，有贼掘穴而入，曹素工杀之，及检视乃为伯父。事出无心，情有可原，照旨律减三等，定为绞监候；又康熙十三年，浙闽抚督奏准：福建莆田县生员程有功，与父程慈生夜半相撞，疑为窃贼，杀之，罪按本律减二等，定为绞立决。今查本案谢申伯之杀叔谢威如，其情实与康熙六年及十三年奏准两案相等，应遵照前例，以本律减处三等，定为绞监候。再按自首律减一等，应为杖一百，流五千里。但律《奸杀门》内又载：本夫杀死奸夫者，杖五千，徒十年。其刀如奸夫所有者，减一等；强奸者，再减一等。是凡因持刀强奸而被本夫夺刀还杀者，按律不过杖二十。本案谢威如持刀强奸侄媳姜氏，被本夫申伯撞见，夺刀将威如杀死，当与律载相合。但威如与申伯既有叔侄之分，又为强奸未成，似无能与普通人奸杀案相比，拟应加重惩治，照自首、误杀其功服尊亲律再减一等，应杖五十，徒十年，庶两得其平，不至之失入失出之虞。死者无所冤，生者不必怨，而于名分上、风化上、伦常上均无所恨。除详报臬宪请示遵行外，此判。

开篇在简要生动地叙述了案情之后，便进入法律适用阶段，引用法律，比附前例，其缜密精致，丝毫不输英美。不仅讲法理，将法律适用过程全盘公开，更讲事理和情理，名分、风化、伦常，诸般利益皆有综合考量，入情入理，有情有义，生者死者，其岂不服？

到了清末民初，衰世求变，西风东来，新式司法判决就采用了列国通行之主文、事实、理由三段式的结构。这种结构的优点是层次清晰，而将“理由”部分单列，更形成一种强制要求，法官想不说理都难。不过，从我读到的普通法系的一些判决来看，虽然也都包括主文、事实、理由这三个要素，但并非完全以这三者来作为划分段落的标准。英国的丹宁勋爵就别具匠心。首先，他特别主张判词要“尽可能地化整为零”，他说：

在写一本书或一份意见书时，你应该多分段落，而且每一段话都要分成几句话。整页印得满满当当的，又不分段，看起来不舒服，甚至令人生厌。一大段话，不分句子，不大容易读懂。

但对于如何划分段落，他却有自己的独特做法，并不受主文、事实、理由“三段论”的拘束。他会根据具体案情的需要，作出与之相匹配的段落安排，同时，尽可能给每一个段落起一个醒目的小标题。他说：“我的判决书，开始有一个开场白——就好像莎士比亚戏剧前面的合唱——用来介绍案情的大概。然后像莎士比亚一幕幕地拉开场景一样，我也一幕幕地从真实的生活中叙述案情的各个阶段。不过我把判决书分成几个部分（相当于莎士比亚戏剧中的幕），每个部分又分成几个小部分（相当于场），然后给每个部分加上与内容相吻合的标题和提要，以便让人一目了然。”“我在最后总有一个结论，就像莎士比亚戏剧中的尾声合唱。在这个结论中，我把几股绳攥在一起，然后给出一个结果。”

我在写裁判文书时，无疑受到了丹宁勋爵的一些影响，那就是喜欢分段，也喜欢加上一些小标题。这有的是概念式，如：“抽象行政行为与规范性文件”；有的是问题式，如：“遗漏诉讼请求问题”；有的是问号式，如：“是撤销之诉还是义务之诉？”有的是结论式，如：“行政机关的程序行为不能单独诉请撤销”。无论属于什么种类，这些小标题都是对于争议焦点的回应。所以，在一个案件存在多个争议问题的情况下，设置几个小标题会更便于行文，可以在每一个小标题下集中讨论某一个问题。

针对多个争议焦点各自设置小标题，小标题之间的关系就是一种并列关系。但有时，争议焦点比较集中于一个问题，而且这个问题又会是事实问题与法律问题交织，因此可能就适合递进式。李丹英案就属于这种情况。在裁定的开头，我先是这样写：“本件诉讼，告的是湖北省政府的《不予受理行政复议申请决定书》，在再审申请人向湖北省政府申请复议之前，有过一段比较繁复的过程，对此作一番简单梳理，或许有助于我们找出案件的症结之所在。”接下来，用了四个小标题。第一个是：“本案如何走向复议”，第二个是：“不履行复议决定如何救济”，第三个是“举报与被举报的‘相关违法人’”，第四个是“诉讼程序问题”。前三个是层层递进，最后一个是附带论及。

樊增祥在《批长安县李令词讼册》中曾说：“叙述各案，皆逐层批导，务使真形毕露，然后片言折之。能如此断案，断无复翻之理。”我不敢说我已掌握了“逐层批导”的本领，但“心向往之”总是有的。在庞贵红案中，我就做了一些尝试。在第一个自然段中，我先归纳再审申请人提起诉讼的目的，再叙述诉讼经过，然后给出结论：

> 再审申请人庞贵红提起本案诉讼，根本目的是要求湖北省公安厅依据《道路交通事故处理程序规定》第四十六条的规定，制定具体的道路交通事故责任确定细则或者标准。她向湖北省公安厅提出过申请，后者未予处理，湖北省人民政府也以不属于行政复议受案范围为由不予受理她要求湖北省公安厅履行上述职责的复议申请。一审法院认为，制定具体的道路交通事故责任确定细则或者标准属于抽象行政行为，不属于行政诉讼受案范围，并驳回再审申请人的起诉。二审法院也以不予受理的复议决定对再审申请人合法权益明显不产生实际影响为由，裁定驳回上诉，维持原裁定。这些处理符合法律规定……

这样一段文字，如果最后再加上所要援引的法律依据，差不多就是一篇完整的裁判文书了，但是，这仅仅才是个开始。这一段的最后还有一句话：“……理由如下。”接下来，又分四个方面进行多角度论证，第一段是“从法律规定来看”；第二段是“从诉讼类型来看”；第三段是“从原告资格来看”；第四段是“从规范刚度来看”。当事人的主张通常不只有一个，这个时候还要注意不能平均发力，重点论证重要问题，对不值一驳但必须予以回应的一笔带过。庞贵红案这个裁定就在完成上面四个方面的论证之后，在最后简要回应了再审申请人对于案件管辖所作的质疑。

小标题不必非有。王国维的《人间词话》曾说：“诗之《三百篇》、《十九首》，词之五代、北宋，皆无题也。非无题也，诗词中之意，不能以题尽之也。自《花庵》、《草堂》每调立题，并古人无题之词亦为之作题，如观一幅佳山水，而即曰此某山某河，可乎？诗有题而诗亡，词有题而词亡。”我尽管爱用小标题，但更多的是没有的。虽然没有小标题，段落层次也是清楚的，每一段回应一个再审理由。例如刘成运案，第一段讲的是“被告适格包括两个层面的含义”，以回应再审申请人提出的“主体问题应当是裁定方式结案”的主张；第二段讲的是并非“行政诉讼中的所有待证事实都要由被告承担举证责任”，以回应再审申请人“将行政行为违法的举证责任转嫁给原告一方”的质疑；第三段讲的是“第三人辅助参加”，以回应再审申请人认为“原一审追加第三人程序违法”的观点；第四段讲的是二审程序的功能，以回应再审申请人关于“二审不应进行书面审理”，“二审程序严重违法”的主张。所以，无题也是有题，只是基于案件的具体情况，每个段落层次难以抽象出简单一个词、一句话而已。

最高人民法院显然也认可甚至鼓励“本院认为”部分的个性化，《关于加强和规范裁判文书释法说理的指导意见》就提出：“可以根据案件情况合理调整事实认定和说理部分的体例结构。”所以，格式化的裁判文书虽然给你画好了一个一个的格子，但在这每一个格子中，你却可以跳出美妙的舞蹈。

万事开头难

万事开头难。对于文章而言，有个好的开头，也就成功了一半。但文章怎样开头，却没有一定之规。韩愈“文起八代之衰”，自是文章鼻祖，他的文章开头同样不俗。王葆心《古文辞通义》说：“韩文入手多特起，故雄奇有力。”这种“雄奇有力”的风格最突出地体现在两篇文章当中，一是《送孟东野序》，开头便说：“大凡物不得其平则鸣。”一是，《送董邵南序》，起首则是：“燕赵古称多感慨悲歌之士。”一上来就出语不凡，摄人魂魄，甚至成为千古传唱的名句。但韩愈的开头也不是篇篇如此，他追求的是“不相自犯”。什么是“不相自犯”呢？林琴南曾有解释：“譬甲篇是如此起法，乙篇即易其蹊径，丙篇是如此起法，丁篇又别有其用心。”这种变化多端，一方面是作者有追求，匠心独运；另一方面也是客观需要，要求与特定的场合相适应。对于后一方面，周振甫《文章例话》曾有详论：

> 文章的开头写得变化不同，是由于文章的内容不同、写作的要求不同、读者的对象不同，再加上作者的风格不同、文章的体裁不同等等所造成的。再说，文章要说明事理、反映生活，由于生活的丰富多彩、事理的各不相同，因而文章的开头也就变化不同了。

就判词而言，由于其公牍性质所限，开头较难雄奇特异，也较难变化多端，不外由“审得某某诉某某什么一案”开始。但历代有追求的法官，也还是不满足于千篇一律，而是在这螺蛳壳里做足了道场。我们就以清末名吏樊增祥为例，看看他都是如何处理判词的起笔。

樊增祥曾说：“判词系对百姓说话。”所以他在判词的开头，常常是直接对着百姓喊话，虽然以训斥居多，但往往一句话就能点出命门。例如《批客民朱丽云呈词》说：“尔真不会告状。”《批郃阳县民张百庆呈词》则说：“尔真讨厌已极！”这当然是初审判词的写法，因为他直接面对的就是百姓。到了写上诉审判词时，他的喊话就多是对着下级法官。有的是对下级法官耳提面命，如《批韩城县详》说：“断案须要持平，叙事更要清楚。”再如《批澄城县高令详》说：“凡判事须情法两平，则受者心服，阅者惬意，而革人衣顶尤须慎重周祥。”有的是对下级法官直截了当的批评，如《批沔县禀》说：“禀词过于含糊，令人闷损。”再如，《批淯化县印委会禀》说：“禀词欠清楚，图样亦欠明晰。”有的则是对下级法官的褒扬之辞，如《批临潼县李令禀》说：“看透案中症结，老眼不花，凛然笔下风霜，银手如断。”再如《批雒南县张令详》说：“核阅来详，叙述详明，剖断公允。此案刘详礼兄弟买张兴全之当业，延欠当价不交，反冒充卖主刘陈氏嗣子一再上控。该令斟酌情理，剖判曲直，烛照奸欺，彰明公道，一一如吾意中所欲出，深感佩爱。”

判词是对案件的裁断，所以更常见的是从案件切入。有的是开头即抓住案件要害。如《批商州民宋迎春呈词》说：“据控各情，似是尔妻卖奸方姓，一时苟合。迨方姓跟主赴凤翔任，则已东风吹散野鸳鸯矣。”有的是上来即点明是非。如《批长安监生童遇祥禀词》：“此案不问而知，两造均有不是。”有的是直奔案情抓人处。如《批紫阳县梁令士选禀》：“汪大有用草泥伪造人头，藏于家内，非图讹害平人，何为作此恶剧？”有的则是在面上讲几句办理某一类案件的要义。如《批山阳县刘令禀》说：“大凡判断婚姻案件，以保全妇女之节为主。”《批咸宁县民于扶福呈词》说：“凡地亩胶葛案件，指当为卖，捏约措赎者有之，以卖为当，持价霸赎者亦有之，要在问官虚心平气，审契据之真赝，察原、被、证三造之情词，从公剖断。”《批临潼县李令禀》说：“诬告反坐，例有明文。至以强劫诬人，尤为险恶。”《批岐山县赵令详》说：“书曰‘罪疑惟轻’，轻之则可，纵之则不可。……盖生者固当矜，死者亦可念也。”《批西安府详》说：“与人家事，其难甚于谋国。妇女无识，戚族教唆，涉讼公庭，照例批饬调处。即经官断，往往无理者薄责而厚赉，有理者受累而折财。问官之自命循吏者，于被讹之家劝令忍让，曰全骨肉也，于诬告之人酌断财产，曰恤贫寡也。此等断法，几于人人如是，而犹自以为厚道，为明允。本司恨之较贪赃枉法者更加一倍。”

我以为，此类开头最适合判词，因为它既能提炼出可以普遍适用的裁判规则，又能极为自然地过渡到本案的具体情节。例如《判回民童遇祥控词》，开篇即阐明通常办理家事案件的一个原则：“天下夫妇不和及翁姑憎其子妇因而涉讼者多矣，女家父母偏护其女致讼者亦多矣。此等事，自有该管父母官了之。为上司者，何必提审？”接着笔锋一转，论到本案的特殊情况：“独童遇祥父子控贾兆春一案蔓讼六年，臬司发县，而原告不到，又控本司，屡驳屡控，调卷核阅，不得不提。”前边是普遍适用的规则，后边则是例外适用的情形，本身就是对个案处理缘何突破通常惯例的一种理由说明。

樊增祥具有极高的文学造诣，所以他的判词的开头也常常以文学笔法为之。例如《批凤翔府转宝鸡县详册》，就像是在讲故事：“此案王汰奎怀禽兽之心，欲与分家寡弟妇同度。及其弟妇交给财产，自回娘屋守节，汰奎未遂淫心，反疑其胞兄汰香所使，迭向欺讹，昧债而又赖债。及汰香请同族长理斥，汰奎辄敢执持屠刀，将汰香逼入卧房，致其兄情急夺刀砍至毙。”读起来像是三言两拍中的文字，却是引人入胜地讲清楚了基本案情。有的则是以谚语古训开头。如《批白河鳌仇令详》说：“古人云‘天下无事，庸人自扰’，宋人诗云‘痴儿不了公家事’，皆白河此案之确评也。”《牌示》则说：“语云‘无谎不成状’，故上控之状十控九虚。然又云‘久告不已，必有奇冤’，故屡断屡翻者，容有不公平之虑。”一方面感染力极强，另一方面，谚语本身其实又多少带有些“自然法”或者“先例”的性质，比自己说的大白话多了许多说服力。

我自己也非常注重裁判文书的开头，但回过头来检视一遍，也还是中规中矩的居多，出彩的只是凤毛麟角。最有个性的一个可能就是刘书平案了：

> 当一个公民满怀期待向行政机关寄去一份国家赔偿申请，收到的却是一份被中国邮政标注“拒收”字样而退回的信封原件，他的沮丧和愤懑可想而知。本案再审申请人就遇见了这样的境况，他转而将行政机关告到法庭，也是行使诉讼权利的当然之举。

这样一个开头，很有些小说笔法。尽管有人表示不习惯，但更多的人还是感到耳目一新。读起来确实比较轻松，但却并非可有可无的“闲笔”，而是包含着非常丰富的案件信息的。第一，他是向行政机关提出国家赔偿申请；第二，他是以邮寄的方式提出的；第三，行政机关“拒收”他的申请，也就是没有作出任何决定；第四，他为此提起了诉讼。这就比通常的裁判对此类过程的交待简单明了得多。当中对于当事人情绪的描述，也是必要的，这是一种感情的拉近，一开始就让他感觉法官与他站在了同一立场。而最后那句“也是行使诉讼权利的当然之举”，既是用来过渡的桥段，也是为引出后面那句他不爱听的话——“他选择的诉讼种类并不十分恰当”——预作心理抚慰。

点出案件的焦点：例如臧金凤案：“一审法院是以再审申请人臧金凤与被诉行政行为没有利害关系从而不具备原告资格为由驳回其起诉的。因而，原告资格问题就成为本案的核心问题。”郭传欣案：“本案有两个法律问题值得探讨：一是本案在诉讼类型上应当属于义务之诉还是撤销之诉；二是针对复议决定应当判决撤销还是判决无效。第二个问题再审申请人并未提及，但有必要澄清；第一个问题恰好是再审申请人申请再审的核心理由。”

一上来就亮明对再审申请人的主张是否支持，再引出具体论证。例如陈永利案：“再审申请人主张本案应适用民事诉讼的时效规定，这一观点缺乏法律依据，不能成立。”清代徐士林判词，也喜开头先亮明底牌，石破天惊，毫不遮掩。例如“太湖县民蔡方来冒祖占葬案”开头：“审得太湖县民蔡方来冒祖占葬，奸诈百出。正、署两官皆因伪谱而误断者也。”“张三照架词争婚案”：“审看得舒邑监生周绪九等助张三照争婚，皆好事而不达于情理者也。”“龙岩县监生林联魁告翁希谦等案”：“审得龙岩县监生林联魁奸诈恶劣，乃衣冠中败类也。”

以法谚开头。如王守保案：“法谚云：‘法律不保护权利上的睡眠者。’所以，过于迟延地请求法律救济将不受到法律的保护。但在有些情况下，过早地请求法律救济，同样不被法律所允许。”再如崔志惠案：“‘无诉则无判。’诉乃发动审判权的前提。然而，是不是只要诉具备了法定形式并符合法定程序，人民法院就必须进行实体审理？既有法律虽然未作出明确规定，但根据审判权的应有之义，结合立法精神以及司法实践可知，答案并非绝对的。”

开头先讲明法律原则。例如利民公司案："确定判决对后诉具有既判力，判决一旦获得确定，当事人对于同一事项的再次起诉将会被禁止。本案一审法院就是以利民公司的起诉系重复起诉为由裁定不予立案。"王福珍案："政府信息公开诉讼在很多方面与传统的行政诉讼不同，它既承继了合法性审查的因素，又不将其作为唯一的追求和考虑，而更着眼于争端的解决，也就是说，政府信息公开诉讼关注和解决的，始终是政府信息事实上能否公开这一实质问题。"

由诉讼请求入手。如王素兰案："再审申请人王素兰提起本案诉讼时，共提出了两项诉讼请求，一是撤销砀山县政府作出的砀复决〔2008〕4号行政复议决定，二是判决砀山县政府赔偿其经济损失，并追究相关人员的法律责任。由该诉讼请求可知，再审申请人并非单独提起行政赔偿诉讼，而是在针对砀山县政府作出的砀复决〔2008〕4号行政复议决定提起行政诉讼的同时一并提出行政赔偿请求。"

由再审理由入手。如刘书平案："再审申请人刘书平申请再审的主要理由，是他认为生效裁判以其提出的政府信息公开申请属于信访事项为由驳回起诉是错误的。他主张，不能把'信访事项和政府信息公开行政案件混为一谈'。那么我们就有必要对信访和政府信息公开这两项制度做一番比较。"这样开头的好处是，体现了判诉对应，而且一上来就直奔焦点问题而去，是很适合上诉审和再审审查阶段使用的。

我也写过类似讲故事的开头，例如黄绍花案："上世纪六七十年代，辉县人民在极端困难的情况下，劈山凿石，筑路修渠，大搞水利工程建设，当年的建设者'敢教日月换新天'的气概至今为人们所传诵。本案再审申请人就是1700余名因兴修水利工程而受伤、牺牲的建设者中的一员，他们提起本案诉讼，是要求法院判令辉县市政府作出提高发放抚恤金标准的行政行为。”

有的是直接评价当事人的观点。例如赵幸峰案：“诚如再审申请人所言，‘监督行政机关依法行使职权’是《行政诉讼法》第一条规定的立法目的之一，但这种监督并非人民法院主动实施，而是通过受理行政诉讼、解决行政争议得以实现。同时，也不是任何人都有资格启动行政诉讼这一争议解决机制。”

有的开头就是一个警句。例如尚淑琴案：“一个不利行政行为的相对人总是有诉权的，因为被诉行政行为对其施加的负担显而易见。基于同样的道理，一个不利行政行为的相对人，也有权选择行政复议，以维护自己的合法权益。本案的情况就是如此。”但这是先扬后抑，紧接着，就出现了转折——“再审申请人在受到公安机关行政处罚的情况下，提出行政复议申请，复议机关最终撤销了这个处罚决定。按理说，不利行政行为的效力已经消灭，再审申请人的目的已经达到。但再审申请人却针对这个对其有利的复议决定提起了行政诉讼。其诉讼请求竟然是要求法院维持该复议决定书撤销行政处罚决定的主文，只是变更复议决定的部分理由。”

简述审理经过并作为随后对法律问题论证的引子。如明灯食品厂案：“本院对再审申请人的再审申请决定立案审查后，曾赴案发地查勘现场，并就地举行听证。提起再审后，合议庭认为案件争议的焦点主要集中于法律问题，因此决定书面审理。现就以下几个问题进行论证。”

开头就是解释法律。如闫水旺案：“按照《政府信息公开条例》第二十条第二款的规定，政府信息公开申请应当包括申请公开的政府信息的内容描述，这是为了便于行政机关准确及时地寻找并提供申请人所需要的政府信息。对于政府信息内容的描述，应当达到行政机关能够清楚分辨的程度，如果描述过于笼统，行政机关也应当以要求补正等方式提供必要的帮助。”

先交待背景，再像摄像机一样慢慢摇向本案。如祭城路更名案：“地名是国家和民族文化的重要载体。一个长期形成的地名，久而久之，会成为一个地方的符号，成为那个地方所有人情感所系的标志。正因如此，《地名管理条例》对地名的更改规定了严格的原则、程序和审批权限。要求‘从我国地名的历史和现状出发，保持地名的相对稳定’，‘可改可不改的和当地群众不同意改的地名，不要更改’。本案就是因为地名更改所引发。”

通常情况下，裁判文书的开头都会介绍案件起因、双方当事人主张、诉讼过程、原审法院观点等，如果不注意剪裁，有用没用的信息一股脑全都粘贴上去，就会使得那些材料缺乏灵魂，也没有针对性。一个好的开头，一定会别开生面，一定会抓住一个合适的切入点。这样的开头，一方面可以避免八股气，能够吸引人，就像李渔所说的那样：“开卷之初，当以奇句夺目，使之一见而惊，不敢弃去。”另一方面，它也好比瞄准了靶心，扳机扣动，子弹定会朝着正确的方向射去。

一篇全在尾句

姜夔《白石道人诗说》云："一篇全在尾句。"李渔《闲情偶寄》论杂剧，则将全本收场名为"大收煞"。他说："终篇之际，当以媚语摄魂，使之执卷流连，若难离别，此一法也。收场一出，即勾魂摄魄之具，使人看过数日而犹觉声音在耳，情形在目者，全亏此出撒娇，作临去秋波那一转也。"

尾句如何能写好呢？林纾《春觉斋论文》说："大家之文，于文之去路，不惟能发异光，而且长留余味，其最擅长者无若《史记》。《史记》于收束之笔不名一格。"《史记》我在做学生时通读过一遍，不过难免囫囵吞枣，几十年过去，也没有时间再读，因此对于它的结尾，没有什么深刻印象了。但林琴南说好，那肯定是好，所以你们没读过的不妨读读，当然不限于只读结尾。林琴南说《史记》结尾好，首先推崇它的"不名一格"，通俗讲就是一篇跟一篇不一样，没有一定之规。类似的话周振甫也曾说过："文章结尾有多种多样，因为天下事理变化无穷，所以反映事理的文章变化无穷，结尾自然也会有这种变化。"

裁判文书有固定格式，不便随意发挥。尤其是，当今之裁判文书样式将判决主文置于最后，更是限制了自由发挥的空间。但我认为，结尾，有形式上的结尾与实质上的结尾之分。如果将最后一句话视作结尾，那所有的文书都是一样的，无非是"书记员 某某某"。就古代判词来讲也是如此，如果依形式标准，那可能十之八九都是“此判”。真正意义上的判词，应当是“掐头去尾”，剩下的那些实质部分。我们讲裁判文书写作，也是就这一部分而言。形式意义上的头和尾，没有什么好讲的。如此一来，可以驰骋的天地就非常广阔了。

清朝有一位名吏李之芳，做过浙江总督和兵部尚书这样的大官，但他早年也是法官，担任过金华府推官，后擢刑部主事。他在要离开金华的时候，“细检架头，有尘笺煤败者则谳稿几百番”，“盖理刑金华府日案牍也”。不忍弃之，于是编成一部判词集，起名《棘听草》。他在序中也说到了棘木听讼的传说：

> 余惟五刑之讼，古者成狱词听于棘木之下，犹参听三，又诚重之也。是故未成狱之先，则必原情立义以权之，意论慎测以别之，悉其聪明、致其忠爱以尽之。夫亦谓一成不变，务求尽心焉耳。

那么，他的“原情立义”、“意论慎测”，又是如何在判词当中体现的呢？品读之下，我觉得就体现在结尾处的“小结”；或者说，结尾处的“小结”，乃李之芳判词的一大特色。这一个“小结”，既可归拢前述，又能引出主文，就跟一座桥梁似的。例如，“分守道奉两院一件为人命据冤事”的“小结”云：“折胡琦之辩者在缢与不缢，定今彦之罪者在奸与非奸。检有缢痕，审无奸据，琦之应杖，夫复何词？”这就把本案的焦点，以及对于焦点的论断简明却又醒目地总结了出来，接下来如何裁判，也就成了顺理成章的事。

清代另一位推官张我观，似乎更爱总结。在他所撰《覆瓮集刑名》中，这类判词比比皆是。有的直言“总之”，有的以“夫”字发端，有的则以“卑职揆思”等短语引出。例如：“总之，此案商君德拂借钉仇，以十八年前无影之事，为十八年后告拆之囮。合行重惩，以为无良之戒。”再如：“夫此案起衅则系徐阿富，拟抵则有徐阿三，助殴之余人则为夏阿小。几经勘审，罪拟分明，乃讼徒思图藉诈，波及无干，动驾危词，亦耸宪听也。”又如：“卑职揆思，翁婿祖孙至情天性，相去悬殊，断无不顾其寡媳孤孙、颠连无告，而反昵婿赖逋，要亦天良难昧耳。”

我自己的判词中有没有这类“小结”呢？翻了翻，似乎也能找到。例如臧金凤诉砀山县政府案的结尾这样说：“己所不欲，勿施于人。东邻少，未必西邻就多。再审申请人认为其宅基地面积被漏登，却将战火烧向与其本无权属争议的西邻，终究不是正途。”但这段话是在说了生效裁判“以臧金凤不具有原告主体资格为由驳回其起诉，并无不当”之后说的，不再像“桥梁”，更像是“后语”。

说到“后语”，宋代判词极工此道。我们可以从《名公书判清明集》中随意拈些出来，以资赏析。

在中国，司法的宣教功能源远流长。到了宋朝，这一传统更加发扬光大。宋人认为：“天下惟道理最大。”他们还认为，百姓要讲道理，为政者更要讲道理。“郡守职在宣化”，所以必须“以道理开导人心”。《清明集》中的判词，有很多就是在案结事了之后，在结尾处做一番开导。“于民详于劝，于吏详于规”，言之谆谆，期也殷殷，“闾阎小人，无不翻然悔悟”。先来看吴恕斋的“执同分赎屋地”判。在这个案件中，当事人涉及多人，争执又是陈年老账，水田桑地、祖屋祖坟，交织其间，理赎不已，还有健讼之徒，上下其手。吴恕斋“详阅案卷，考究其事”，条分缕析，水落石出，结果是“法意人情，两不相碍”。定分止争之后，又在裁判的结尾来了一番开导教谕：

陈自牧、陈潜既为士人，亦须谙晓道理，若能舍此些小屋地，非特义举，亦免争诉追呼之扰，所失少而所得多矣。

在吴恕斋的另一篇“兄弟争业”判的结尾，则是对兄弟两人的谆谆教诲：

小人为气所使，惟利是趋，所争之田不满一亩，互争之讼不止数年，遂使兄弟之义大有所伤而不顾，官司更不早与剖决，则阋墙之祸，何时而已。

中国古代非常注重“无讼”，所以篇尾的教化也时常承担着息讼职能。胡颖的“乡邻之争劝以和睦”判，讲透了“才有些小言语，便去要打官司”的各种不值，又指出：对于妄兴词讼者自应严加惩治，对于唆使词讼者，更应痛下杀手，如此可收“惩一戒百”之效。有意思的是，判罚既成，他在结尾这样写道：

仍各人给判语一本，令将归家，遍示乡里，亦兴教化之一端。

这就将教化扩展到了案外百姓，无异于上了一堂生动的法治公开课。

法官者，适法之官也。所以，最好的教化，是能够熟练地解释法律。解释法律的过程，既是明辨是非的过程，也是说服当事人的过程。范西堂的“漕司送下互争田产”判，涉及亲邻之法的适用。两造之间，一曰应予适用，一曰不应适用。范西堂抓住争议焦点，对亲邻之法的法意进行了精准解读。解释完法意，则是对本案情形的具体分析。到最后，将法意与案情相对照，来了个精辟总结：

墓田之与亲邻两项，俱为当问，然以亲邻者，其意在产业，以墓田者，其意在祖宗。今舍墓田，而主亲邻，是重其所轻，而轻其所重，殊乖法意。

好的法官，都不是只顾当前，一判了之，而是思前虑后，务绝后患。翁浩堂“衣冠之后卖子于非类归宗后责房长收养”判，就是在案件已结之后，又发挥了司法裁判的延伸功能。判词云：

父子，人伦之大，父老而子不能事，则其罪在子，子幼而父不能养，则其责在父。刘理为衡州知郡孙，有男元老，幼不抚养，而卖与乡民郑七，弃衣冠而服田亩，情亦可怜，此犹可诿也，曰刘理一时为贫之故。已而元老不安于郑七家，逃归本父，刘理固宜复回天理，自子其子矣，乃复以元老卖与程十乙，则其意安在哉？可谓败人伦，灭天理之已甚者！今郑七入词，欲取回元老于已去三年后，此绝无复合之理。元老宦裔，郑七农夫，非我族类，其心必异，不应更来识认。刘理两将元老卖弄，为父不父，本合勘杖，且与从荫，决小杖二十。元老牒押往族长刘万二宣教宅，听从收养。观此子情貌奸狡，兼所习已乖，请万二宣教严与钤束，庶免堕落下流，为衣冠之玷，亦一美事。

在这个案件中，翁浩堂将一个两次被生父卖掉的弃子判与族长刘万二刘宣教收养。判决之后，他又不禁打量起这个弃子的相貌，认为他“情貌奸狡”，再加上他已经沾染恶习，于是请万二宣教从严管教约束，避免使其堕落为卑鄙之徒，其“帮教”“问题少年”的用心跃然纸上。余音袅袅，韵味悠长。

好像在听一个邻街故事

我们总是说，裁判文书要说理。说什么理？《最高人民法院关于加强和规范裁判文书释法说理的指导意见》第二条将其概括为事理、法理和情理。意见是这样要求的：

> 裁判文书释法说理，要阐明事理，说明裁判所认定的案件事实及其根据和理由，展示案件事实认定的客观性、公正性和准确性；要释明法理，说明裁判所依据的法律规范以及适用法律规范的理由；要讲明情理，体现法理情相协调，符合社会主流价值观。

我们首先就说说“事理”。裁判是“以事实为根据”的，所以，把事实表述好，把事理说明白，是正确适用法律、作出公正裁判的基础。

前香港大学教授彼得·威斯莱-史密斯在谈到案件事实与判决理由的关系时曾说：“理由应根据案件的具体及有关的事实。”他进一步强调：“在这一过程中的很多不确定性，都出自下面两点：第一点是需要确定哪些事实，可以被认为是具体的；第二点是怎样地来最好地说明这些具体事实。”他以一个著名的例子来说明如何做到上述两点。这个例子就是在很多场合被作为经典的“姜味啤酒中的蜗牛案（Donoghue v. Stevenson，1932，A.C.562）”。具体案情是这样的：一个人喝了一瓶被腐烂了的蜗牛污染了的姜味啤酒，因而精神和身体都不适，污染是因为制造商的粗心（或者疏忽）。法院认为，制造商必须负责赔偿消费者所受的损害。

> 在这一简短的叙述中，有许许多多的事实被省略掉了，因为这些事实似乎是不相干的，比如消费者头发的颜色，在喝姜味啤酒时，是一天中的什么时间以及消费者的性别，等等。这些看来似乎都是不相干的。为什么不相干？一句话是说不清楚的。比如说要追究因疏忽造成的责任却要依赖一个人头发的颜色，这肯定是令人感到莫名其妙的。

很显然，彼得·威斯莱－史密斯已经回答了上述第一个问题，也就是需要确定哪些事实，他的答案是——学会省略一些不相干的事实。这一观点不仅仅是普通法系所强调的，大陆法系更是如此。例如德国《民事诉讼法典》第三百一十三条第三款规定："裁判理由项下，应简略地、扼要地记载从事实和法律两方面所依据的论据。"至于第二个问题——怎样地来最好地说明这些具体事实，彼得·威斯莱－史密斯给出的答案是：要把这些事实尽可能地抽象化。他是这样说的：

> 在某种程度上，我已经把这一案的某些事实概括出来了，或者说，把这些事实尽可能抽象地写了出来。我提到的是一个制造商，不是苏格兰的斯蒂文森先生（Mr. Stevenson）；我说的是一个消费者，而不是多诺休小姐（Ms Donoghue）。我很明确地说明，这是一种姜味啤酒饮料，被一个蜗牛污染了——但是，我甚至更加明确地、详细地说明，那是一种被一种特殊品种蜗牛污

染了的姜味啤酒饮料。我还更加概括性地列出了这样一些事实，虽不那么明确：使消费者受害的，是一种软质饮料，或一种饮料，或者要消费的一种东西，而且，这一饮料是被一个死了的动物给弄坏的。我对这些具体事实是怎样感受的和我是怎样抽象地表达这些事实的，将会对我从这一案件中引用的法律原则，发生强烈的影响。

总之，对于案件事实的叙述，抽象化程度越高，越能匹配所能适用的法律，这是因为，“法律应该提供一般的行为标准，而不是为某一特殊个人规定细节的指令。”舍不得省略那些不相干的细节，不仅会成为篇幅上的累赘，还会影响尽快地、准确地寻找到能够匹配的法律。

古来高手，从来不是为了叙述事实而叙述事实，而是在事实当中嵌入许多“伏脉”，换句话说，事实当中的每一个细节随后都是能派上用场的。且以端午桥的“改嫁还聘判”为例。端午桥，即曾摄湖广总督和两江总督，生涯末年又授四川总督、率兵入川镇压保路运动的“满洲才子”端方。这个案件的案情是这样的：“彭君亮之子聘定周根云之女为妻。未及成亲，君亮挈子赴日本经商。一去六年，杳无音信。根云遂将女改嫁于郭少溪。阅二年，生子已周岁。忽然君亮挈子归里，定期迎娶，而媳妇早已改嫁矣。君亮遂赴县禀控。县令以周氏女断归君亮之子。郭少溪不服，赴午桥案下上控，得胜诉。”端午桥的判词极其简练，只得两段，然要素无缺，情理均备，辞文蕴藉，颇可玩赏。开篇乃先由案情切入：

讯得周根云之女，先与彭君亮之子订婚，收过聘礼四十金，金约指、小银锭各一具。旋因君亮挈子远出经商，六年绝无音信往来。根云只道其子已亡，遂将女改嫁于郭少溪，业已生子周岁矣。而彭君亮忽然挈子归里，定期迎娶无着，赴县控诉。

这段案情叙述，于来龙去脉之交待，何其简当清楚。犹可玩味的是，于简当之中，还句句有伏脉在内，实为稍后的裁断打下了诸多伏笔。“远出经商，六年绝无音信往来”，道出周氏父女不能再等之合乎情理；“只道其子已亡”，暗指周家改嫁他人乃虑有所出，绝无贪财别恋之孟浪；“业已生子周岁矣”，则为此后“使夫妻母子，顷刻分离”这一主要改判理由的前奏；至于详列聘礼，不厌其烦，更是改判解除婚约之必要事实根据。观经典以视己，叹后来之不如昔。盖长篇累牍，竟致不知所云；惜字如金，反倒字字是金。不由感喟，叙述事实，其亦大有学问矣！

下面紧接着，是对原审的评判：

赵令拘泥彭姓礼聘在先，将周氏断归彭姓为妇。使夫妻母子，顷刻分离。而周氏则两地蒙羞，离郭门则为失节，入彭门则为不贞。按诸良心，殊觉不安。差幸周氏未入彭门，尚在母家，否则失节败名之罪，赵令实尸其咎。

这一节，就是在阐述“事理”，方方面面，道出原判之何以“拘泥”；“实尸其咎”，话说得也毫不客气。并且，这句话也是在为判决主文“赵令记大过二次”预先说明理由。而对于周氏“两地蒙羞”的顾念，极富仁恕与体恤；“差幸周氏未入彭门，尚在母家”，也是点明尚能废掉原判的事实基础——否则，即便予以改判，遂女心愿，也已造成令其“失节败名”的后果。这诸般考虑，事实上也艺术地诠释了何之谓“不拘泥”。可以说，每一句都不是可有可无，每一句都是大有深意。

美国联邦最高法院关于密歇根州诉费舍尔案的判决书，也体现出梳理事实是为结论埋下伏笔的特点。这件文书开头就是对于案情的叙述：

> 警方接到密歇根州布朗斯镇艾伦路附近的一项骚扰投诉后赶赴现场。克里斯托弗·古尔斯比警官后来作证说，当他和他的同事刚进入事发地区时，一对夫妇（向他们）指着一处住所，说那边有个人“发疯了”。他们抵达后，发现这户住宅的情形相当混乱：车道上的卡车前部被砸毁，沿着住宅边的栅栏柱也被损坏，房子的窗户有三处破碎，碎玻璃散落一地。警官们还注意到卡车车盖、车里的衣服上以及住宅的一个门上有血迹。（他们是否一到达房子就注意到这些尚存争议，但是没有争议的是他们在涉嫌违宪进入住宅之前，就注意到了以上情况。）透过窗户，警官们可以看到被告杰里米·费舍尔在房子里，一边尖叫着一边摔东西。（房子的）后门被锁，前门被一个沙发挡住。
>
> 警官们敲门，费舍尔不予理睬。他们看到费舍尔手上有一处伤口，并问他是否需要就医。费舍尔无视这些询问，谩骂着要求警官们先去取搜查令。于是古尔斯比警官将前门推开一半，冒险进入屋内。通过这扇门的窗户，他看到费舍尔正拿着一支长枪指着他。古尔斯比警官退出房屋。

这种叙述事实的方式，看似不经意，其实处处都在为后面的裁判理由埋下伏笔。判决显示，“根据密歇根州法律，费舍尔被控意图使用危险性武器攻击他人和在重罪犯罪过程中持有枪支。”但是问题来了——“一审法院认为古尔斯比警官进入费舍尔的住所，违反了《美国联邦宪法》第四修正案，因而准许费舍尔的请求，排除因违宪行为而获得的非法证据，即古尔斯比警官关于费舍尔拿步枪指着他的陈述。”前边这段叙述中对于古尔斯比警官进入费舍尔房间的整个过程的细节描写，处处都是作出相应法律定性的有用信息。接下来，这份判决对于裁判过程的叙述同样非常明白晓畅：

> 密歇根州上诉法院起初发回一审法院，让一审法院举行听证会，听证会结束后一审法院维持其原判决。上诉法院随后维持了一审法院的决定，法官塔尔博特持不同意见。密歇根州最高法院起初准许了上诉申请，但是在庭辩之后，撤销了之前的决定并拒绝了上诉申请。然而州最高法院的三位大法官持不同意见，他们认为应该准许上诉申请，并以上诉法院错误适用第四修正案为由改判。因为密歇根州上诉法院的决定确实违反了本院第四修正案的判例法，特别是布里格姆城诉斯图尔特案，所以我们准予密歇根州提出的调卷申请。

即使是诉讼过程的叙述，也有个用心不用心的问题。用心了，读起来省时省力、一清二楚；不用心，一味粘贴，术语文号满天飞，不独长篇累牍，也让人摸不着头脑。

叙述事实应当尽可能简洁，但这丝毫不影响它可以生动。你们很多人可能都读过丹宁勋爵的判决，他那种像小故事一样的叙事风格肯定给你留下了深刻印象。他曾说：“每个案子都是一个小故事。它们不是虚构的，是真实的，都是有证据的。”至于为什么要以讲故事的方式呈现，他这样解释：“当事人是带着活生生的问题来到法庭的。我也要使我的判决生动一些，这样不仅当事人容易懂，而且其他听审的人也容易懂。”我们来品评一篇他的判决，案件全称叫作“王国政府诉班斯里市政府，由胡克起诉案”，我们还是把它简称为胡克案。

> 对一些人来说，这也许是个小问题，但对胡克先生来说，它却非常重要。胡克先生是班斯里市场上的摊贩。他在那个市场做买卖已经六年了，从来没人对他有什么抱怨；然而现在他被终身禁止在市场上做买卖。所有这一切都是因为一件小事情。

开头的这段话，按照丹宁勋爵的定义，是一个“开场白”。他曾经这样介绍“开场白”的功能：“我的判决书，开始有一个开场白——就好像莎士比亚戏剧前面的合唱——用来介绍案情的大概。”这短短的几行文字，交待了好几个重要元素：主人公胡克；他的身份是摊贩；他在那个市场做买卖已经很长时间而且表现不错；他摊上事了，后果很严重。那么，这一切又是因为一件什么小事情呢？读者自然被判决书吸引着进入下面具体的案情。

> 1974年10月16日，星期三，市场在五点三十分关门了。市场里的厕所也关了，门被锁了起来。四十五分钟以后，也就是在六点二十分，哈里·胡克先生急着要解手，他就到市场附近的马路边撒尿。当时除了一两名打扫卫生的市政府雇员外没有别的人。他们训斥了他，没人告诉我们保安实际上说了些什么，我想他们用的是摊贩听得懂的语言。哈里·胡克做了一种适当的回答，也没人告诉我们他对保安说了些什么，但这是不难猜到的。我想他是说了一句语气很重的话“滚开”。不管怎么说，保安说他骂了他。用试金石的话来说，保安是“粗暴的回答”，而哈里·胡克是“挑衅的反击”。

星期四的早上，保安报告了这件事。市场管理员认为这是个严重的问题。所以在第二天，也就是10月18日星期五，他找到了胡克先生。胡克先生承认有这么一回事，还说他对发生的事情感到很抱歉。市场管理员认为这件事情不能完。他把这件事报告给了市政府的礼仪委员会主席。他说主席同意“应该保证那名工作人员不受这种辱骂”。就在那天，市场管理员给胡克先生写了一封信，禁止他在市场上摆摊……所以胡克先生是从10月8日星期五被终身禁止在市场上摆摊的……

这两段案情的叙述，跟我们惯常见到的“本院查明”完全是两回事。可以说，我们就好像在听一个邻街故事。事实上，丹宁勋爵确实一直致力于撰写“像小故事一样的判决书”。在他的故事中，看不到那些一组一组的甚至加上编码的枯燥无趣的证据的堆积。固然，他的叙述“都是有证据的”，但这些证据都经过了他的“幕后处理”。就如同化身在果汁里的水果——我们喝的分明是水果，却一点儿也看不见水果的踪影。

讲故事终究不是判决书的终极使命。所以丹宁说：“我开始先讲事实，然后分清是非曲直，最后指明达到一种公正结果的办法。”“分清是非曲直”的过程就是论证的过程，但丹宁的论证一点儿也不玄奥，老百姓依然听得懂。“听众听不懂你的话总不是一件好事。我总是尽一切努力把我的意思讲清楚，不模棱两可，也不支支吾吾。”我们也知道，普通法系的法官平常都要在判决书中引证先例，我就见到过一些动辄上百页的判决，里面充斥着让人头昏脑涨的先例。丹宁不这样，他说：“我有时也要引证以前的判例——我不得不这样做——因为我知道一些人不太容易接受我的意见，除非这些意见能在书本上得到证明。不过我从不长篇大论地引证。我只引用一两句话。”

在“Z有限公司诉A–Z和AA–LL案”中，就可以找到这种“只引用一两句话”的例子：“你们也许会问，假设被告控告银行拒兑支票，银行将怎么回答呢？我认为，玛利瓦禁制令已经使银行兑现支票成为非法。‘很简单，规定做不合法的事情的合同无法律效力。不做法律所禁止做的事情不能视为违约’。见《丹尼·莫特和迪克森有限公司诉詹姆斯·B·弗雷瑟兄弟公司案》。”这当中，“很简单，规定做不合法的事情的合同无法律效力。不做法律所禁止做的事情不能视为违约”，就是从先例判决中引用的话。这一两句话已经足以说明问题了，还需要再引用更多吗？而在胡克案中，丹宁甚至都没有引证什么先例。他在集中探讨自然公正原则——这对于本案非常重要——但他的论证一点儿法律的行话都没有，我们就好像接着在听那个邻街故事：

> 现在的法律规定，摊贩必须得到市场所有人的许可方可开始经营。但是一旦他在市场建立了自己的摊位，那么只要他交摊位费，他就有权在市场把摊位一直摆下去。除非有正当的理由，否则不得将他轰出去，这才是符合自然公正的规定的。我不在乎市场所有人是在行使一种司法职能还是行使一种行政职能。一名摊贩为了生计要依赖这一权利，除非有正当理由而且符合自然公正的原则，否则不能剥夺他的这一权利。
>
> 所以对那个委员会来说，举行听证会是完全正确的……但是我认为每次听证会都是有缺点的，这个缺点就是市场管理员一直在场。他是提供证据的人——而且是唯一提供证据的人——他提供的证据是听说的证据。他的证据是私下向委员会提供的，不是当着胡克先生或他的代理人的面提供的。胡克本人没有在房间。

而且在委员会讨论这个案子并做出决定的时候，市场管理员一直在那里。在他们商议过程中他一直在场，这是程序上的一个缺陷。一个是起诉人的人在审判委员会商议过程中一直在场，这是不符合自然公正原则的……

我自己在裁判当中用力最多的就是解释法律、阐述法律原则，但跟丹宁相比，用的专业术语还是太多了。法学方面有许多专业的术语，这些术语对于普通老百姓来说无异于天书。对于法科学生来讲，情况也未见得能好到哪里去。丹宁说，在牛津大学念书的时候，很多门课程他都得了A，只有一门得了很低的C，那就是法理学。他说："法理学是门很抽象的课程，我不太喜欢……我常常弄不懂法哲学的那些深奥的术语。"也多亏了他当年没弄懂，所以我们在他的判决书里就很少遇见这类拦路虎。当然，丹宁的话也不能全信。作为一个享誉全球的法官和法学家，他的法学造诣绝对不是盖的。他的高明之处在于能够深入浅出，——一方面能够吃透法律的精神，另一方面又能够以老百姓听得懂的话表达出来。所以，前面这两段对于自然公正原则的阐述，根本见不到术语的展示，而是"除非有正当的理由，否则不得将他轰出去"，这种形象的说法。

丹宁说："我在最后总有一个结论，就像莎士比亚戏剧中的尾声合唱。在这个结论中，我把几股绳攥在一起，然后给出一个结果。我从来不说：'很抱歉，我得出了这个结论，但我没有别的选择。'根据我的哲学，总是有一个可以实现公正的选择的。"那么我们就看看在胡克案的结论中，他给出了一个什么结果：

……在本案中也是如此，如果胡克先生行为失当，我认为正确的做法应该是根据规定把他带到保安面前，对他处以小额罚款。班斯里市政府对他处以重罚，剥夺他的生计的做法是完全错误的。这比保安能够做出的处罚严重多了。他是一个好人，不应该受到这样的处罚。别的理由不谈，仅仅根据这个理由，班斯里市政府的这个决定就是站不住脚的。据说这是一个行政决定，但是即使是行政决定，法庭也有取消它的司法权力。调卷令不仅可以取消司法决定，也可以取消行政决定。

确实旗帜鲜明，一点儿也不模棱两可、支支吾吾。不仅给出了公正的结果，而且又将给出这样一个结果的理由再次清晰地强调了一番。这个理由虽然看似家常话，其实却暗含着行政法上一个重要原则——比例原则。如果照抄学理上的表述方法，恐怕很多人不见得能够明白，而结合具体案情，用朴素的语言去把它说出来，效果绝对不一样。

引律入题，准法析理

说过了“事理”，接着要说说“法理”。《最高人民法院关于加强和规范裁判文书释法说理的指导意见》第二条对“法理”的要求是：“要释明法理，说明裁判所依据的法律规范以及适用法律规范的理由”。释明法理，这是每一个法官都逃避不了的工作，也是每一个法官都要掌握的技能。正如丹宁勋爵说的那样：“提交到法院审理的案子有百分之九十都有赖于对法律的解释。”怎样解释法律？拘泥于文字，即按照文字的语法和一般含义来解释法律，肯定很容易，但只要你试过手，你就会知道现实情况远不是这么简单。法条是简单的，案情是复杂的。“文字是死的，精神是活的。”通常，一个有经验的法官会这样展开他的释法工作：“探求条款的词句，如果条款是明白的并且涵盖了当下的情况，就不需要走得更远。但是当条款模糊不清或有疑问时，法官就不能止步于条款的词句。他们求助于他们面前的每一个方向。他们把立法看作一个整体。他们研究导致立法产生的社会条件。他们研究通过这一条款所要纠正的损害。他们研究‘事实的源体’。他们利用所有的立法援助。靠这种办法他们弄明白了许多不清楚的、模糊的或有疑问的事情。”

解释法律的成功范例，在各个国家都能找到很多，我们随手拿出一个卡多佐的裁判。新泽西州有一部制定法规定，如果铁路公司设立警示牌，禁止乘客走到车厢入口的平台，那么，在运行期间因违反这一禁令而受伤的乘客不能得到赔偿。有一位叫作 Kettell 的乘客，在到站消息宣布后、在列车因进站而减速后走到该平台。列车停车前突然剧烈晃动，使该乘客从平台掉下而受伤。初审法官根据上述制定法判铁路公司胜诉，因为铁路公司已设立警示牌，禁止在列车停稳前走向平台。案件上诉后，卡多佐提交了一份备忘录，设法从实际情况出发而不是按字面解释法律。他写道：

> 我在任何时候都不能相信立法机关有意让乘客留在座位上，直到列车处于字面上的静止状态。这些规则在实际操作中并不是这样实施的。做不到"手脚麻利"的乘客会被拉过站的。铁路公司雇员、司闸员、乘警没有关上门，没有警告乘客离开。让一声不响的警示牌约束乘客，等于把制定法当成压制与不义的工具。

我们一方面感叹卡多佐恰如其分的法律解释方法，同时也感叹他在解释法律时所使用的那种接地气的、家常话一样的语言。但是，西方的例子我不想再举下去了，因为我们自己就有一座宝库，只是这宝库尘封太久，很少有人进去过了。我说的是南宋。听到此言，可能有人会心生质疑：古代中国也依法办案吗？这个疑问不是空穴来风，因为很多人心中都是有这个疑问的。日本一位著名法史学家滋贺秀三就曾发出不屑之论："所有的判断，从来不是国法解释导出的结果，法令条文也没有一一用来严格地规范审判活动。"他还强调，这样一种性质，可以一直上溯到春秋时期，延展于"汉代以后二千年现实"。

滋贺秀三的话让我想起同样是日本人的大木雅夫的一个生动比喻："假如站在北极点，看到的所有一切就成了南极。"这话当然不是专门冲滋贺说的，但另外一位日本人却真的直接对滋贺的观点表达了异见，他叫佐立治人，他所依据的材料是《名公书判清明集》。我曾经熟读此书，与佐立治人的感受大致相同：至少在南宋，还是非常讲法的，“一准乎法”不仅成为司法裁判的普遍做法，就是那“引律入题，准法析理”的功夫，也达到了一个相当高的水准。

这一现象，其实有不少人已经注意到了。例如，英国学者马若斐（Geoffrey MacCormack）在《南宋时期的司法推理》一文中就说：“《清明集》中出现了大量的援引法律的情形。”有人甚至还对援引法律的次数和被援引的法律的条数做过精准统计。我这里无意罗列数字，只抄一节范西堂的“冒官借补权摄不法”判，给大家一个直观感受。在这个案件中，叶承信等人冒官借补，权摄不法，犯有多项罪行，在对诸犯罪事实一一罗列之后，范西堂一连引用了六个法律条款，以作裁判依据：

> 准法：诸诈冒荫补者徒三年，伪妄出官减二等。又法：诸因进纳及阵亡换纳补受，不理选限，将仕郎差权摄职事及被差者各以违制论。又法：诸诈欺官司，以取财物，赃五十疋，命官将校奏裁，余配本城。又法：诸县令阙，辄差寄居、待阙官权摄并授差者，并以违制论，而因收受供给坐。又法：诸添差官违令兼权职事，计所请俸给坐赃论。又法：诸摄州助教犯公罪流，私罪徒，追毁补授文书，敕授者批毁申纳。

大量的援引法律，自然依赖于雄厚的制定法基础。关于宋代立法之发达，我曾在别的文章中述及，这里不再重复。要说的是，有法可依是一回事，有法必依是另一回事。是否能够“一准乎法”，终究取决于对于法律的态度。近人徐道隣说宋朝：“这是中国过去最讲究法律的一个朝代。”“讲究”这个词，非常传神，道出了一种信仰、一种坚守。事实上，《清明集》里的名公们，也确实不吝再三再四地表达对于法意的尊崇。“法令昭然，有如日星。”“三尺具存，自当施行。”这类格言在《清明集》中俯拾即是。

不少判词，开宗明义就是一番奉法宣示。例如胡石壁“质库利息与私债不同”判开头即云：“大凡官厅财物勾加之讼，考察虚实，则凭文书，剖判曲直，则依条法。舍此而臆决焉，则难乎片言折狱矣。”对比汉代董仲舒们的“春秋折狱”，这种变迁可谓巨大。为什么会有这种变迁？礼法合一已然完成自是因素之一，宋代的司法专业化程度也是另一个因素。还有一个因素，就是文体的变迁。在整个有唐一代和宋朝初年，判词基本以骈俪为体，这种太过工整的文体，一定程度上限制了“引律入题”。北宋中叶以迄南宋，判词文体一变而为散判，在获得解放的自由文体之下，对于法律问题的解释，也更能游刃有余，收放自如。这一现象也说明，形式与内容，并不是能够完全割裂开来的东西。

我们还是以方秋崖的一篇“契约不明，钱主或业主亡者不应受理”判为例，看看宋代法官准法析理的功夫：

> 读刑臺台判，洞烛物情，亦既以郑氏为不直矣。然郑氏非，则汤氏是，二者必居一，于此而两不然之，举而归之学官，此汤执中之所以不已于讼也。披阅两契，则字迹不同，四至不同，诸人押字又不同，真有如刑臺之所疑者，谓之契约不明可也。在法：契要不明，过二十年，钱主或业主亡者，不得受理。此盖两条也。谓如过二十年不得受理，以其久而无词也，此一条也。而世人引法，并二者以为一，失法意矣！今此之讼，虽未及二十年，而李孟传者久已死，则契之真伪，谁实证之，是不应受理也。合照不应受理之条，抹契附案，给据送学管业。申部照会。

这个判词主要聚焦案件应否受理问题。方秋崖先对涉案两个契约进行披阅，认定“字迹不同，四至不同，诸人押字又不同”，所以构成“契约不明”。接着引出法律规定：“契要不明，过二十年，钱主或业主亡者，不得受理。”但是，对于这个法律条文如何理解，出现了争议。有人说，这是一条，亦即在契要不明的情况下，还需同时满足两个条件，才能不予受理：一是“过二十年”，二是“钱主或业主亡者”。但方秋崖并不这么认为，他对法律的解释是：“此盖两条也。”意思是说，只要具备其中一种情形，就应当不予受理。他并且对如此理解的理由进行了说明。“谓如过二十年不得受理，以其久而无词也”，也就是超过了时效；“钱主或业主亡”呢？“则契之真伪，谁实证之”。所以，方秋崖说：“世人引法，并二者以为一，失法意矣！”解释完法意，则是将案件事实归属到特定法规范的构成要件之下——“今此之讼，虽未及二十年，而李孟传者久已死，则契之真伪，谁实证之，是不应受理也。”最后是裁判主文：“合照不应受理之条，抹契附案，给据送学管业。”

古代也有审级之分，上级司法机关的判词有时也会针对原审“执法而不详其意”的问题阐述法意。例如胡石壁在“禁步内如非己业只不得再安坟墓起造垦种听从其便”判中，对推官和知县对于法意的理解看似正确但实则错误的问题进行了辨析。从中可以看出法律解释的系统思维，对于我们二审和再审裁判的撰写也颇有参考借鉴价值。

> 详阅案卷，知县所判，推官所断，于法意皆似是而非。推官所引之法曰：诸典卖田宅，四邻所至有本宗缌麻以上亲，其墓田相去百步内者，以帐取问。李细五于黎友宁所买李二姑陆地，系是墓邻，合听李细五执赎，其说固是矣。然在法：典卖田宅满三年，

而诉以应问邻而不问者，不得受理。黎友宁买系在嘉熙二年之春，李细五入词系在淳祐二年之秋，相去凡隔五年，虽曰有邻，已不在受理之限。而知县所引之法则又曰：典卖众分田宅私辄费用者，准分法追还，令元典卖人还价；即典卖满十年者免追，止偿其价；过十年，典卖人死，或已二十年，各不在论理之限。若墓田，虽在限外，听有分人理认，钱业各还主；典卖人已死，价钱不追。遂判令李细五于限外执赎。其说尤为鲁莽，盖其法中明言，典卖众分田宅私辄费用者，则是指未分之产业，已分则不可言众分矣。又言听有分人理认，则是指众分之中有分者，已分则各有所主，众人不复得为有分矣。今此地李氏祖业，然李二姑之父李彦椹于宝庆二年已拨与女作随嫁资，如此则是分析日久，即非众分之业，李细五安得为有分之人？执法而不详其意，宜乎黎友宁之不伏退业也。

一般来讲，适用法律应当“照条施行”，这是法治的基本要求。但在某些情况下，适当变通适用也是需要，尤其是在涉及家庭私事的场合。“虽非法意”，却最终符合法治的根本目的。如佚名“熊邦兄弟与阿甘互争财产”判：

熊赈元生三子，长曰邦，次曰贤，幼曰资。熊资身死，其妻阿甘已行改嫁，惟存室女一人，户有田三百五十把。当元以其价钱不满三百贯，从条尽给付女承分。未及毕姻，女复身故。今二兄争以其子立嗣，而阿甘又谓内田百把系自置买，亦欲求分。立嗣之说，名虽为弟，志在得田。后来续买，亦非阿甘可以自随。律之以法，尽合没官，纵是立嗣，不出生前，亦于绝家财产只应给四分之一。今官司不欲例行籍没，仰除见钱十贯足埋葬女外，余田均作三分，各给其一。此非法意，但官司从厚，听自抛拈。如有互争，却当照条施行。

对于这个案件，法官清楚地认识到，名为立嗣之争，实质是志在得田。因此，并没有严格依照法律规定将诉争财产全部没收入官，而是“官司从厚，听自抛拈”，裁定除现钱十贯用于安葬亡女外，其余田产平均分作三份，让死去幼弟的两个哥哥和改嫁的妻子各得一份。虽然并非法意，却也各得其所。这样的变通适用，并未减损私人一方的利益，在各方当事人之间也尽可能做到了分配公允，有利于平息互争。

《清明集》还给我们以这样的启发——如果援引法条的方法能够更加灵活、详略有致，能够做到与事实论理不相区隔、水乳交融，还可大大提升判词的修辞效果，使其顿生一气呵成、浑然天成之感。我们且以范西堂所作“游成讼游洪父抵当田产”判为例：

准法：应交易田宅，过三年而论有利债负准折，官司并不得受理。又准法：应交易田宅，并要离业，虽割零典卖，亦不得自佃赁。游朝将田一亩、住基五十九步出卖与游洪父，价钱十贯，系在嘉定十年，印契亦隔一年有半。今朝已死，其子游成辄以当来抵当为词。契头亡没，又在三年之外，岂应更有受理？且乡人违法抵当，亦诚有之，皆依典契立文。今游朝之契系是永卖，游成供状亦谓元作卖契抵当，安有既立卖约，而谓之抵当之理？只缘当来不曾交业，彼此违法，以致互争。今岁收禾，且随宜均分，当厅就勒游成退佃，仰游洪父照契为业，别招人耕作。

在这篇判词中，开首连续两个“准法”，显示出宋代判词已经以“律例出发型”取代了唐以前较为流行的“经义出发型”。而两个“准法”，又均极简练，不仅重点突出，语气亦甚流畅。法律规范基础既定，紧跟着就是叙述本案具体事实，人物（游朝及其子游成与游洪父）、案由（出卖田和住基）、时间（嘉定十年）、诉由（今朝已死，其子游成辄以当来抵当为词），样样洗练清晰，而又系不可或缺的重要法律事实。接下来，就是将本案事实归入法律规范：“契头亡没，又在三年之外，岂应更有受理？”这是程序层面；实体层面，则通过解释契约、分析供状，得出“安有既立卖约，而谓之抵当之理？”归入的过程，即是说理的过程。不仅如此，还以一句“只缘当来不曾交业，彼此违法，以致互争”，点出了争议所由产生的实质。最后的判决主文，更是明确具体，考虑周至，不仅对一方“退佃”、一方“照契为业”作出裁断，而且还对“今岁收禾，且随宜均分”以及可以“别招人耕作”这类细节问题也一一作出安排。环环相扣，密不透风。法意昭然，情理俱在。其文笔之朴实隽永，即使放到宋人小品当中，也属上乘。

英国学者马若斐（Geoffrey MacCormack）在《南宋时期的司法推理》一文中，也注意到《清明集》在援引法律方面的多彩多姿，他是这样评价的：

> 《清明集》中出现了大量的援引法律的情形，但援引的方式和目的则因人因事而异。有时是毫无删节地具体援引法条原文，有时是将法条概括后再加以援引，有时则干脆不引法条，只是粗略地指出依据的出处，比如以“照户婚之法”这样的语句一言以蔽之。援用法律的方式是和援用的目的息息相关的。如果是具体援引条款或者概括后再引，此时法官视援引法条为案件处理的中心环节，除了叙述法条内容之外，一般还会进一步详译其中的法

意。他需要针对具体案情适用法律并作出判决，在特定的案件中，他还需对为何适用此条而不适用彼条作一个说明。如果只是粗略地指出依据的出处，法官只是意在表示他是援法断案的，而法律规定本身却并非其案件考虑的关键。

如今我们写判决，几乎没有不援引法律的时候，但在援引方式上，一般都非常刻板。复制粘贴，黑压压一片，既无剪裁，又无解说，以为法就在这儿，无容争辩。这恐怕也是裁判文书给人以“不说理”印象的重要因素。正如王泽鉴先生在《民法学说与判例研究》中所说的：“判决理由简略，法理铺叙未详，置当事人之论点于不顾，则胜诉者，有侥幸之感；败诉者，心有难服之处。”其实，所谓“说理”，其“理”不只为“情理”，首先应是“法理”，以及具体将“法理”适用于个案事实的“推理”。因此第一要做的就是把“法理”讲清楚。法意为何？缘何适用？抑或不用？不是简单地把法条照抄下来就能不言自明的。多说几句，可以令人“知其然，亦知其所以然”。不仅可以打消当事人的误解，抑且具有教谕功能。

问世间情为何物？

我们常常将“天理、国法、人情”挂在嘴边，《最高人民法院关于加强和规范裁判文书释法说理的指导意见》第二条也强调：“要讲明情理，体现法理情相协调。”但你有没有认真想过：国法之外，理当何讲？情为何物？

先来说说“天理”吧。孔子云：“唯天为大。”顾名思义，“天理”就是自然界最大的理，也就是人类无法抗拒、只能顺应的自然规律。老子云，“人法地，地法天，天法道，道法自然”，说的就是这个意思。所以，“天理”有时也称作“天道”。“天垂象，圣人则之”，人们论证“天道”的目的，在于为“人事”提供效法的模式，所以就有了人间的“国法”。就像朱熹所说：“法者，天下之理。”世界的本原是“理”，法律也是“理”的体现。“国法”源于“天理”，自不能有悖于“天理”，其目标一脉相承。

但在古代中国，“天下之理”并非只是一个“法”，中国传统法是“礼”与“法”的共同体。在儒家看来，“礼”就是广义的法，“律”也是受其支配的。可以说，礼和法共同构成人间的“理”，就像《乐记》所说：“礼也者，理之不可易者也。”朱熹也把“礼”、“法”与“理”相提并论，他说：“礼字、法字实理字，日月寒暑往来屈伸之常理，事物当然之理。”至于礼和法的关系，自古便主张“礼主刑辅”、“礼本刑用”，而这一观念其实也是“则天象地”而来，一如《唐律疏议》

所说："德礼为政教之本，刑罚为政教之用。犹昏晓阳秋相须而成者也。"

虽说礼是中国传统法的灵魂，但礼的含义却包罗万象。究竟什么是礼？法史学家指出："简单地说，礼所追求和提倡的是'人伦道德'，也就是直到今天乃至将来，中国人也无法完全割舍的忠、孝、节、义。"在古代判词中，人伦也的确常常和天理一道出现。例如南宋胡颖"子妄以奸妻事污父"判就称黄十为"天理人伦，灭绝尽矣"，而这里所说的"天理人伦"，乃是"父慈子孝"，所谓"父有不慈，子不可以不孝。"胡颖在另一篇"叔父谋吞并幼姪财产"判中也提到了"天理"，判词说："李文孜蕞尔童稚，怙恃俱亡，行道之人，所共怜悯。李细二十三为其叔父，非特略无矜恤之心，又且肆其吞噬之志，以己之子为兄之子，据其田业，毁其室庐，服食器用之资，鸡豚狗彘之畜，毫发丝粟，莫不奄而有之，遂使兄嫂之丧，暴露不得葬，孤遗之侄，逃遁而无所归。其灭绝天理亦甚矣！"这里所说的"天理"，亦是人伦道德，"不孝不友"者也。对于此等"灭绝天理"之举，"若不痛惩，何以诘暴！"但值得注意的是，判决的依据却不是"天理"，而是"国法"：

> 准敕：诸身死有财产者，男女孤幼，厢耆、邻人不申官抄籍者，杖八十。因致侵欺归隐者，加二等。厢邻不申，尚且如此，况叔侄乎？因致侵欺，尚且如此，况吞并乎？又敕：诸路州县官而咆哮凌忽者，杖一百。凌忽尚且如此，况夺囚乎？又律：诸斗以兵刃斫射人，不着者杖一百。斫射平人，尚且如此，况拒州县所使者乎？合是数罪，委难末减。

所以，即使在"灭绝天理"的情况下，只要有直接的法律依据，也是不须直接援据“天理”判案的。随着以礼入律，礼刑合一，法的规则与礼的教条二者之间水乳交融，天衣无缝，通常情况下，依法裁判也就是依了礼和理。当然，也不排除在法无明文、且无习惯时，依据法理为断。

复杂而不可捉摸的是“人情”。一方面，“人情”在不同语境下有着不同的含义；另一方面，“人情”也是变化不居的，因时而异，因地而异，因案而异。正像庄子所说：“彼亦一是非，此亦一是非。”又如《关尹子》所云：“古今之俗不同，东西南北之俗不同；至于一家一身之善又不同。”所以我们有必要专来说说“人情”，探讨一下“人情”与“国法”究竟是一种什么关系。我所要用的样本，仍是南宋判词《名公书判清明集》。主要是考虑，有宋一代，法律明确要求“官司须具情与法”；司法实践中，司法官亦对“情与法”有着非常精深的体悟。在《清明集》中，随处可见“人情、法理两得其平”的经典裁判。

在宋代司法官眼里，“天理、国法、人情”，“国法”是核心。既然“祖宗立法，参之情理，无不曲尽”，那么也就可以理解为：“法意、人情，实同一体”。“人情”不是“国法”的对立面，“一准于法”，也就兼顾了“天理”与“人情”。在《清明集》中，随处可见司法官们对于“法令”的尊崇之词。蔡久轩“莲堂传习妖教”判说：“法令所载，昭如日星。”拟笔“命继与立继不同”之“再判”说：“法令昭然，有如日星，此州县当奉行。”胡颖“质库利息与私债不同”判说：“大凡官厅财物勾加之讼，考察虚实，则凭文书，剖断曲直，则依条法。舍此而臆决焉，则难乎片言折狱矣。”“不当立仆之子”判说：“事既到官，只当以理法处断。”韩似斋“官为区处”判说：“当此之时，为官司者，便当据条任理而行之。”真西山“劝谕事件于后”判说：“如卑幼诉分产不平，固当以法断。”“争田业”判说：“论理婚田，自有年限，金科玉条，凛不可越。”

“人情”不是“私情”，不是“情面”，这也是宋代司法官的鲜明态度。例如真西山在“谕州县官僚”中曾经这样说：

> 公事在官，是非在理，轻重有法，不可以己私而拂公理，亦不可骫公法以狗人情……殊不思是非之不可移者，天理也；轻重之不可逾者，国法也。以是为非，以非为是，则逆乎天理矣！以轻为重，以重为轻，则违乎国法矣！居官临民而逆天理、违国法，于心安乎？雷霆鬼神之诛，金科玉条之禁，其可忽乎？

这里似乎表明，天理是解决是非问题的，国法是解决轻重问题的，而人情不可狗，否则将拂公理、骫公法。在他提到的情理法三者中，只有“人情”一词带有否定意义。而他在“示僚属”中说的一段话，更为清楚地表明，他所反对的“人情”，乃特指“私情”：“本司乃九州刑狱所在，关系非轻，中间外官入佥厅，不知事体，狗人情、坏法度。书信络绎，甚至赍传简牌，入佥厅嘱托讼事，遂使佥厅为市易关节之地。”刘后村“女家已回定帖而翻悔”判也说：“公事到官，有理与法，形势何预焉？”“合与不合成婚，由法不由知县”。范西堂“因奸射射”判则云：“重其所当轻，而轻其所当重，为政如此，非谬而何？守令亲民，动当执法，舍法而参用己意，民何所凭？”既然“人情”不是“私情”，那么，宋代司法官所要考虑的“人情”又是何物呢？又是如何将其与“国法”相互参酌呢？

很多情况下，“情”是一种客观之情，亦即“情节”、“情况”。例如在叶岩峰“妄称遗腹以图归宗”判中，陈亚墨声称系孙华遗腹子，“辩说哓哓，非孙华可敌”，法官“切详情节”，查明了真相——原来陈亚墨并非孙华遗腹子，乃系有意设谋，“特以孙华景迫桑榆，只俟瞑目之后，便可妄认归宗，占据产业”。

又有时，“情”是一种主观心理状态，也就是行为人的内心“情状”。在汉代，董仲舒提出的“原心定罪”、“原情定过”，就是考察行为人的内在动机。他说：“《春秋》之听狱也，必本其事而原其志。志邪者，不待成；首恶者，罪特重；本直者，其论轻。”“原情”、“原心”，并不是废法，相反，却是为了更准确地用法。正如王夫之所说：“原情定罪，而罪有差等；饬法明伦，而法有轻重。”胡颖“因争财而悖其母与兄姑从恕如不悛即追断”判，就运用了“原心”术：

人生天地之间，所以异于禽兽者，谓其知有礼义也。所谓礼义者，无他，只是孝于父母，友于兄弟而已。若于父母则不孝，于兄弟则不友，是亦禽兽而已矣。李三为人之弟而悖其兄，为人之子而悖其母，揆之于法，其罪何可胜诛。但当职务以教化为先，刑罚为后，且原李三之心，亦特因财利之末起纷争之端。小人见利而不见义，此亦其常态耳。恕其既往之愆，开其自新之路，他时心平气定，则天理未必不还，母子兄弟，未必不复如初也。特免断一次。本厢押李三归家，拜谢外婆与母及李三十二夫妇，仍仰邻里相与劝和。若将来仍旧不悛者，却当照条施行。

不孝不友，违背人伦，禽兽不如，依法应当重惩，但胡颖通过“原心”，认为李三只是因贪图财利而与其母其兄起了纷争，所以决定免断一次。他的容恕之举，并非为了徇私废法，相反，却是为了实现法律所要追求的更高目的——使其教化之下而知礼义；倘能“开其自新之路”，母子兄弟和好如初，“则天理未必不还”。判词极短，但在处理“天理、国法、人情”三者关系方面，却有如教科书一般。

胡颖的另一篇“兵士差出因奔丧不告而归其罪可恕”判，也是“原情”，原的是一个逃兵“不告而归”的“背后原因”。判词云：

> 吴保随直上幕，不告而归，其罪固不可容恕。原其逃避之故，却系奔母之丧。古之孝子，行役则瞻望母，出使则思将母。今吴保因差出在外，母卧病则不得侍其医药，疾革则不得启其手足，闻讣之日，方寸之乱，不言可知，见星而舍，犹以为缓，尚何暇于谒告哉？昔吴起仕于魏，母死不归，而曾子绝之；孟宗为吴县令，因奔母丧，自囚以听刑，陆逊表其素行，乃得免死。然则吴保之罪，提干必能以情宥之矣。备申提举司，乞免行追究，仍告示兵马司，今后如差军兵往二千里外，约往来该四月以上，而其人有父母年老衰病，别无以次可供侍者，并免指差。

军人吴保“差出在外”，“不告而归”，论罪难恕，但胡颖不是一判了之，而是查明其之所以逃避，乃是奔其母丧，因此认定其系“行役则瞻望母，出使则思将母”的孝子，“以情宥之”，“免行追究”。不仅在个案中融入核心价值观，充盈着正能量，还进而确立了一个普遍适用的法律规则——“家中若有父母年老衰弱抱病，没有其他亲人可以侍奉者，一律免除差遣”。值得玩味的还有讲明情理的方法。先是设身处地，描摹情状，继而援引先例，以作比附，层次清晰，开合有致，简练隽永，言近旨远。

还有时，“人情”代表的是“公众情感”。例如，蔡久轩“假伪遗嘱以伐丧”判就对一个招摇撞骗伪造遗嘱的无赖使用了“人情所同恶”的说法：

> 范瑜放荡无藉，乘范大佑神朝奉不禄，妄起觊觎，既教唆族人，使于范朝奉垂绝之际，登门伐丧，骗去钱会，今又敢恃其破落，

自行诈赖。鞫之囚圄，理屈词穷，即无所谓遗嘱，特凿空诬赖，为骗取钱物之地耳。国家大臣甍，肉未寒，而不肖之族已群起而吞并之，此风俗之大恶，人情所同恶，不行重惩，无以戒后。

还有时，“人情”指代的是风俗习惯。在“典卖田业合照当来交易或见钱或钱会中半收赎”判中，争议的核心主要在于赎回田产时是用官会还是现钱支付。胡颖在判词中说：“州县征纳赋税，商贾进行交易，官会与现钱一并流通使用，只有民户典买田宅、当铺收取物品，涉及诉讼时，则‘参酌人情’——假如当初交易时支付的是现钱，就以现钱赎回；交易时支付的是官会，就以官会赎回，交易时现钱与官会各半支付，则现钱与官会各半赎回。”为什么说这是“人情”？因为“从京畿之地到边远地区，无一不照此方法处理，以为‘成说’”。“成说”也就是“风俗习惯”。李边不遵从这个“成说”，执意要以现钱五十贯、官会六十五贯赎回人家以现钱一百二十贯典到之业，就是“不近人情”。不仅如此，胡颖还“采之舆论”——“都认为他素来好打官司，恶行深重”，“倘若此时又侥幸得逞，那么对于肆行违背天理伤害道义之事，官府对其也无可奈何了，这简直是助长恶行之道，岂是为政治理之方呢”！此处的“采之舆论”，又是一种“参酌人情”，参酌的是“民意”和“舆情”，考虑的是社会效果。

还有时，“情”是一种矜恤之“情”。在“典主迁延入务”判中，胡颖说：

当职观所在豪民图谋小民田业，设心措虑，皆是如此。当务开之时，则迁延月日，百端推托，或谓寻择契书未得，或谓家长出外未归，及至民户有词，则又计嘱案司，申展文引，逐限推托，更不出官，展转数月，已入务限矣。遂使典田之家终无赎回之日。且贫民下户，尺地寸土皆是汗血之所致，一旦典卖与人，其一家长幼痛心疾首，不言可知。日夜夫耕妇蚕，一勺之粟不敢以自饱，一缕之丝不敢以为衣，忍饿受寒，铢积寸累，以为取赎故业之计，其情亦可怜矣。而为富不仁者，乃略无矜恤之心，设为奸计，以坐困之，使彼赎田之钱，耗费于兴讼之际，纵是得理，而亦无钱可以交业矣。是以富者胜亦胜，负亦胜，而贫者负亦负，胜亦负。此富者所以田连阡陌，而贫者所以无卓锥之地也。

“其情亦可怜矣”中的“情”，乃是对“贫民下户”的矜恤之“情”。善待弱势群体是中华司法文化的优良传统，所以在涉及孤幼的案件中，用“情”最多。例如韩似斋“房长论侧室父包并物业”判就说：“当职于孤幼之词讼，尤不敢苟，务当人情，合法理，绝后患。”甚至把“当人情”放到了“合法理”的前面。但是，一味“怜贫扶弱”的“滥情”也是不可取的。人境在“物业垂尽卖人故作交加”判中就认为：“及至兴讼，一时官司又但知有怜贫扶弱之说，不复契勘其真非真是，致定夺不当，词诉不绝，公私被扰，利害非轻。”反对的是：是非不分，一律“按贫弱分配”；倡导的是：“交易有争，官司定夺，止凭契约。”

有人说，法外强调“情理”，通常容易息事宁人。但在《清明集》中，司法官们却认为，如果不依照法律裁定，反而得不到当事人认可。胡颖对此做过反复表达。“妄诉田业”判说：“户婚之法，不断则词不绝。”“禁步内如非己业不得再安坟墓起造垦种听从其便”判说：“详阅案卷，知县所断，推官所断，于法意皆似是而非……执法而不详其意，宜乎黎友宁之不伏退业也。”“质库利息与私债不同”判说：“今李四二所欠黄公才之钱，正系质库利息，知县乃以私债定夺，是又不依条法以剖判曲直矣，然则何以息讼哉？”范西堂也说过：“户绝之家，自有专条，官司处置，一从条令，非惟绝讼，死者可慰舐犊之念，生者可远兼并之嫌，纵有健讼，奚所容喙。”拟笔“再判”则说：“再三绸绎，欲合情，欲息讼，必当酌其法之中者而行之，斯可以。”

如何做到“情法两尽”？拟笔“命继与立继不同”判为我们提供了一个范例：

> 命继有正条，在有司惟知守法，而族属则参之以情，必情法两尽，然后存亡各得其所。江齐戴无子，论来昭穆相当，则江渊之子名瑞者可继之。而族党之诉，则谓江渊尝以子继齐孟矣，不能尽为人后之责，故欲以江超之孙名禧者继齐戴。今契勘禧乃超之子，非孙也，非孙则昭穆不顺，有司虽欲从之，不可得也，无已，则别择他派。按江氏宗图，自仲任而下，分为三枝，其应亿、周彦二派之下，各五传而止，惟元伟一派至八传，如此则惟有元伟派下第八传诸孙，可以继齐戴耳。八传诸孙，不惟江瑞一人为可继，但词讼纷纷，既失族党之意，官司若遽然令其继之，恐无以得众心，或生后词，是继之者乃所以累之也。当职再三审处，必欲使情法之两尽，然犹虑族党之论未能尽公，而枝派所画或有所隐，不可遽凭以定断者。窃见江渊、江齐戴二人者，皆集撰侍郎游公之婿，今争立人江瑞，正侍郎之外孙，当立不当立，可立与不可立，只当取正于侍郎。盖侍郎硕德雅望，必能为息族党之纷诉，公心正理，必能照破族党之私情，一语可决，庶几情法两尽，而可全其族党之义，顾不美欤！帖本县知县，请亲诣侍郎宅，禀白上项曲折，仍与其族长折衷，定为一说，回申，本府却与从公照条施行。一行人并送县，照已判。

这个案件是族党内部因为立继问题产生纷诉，上诉到了州府，法官认为，对于此类案件，如果遽然照条下判，固然痛快，只是这样做“恐无以得众心，或生后词，是继之者乃所以累之也”。怎样才好呢？“必情法两尽，然后存亡各得其所”。但法官又指出，虽然对于情法都要考虑周全，但又须各有分工：“在有司惟知守法，而族属则参之以情”。法官再三审处，发现两位当事人都是“硕德雅望”的集撰侍郎游公之婿，于是“帖本县知县，请亲诣侍郎宅，禀白上项曲折，仍与其族长折衷，定为一说”。他期待，一旦游公出面，“必能为息族党之纷诉”。可惜调解未能达成。州府的法官“再三紬绎”，认为“欲合情，欲息讼，必当酌其法之中者而行之，斯可矣”。于是援引相关法律依据，依法作出裁断。本案的处理过程反映出，法官对于“和解”与依法作出裁断有着明确的区分意识，对于亲戚骨肉之讼，自以和解为优选，但在和解的尝试失败之后必须照条处断。对此真西山亦曾有论：“当职昨在任日，遇亲戚骨肉之讼，多是面加开谕，往往幡然而改，各从和会而去，如卑幼诉分产不平，固当以法断，亦须先谕尊长，自行从公均分，或坚执不从，然后当官监析。”蔡久轩的“一视同仁”判也曾强调，不能为了“人情”就要久调不决：

> 岂特姨妳坟不可动，虽古墓亦不可动也。国家法禁，一视同仁，岂有所轻重哉！若刘自诚已安葬在彼，只当照条监移，官司按法而行，若要如此委曲劝谕，几时是了？

也不是说为了“人情”，就要模棱是非，各打五十大板。方秋崖在“契约不明或业主亡者不应受理”判中就对提刑司的裁判提出了批评：“郑氏非，则汤氏是，二者必居其一，于此而不两然之，举而归之学官，此汤执中之所以不已于讼也。”他自己判案，考索的是“证据”，注重的是“法意”：“批阅两契，则字迹不同，四至不同，诸人押字又不同，真有如刑臺之所疑者，谓之契约不明，可也。在法：‘契要不明，过二十年；钱主或业主亡者，不得受理。’此盖两条也。谓如过二十年不得受理，以其久而无词也，此一条也。而世人引法，并二者以为一，失法意矣！今此之讼，虽未及二十年，而李孟传者久已死，则契之真伪，谁实证之？是不应受理也。合照不应受理之条，抹契附案，给据送学管业。”

万水千山总是情，从来只有情难尽。国法就在那儿，天理最恒久，唯有人情最难把握。怎么办？许倬云曾讲：“天理、人情、国法，要活一点看……不要在字眼里边直打转。”怎样才能做到不“打转”呢？除了应当具备足够的法律素养，还要有一颗正直矜恤之心，另外，恐怕还要有那么一点点“情商”。就像胡颖所说的那样：“徇人情而违法意，不可也，守法意而拂人情，亦不可也。权衡于二者之间，使上不违于法意，下不拂于人情，则通行而无弊矣。”

说出权衡的过程

我们办案，常常涉及对于各种不同的利益之间的权衡。把权衡的过程公开出来，其实也是一种说理。对于权衡，丹宁勋爵曾说："权利不是绝对的，每一种都可能有例外情况。当公共利益的重要性超过对于材料保密的公共利益时，这些例外是可以允许存在的。这种案子对法院来说就有个权衡问题。"在"D诉全国防止虐待儿童协会案"中，丹宁勋爵就向我们展示了如何进行利益的权衡。我们先来看一下案情：

> 一位母亲有个仅有十四个月的女婴。她把她放在婴儿床里睡觉，然后下楼去等候丈夫下班回家。这时有人敲门。她开了门，进来一个男人，递给她一张名片，证明他是全国防止虐待儿童协会的代表，她以为他是为社会慈善的目的来的。她把他请了进来。他询问她婴儿的情况怎么样。她说："很好。"他说："有人说你经常毒打你的孩子。"她说："你一定疯了。"她很恼火。她上楼去叫醒了孩子，并把她抱给这位巡视员看。这个婴儿看起来很好。这位母亲十分恼火，她给医生打了个电话。医生来了并检查了孩子。医生说这是个很健康的孩子。这位巡视员当时给这位母亲和医生留下了这样一种印象，即虽然无法证明，但他认为别人的说法是对的。这时她的丈夫回来了，一听也很生气，

他要巡视员至少应告诉他们提供情况的人的姓名，但是这位巡视员拒绝了。

孩子的父母对全国防止虐待儿童协会提出起诉，要求给予赔偿，因为那个巡视员的话使那个母亲的精神受到了刺激。他们还要求告诉他们提供假情况的人的姓名。在进行判决时，丹宁提出这是一个需要权衡的问题。他是这样进行权衡的：

从问题的一个方面来说，我提出说出提供情况者的姓名和住址是符合公共利益的。一个重要的理由是：它可以帮助母亲提出起诉，以得到赔偿。这可以使她把提供情况者当成被告，并使她可以了解到提供情况者的情况……

从问题的另一个方面来说，我看不出说出姓名和住址是符合公共利益的。理由如下：

第一，该协会应该能够继续其慈善工作。如果被迫说出姓名，它的情况来源就会枯竭。第二，秘密应当得到尊重。法律不得强迫该协会毁掉人们对自己的信任。第三，如果提供情况者成为母亲怨恨的对象或当不能证明母亲做了错事，她做的全是好事的时候，提供情况者就会被指控为犯有诽谤或中伤罪。如果这样，就会出现对提供情况者不公正的现象。

把这些考虑权衡一下，我认为天平会倾向于不说出提供情况者姓名和地址的一边。我和（初审）法官的意见是完全一致的，（初审）法官是这样说的：

“当一个人考虑到被告是在尽国会规定的义务，而且是把儿童不该受到忽视和虐待这种重要的公共利益放在心上时，我认为毫无疑义，保护被告情况来源这个公共利益要比（母亲）应该得到情况来源，以取得合法赔偿这个公共利益重要得多。”

说句心里话，在读这个判决的过程中，我的心情是复杂的。我对那位母亲的气恼感同身受，也对那个告密者（毋宁说是个诽谤者）究竟是谁也充满好奇。出于职业习惯，我甚至差一点为这位母亲投上支持票。但看到最终的裁判结果，我也不禁承认它是理性的，它的站位也更高。那位母亲值得同情和声援，因为她是无辜的，而且她确实受到了伤害。这个感觉恰恰是判决书带给我们的，因为法官非常清楚，既然是在两个值得保护的公共利益之间权衡，那么显然，其中的任何一个本来都是值得保护的。法官的难题是必须在这两者当中选择一个去保护，而遗憾地牺牲掉另一个。当此时，没有必要为了作出这一选择而去刻意淡化或者无视没有被保护的那一个利益。明确说出来另一个利益的值得保护之处，明确说出来权衡的过程，只会提高判决的可接受度，只会强化判决的引领作用。

我们中国古代的行政诉讼并不发达，但这不代表我们的祖先没有在这方面留给我们遗产。前些天读《名公书判清明集》的时候，我就看到南宋法官胡颖的一篇判词，类似我们今天的行政诉讼，判词当中所体现的公益与私益的权衡艺术，可以说达到了一个艺术化的高度。判词的标题是“义米不容蠲除合照例送纳”，全文是这样的：

义米之增，其来已久。揆之于法，虽非所宜，然推原其由，亦是因郡计窘缩之故，不得已而为之，非皆作法于贪也。区迪公之诉于上台，其词固不可谓之不直，但本府两县，凡有田之家，无多无少，皆是如此输纳。官司逐年靠定此米，以充经常之用，一日去此，则官吏欠四、五月之俸，士卒欠四、五月之粮，不复可以为州。为太守者，虽廉如夷、齐，循如龚、黄，亦无缘可以去之。非不欲去也，盖以官吏决不可以数月无俸，士卒决不可以数月无粮也。两县之间，非无富豪之家，非无健讼之人，皆俯首帖耳，甘心听命，无一人有词者，亦知其势不得行耳。两县之人皆无词，而区迪公乃独有词，何哉？本府当来若见得此米当去，则当一切蠲除，不当独免区迪公之一家；若见得不可去，则当条具利害，申闻上台，不当泯泯而止免一家，而不免两县，则是放饭流歠而问无齿决也。有词者则得免，无词者则不得免，则是吐刚茹柔，虐茕独而畏高明也。当官而行当如是乎？当职假守两年，未尝分毫过取百姓，官吏士民皆知之，田地神祇与闻之。乃者受纳秋苗，减斛面米，罢市利钱，会无一毫靳惜，使此义米可去，则必不待来年然后已矣。以当职拳拳为民之心如此其切至，尚不能去，则岂是州郡之虐取哉？大桀、小桀，故贤者之所不为，大貉、小貉，亦贤者之所不能也。本府每岁苗额，相近二万，仓廪之盈虚，固不以一家为轻重，第一家既免，则人人皆将援例，不从则无以为词，从之则无以为继。合勒令照众例送纳所有三年内未纳之米，今不欲监赔。访闻其家颇好施舍，近见跃龙桥未有屋宇，自欲捐金捐廪，成此美事。若果能如此，当以此米为助。帖知县更行劝谕。

这起案件，是一位叫作区迪公的，因不满州郡增收义米，向上级机关提起诉讼。义米之增，其来已久。揆之于法，亦非所宜。这样一个案子，到了"拳拳为民之心如此其切至"的胡颖手里，胜算应该非常之大，但结果并非如此。胡颖并没有受理区迪公的起诉，还要求知县对其进一步教谕。何以这样呢？胡颖不厌其烦地详述了"定夺因依"。他的考虑主要集中在合法性审查、原告资格以及社会效果这几个方面。

在古代，官司行政亦应依法，草民挑战官府，上级机关亦应对被诉的行政行为进行合法性审查。在本案，区迪公挑战的就是本府两县增收义米的行为。胡颖一上来也直奔增收义米的合法性问题，并且认为，揆之于法，并非所宜。但他的高明之处在于，并不是简单地就以不合法为由予以撤销，而是首先“推原其由”。他认为，之所以增收义米，乃“因郡计窘缩之故，不得已而为之，非皆作法于贪也”。他的更为高明之处在于，并不是武断作结，而是对“定夺因依”一一道来。总之，对于增收义米的行为，实为维持行政运转的必要之举，“非不欲去也，盖以官吏决不可以数月无俸，士卒决不可以数月无粮也”。

胡颖接着指出：“两县之人皆无词，而区迪公乃独有词，何哉？”这是从原告资格方面提出疑问。当代行政诉讼理论普遍认为：“原告必须提出他受到某种特殊损害，以便使他与普通人相区别。”胡颖无疑是这种理论的先驱。他是考虑到，增收义米的行为，并非专门针对区迪公一人所施行，而是普遍地施行于所有两县之人。所以就不能认为只有他受到了特殊损害，他也不能将自己与两县之人相区别，进而他的原告资格就值得怀疑。胡颖还具体阐述了何以某个个人的起诉不能接受：“本府当来若见得此米当去，则当一切蠲除，不当独免区迪公之一家；若见得不可去，则当条具利害，申闻上台，不当泯泯而止免一家，而不免两县。”这就点明了被诉行政行为所具有的普适性，从而又具有了一些抽象行政行为的味道。从情理而言，如果谁起诉就支持谁，“止免一家，而不免两县”，则不无欺软怕硬之嫌。

再接着，胡颖还做了一番假设：“本府每岁苗额，相近二万，仓廪之盈虚，固不以一家为轻重”。但是，问题不在于缺不缺你区迪公一家的，而在于裁判的社会效果，或者示范效应——“第一家既免，则人人皆将援例，不从则无以为词，从之则无以为继”。可以说，胡颖对于行政诉讼的特殊性质有着特别清醒的体认。处理行政诉讼固然要具有“拳拳为民之心”，胡颖本人也是“拳拳为民之心如此其切至”，但他也不能不考虑维护行政的正常运作。倘若一味行善，不计后果，不懂权衡，恐将“不复可以为州”。

却说那区迪公，非但挑战官府的增收义米政策，自己也是欠着三年的义米未纳。按照通常做法，既然政策无法推翻，则“合勒令照众例送纳所有三年内未纳之米”，但胡颖却“不欲监赔”。他说：“访闻其家颇好施舍，近见跃龙桥未有屋宇，自欲捐金捐廪，成此美事。若果能如此，当以此米为助。”这又是裁判的智慧。揆之法理，区迪公自无诉权；以社会效果计，也不当判决免除区迪公的纳米义务，但以区迪公“颇好施舍”为由，作出“以此米为助”的个案处理，不仅不违法意，不害秩序，还有利于引导公众多行公益之举。这就是我为什么说“判词当中所体现的公益与私益的权衡艺术，可以说达到了一个艺术化的高度”。

写长容易写短难

说起文章的长短，我想起一个“博士卖驴”的故事。相传晋朝有一位博士，他因为要把一匹驴子卖掉，亲自起草卖驴契约，洋洋洒洒，一写就写满了三张纸，可是还没有提到一个驴字。因此留下一个“博士卖驴，书卷三纸，不见驴字”的“佳话”。不过，对比一下我们的有些判决，这位只写三张纸的博士还是小巫见大巫了。其实，伟大的裁判未必非要“大个头”，短短几行字，却能名垂青史的有的是。清代名吏樊增祥的判词，有很多就都是这样的超短篇，百年过去，依旧新鲜。例如《批白河县民张肇忻控族叔张雯词》只有四个字：“胡说。不准。”《批渭南县民李世德控词》，通篇只有一句话：

此等田土官司，自应在县呈控。越渎不准。

管辖不合，岂须多言？篇幅虽短，要素却样样不缺。案由是“田土官司”，性质是“越渎”，主文是“不准”，理由是“应在县呈控”。一气道出，毋庸置疑。斩钉截铁，霸气十足。

南宋的《名公书判清明集》里也有这样的极短篇，例如蔡久轩的“士人娶妓”判：

公举士人，娶官妓，岂不为名教罪人？岂不为士友之辱？不可！不可！大不可！

就是这样一个极短篇，诸般要素却也一样不落。当事人的身份是清楚的——“公举士人”，事实是清楚的——“娶官妓”，裁判理由是清楚的——“岂不为名教罪人？岂不为士友之辱？”判决主文也是清楚的——“不可！不可！大不可！”不惟清楚，那一连三个叠句，还具有强烈的修辞效果。对于士人娶妓这样于礼于法均所不允的事情，就没有必要详细叙述事实，无论他娶的是陈圆圆，还是李师师，并不重要，总之是娶妓。

这样的“一句话”裁判毕竟不是常态，但即使是常态化的裁判，也大多短小隽永，言简意赅。再来看一篇无名氏的“阿李蔡安仁互诉卖田”判：

> 蔡安政生子三人，长男新，次男先，幼男安仁单身，将所受分田逊于二兄，藉以供养，其意甚佳。今安仁虽无户，而元来分关声载分明。二兄俱丧，其姪却欲给据出卖。既卖此田，则安仁何所仰给？合且存留，为安仁以赡日用，候其身故，却照元约为主。

之所以能够做到简短，省去无谓的过渡语也是一个因素。例如介绍三子的时候，到幼男安仁，直接接上了他“单身”的状态，而对这一状态的交待，又构成本案关键的法律事实。因为单身，才“将所受分田逊于二兄，藉以供养”；因“将所受分田逊于二兄”，才导致“无户”的后果；因为“无户”，才任由姪儿出卖此田。但是，“既卖此田，则安仁何所仰给？”这是法官在梳理了来龙去脉之后发出的疑问，既合约定的本义，也充满对于鳏寡孤独者的关怀。所以判决“合且存留，为安仁以赡日用”。更为周到的是，判决还把将来的事项预先安排停当：“候其身故，却照元约为主。”简短，却不简单。“上工治未病，不治已病”，此之谓也。

总的来看，中国古代判词的体例格式不拘一格，或短或长，全凭需要，就像张保龄所说的那样：“有片言即可折之者，有详言而后决之者，无不合乎理法人性。”清末变法修律，判词结构也发生很大变化。宣统年间，由奕劻、沈家本编纂的《考试法官备要》，借鉴日本、德国司法文书制作经验，启动现代法律文书格式，刑民判决书的格式有了统一规定。同时，现代法律纠纷以及法律适用的复杂性也与古代不可同日而语。尽管如此，裁判文书的篇幅并没有无限拉长。我们来看一篇清朝末年保定地方审判厅所判“私造洋枪”案：

> 缘张栓子籍隶藁城县，素习修理洋枪手艺，祖父年八十七岁，父年五十六岁，母年五十三岁。宣统元年八月间不记日期，张栓子因贫难度，起意私造洋枪售卖渔利，先后造成洋枪三支，卖给不识姓名人，得钱花用。旋经保定营务处侦查士将张栓子访获，并起获造枪器械等件，转送清苑县，经吕令调元提讯，未及详办，适省城各级审判厅成立，照依法令将犯卷汇案，移送地方检察厅起诉到厅，当即提犯审讯，据供前情不讳，究诘不移，应即判决。
>
> （援据法律某条及理由）查现行例载：私造鸟枪者，处十等罚，每一件加一等等语。此案张栓子因素习修理洋枪手艺，辄敢图利私造洋枪三支，先后卖给不识姓名人，得钱花用。遍查律例，并无私造洋枪作何治罪明文。惟洋枪与鸟枪无异，自应比例问拟。张栓子合依私造鸟枪者，处十等罚，每一件加一等例，拟徒一年半，解交保定习艺所依限工作，限满释放，所得卖枪钱文照追入官。失察该犯私造洋枪之该管地保，移会藁城县传案，照例处罚革役。买枪之不识姓名人应免传究。起获造枪器械存库备照。此判。

可以看出，判词的结构有了清晰的划分——首段，叙述当事人、事实，以及案件侦破与诉讼的经过；次段，列明援据法律某条及理由，并给出主文。案情不能说十分简单，法律适用甚至还涉及“比例问拟”，也就是今天所说的类推，但仍然能够保持短小精悍、凝练隽永的传统。

在我们的心目中，普通法系的裁判普遍很长，单是援引先例，就可以连篇累牍。人们喜欢拿犹太人学校案作例子，在这个案子中，九位大法官的判决书堆积起来有四英寸厚，长达九十一页。而且，这个案件的事实陈述竟是出现在少数派意见中。有人说，这样一份判决书，“会让法律专业学生，甚至让上诉法官读起来也感到绝望”。但也不乏向冗长宣战的人，号称“伟大的异议者”的霍姆斯大法官就喜欢写短。他是一位多产法官，办案很快，以至于首席大法官梅尔维尔·富勒常常“将别人的工作分一部分给我，以减轻其他法官的负担，因为我有时间”。霍姆斯的高效多产一定程度上归因于他简明扼要的写作特点。他在给朋友的信中曾说：“这里的法律意见冗长，几乎成了制度，我不认为这是正确的。”他认为正确的方式是简要介绍案情，尽最大可能紧凑而细致地叙述判决的依据。普遍认为，霍姆斯最著名的判词当属“洛克纳诉纽约案”（Lochner v.New York）的反对意见，波斯纳把它称为“反对多数意见的司法哲学的一个象征”，斯蒂文斯大法官更把它誉为“最高法院历史上最有影响的一份异议方意见”。如此重要的司法意见篇幅却非常短，只有两段。

波斯纳曾经专门分析过这份反对意见，他说：“简明扼要在说服性演讲中是一种风险，……但它也可以是一种机会。霍姆斯简明扼要的反对意见吸引并支配了读者的注意力。句子的长短变化以及长句的优雅旋律提升了该意见的魅力，而警句（不但是关于斯宾塞的警句，而且还有‘一般化的命题不能决定具体的案子’和‘每一个判例都倾向于变成法律’）集中的力量让这个意见具有一种强有力的特征，如果这个反对意见更长、更分散，让这些警句隐藏于限制、注释、引用、重复以及司法意见中常见的其他冗词赘句之中，那么这种强有力的特征就会丧失殆尽。”

写长容易，写短难。我们现在难以像古人那样片言折狱，固然有许多古时候所没有的客观原因，这也可以说是一个世界性难题，例如英国法官也这样感叹：“我没时间写一份短判决书。”什么原因造成的呢？英国学者佩妮·达比希尔在她的《坐堂问案》一书里对此做过一个访谈，法官们普遍把根源归罪于复印机。上诉法官塞德利说：“如今法院都使用复印机。这让人大受其苦。当事人把所有材料都复印出来交给法院，然后让法官在成百上千页材料中东找西寻。”当然问题不只在于复印机，其他的因素还包括：第一，有位不会打字的老法官说电子文字处理技术使得法官们会从判例中进行复制粘贴。第二，法官们还经常说“我没时间写一份短判决书”。第三，随着判例法日益增多，法官们觉得有义务援引更多判例。第四，可能也是因为当事人的论辩越长、理由越多，则法官需要回应的点也越多，即使仅仅是不予考虑也要提到。第五，最重要的是，上诉法官的审前阅读量很大，大到他们希望当事人给一个必读材料清单。

尽管如此，把裁判写得尽可能短一些，还是对大家都有好处。就像钟叔河在编《念楼学短》时所说的那样：“写得短当然不等于写得好，但即使写不好，也宁可短一些。”怎么才能写短？我在下一篇“法贵简当，使人易晓”当中会给出一些例了。这里先要强调的是，也不能就此认为，判决书要一概写短。必要的事实不交代，就会让人如堕五里雾中；该说理时避而不言，则是攥着拳头让人猜哑谜。这一问题在古希腊谚语中早就说到了，那就是：“简短与静默比邻。”钱锺书对此诠释说：“寡言最与默不言相近”，“故言而至约极简，则虽言而犹默矣”。《庄子·骈拇》也有这样一句话：“凫胫虽短，续之则忧；鹤胫虽长，断之则悲。”译成白话就是：“野鸭的小腿虽然很短，续长一截就有忧患；鹤的小腿虽然很长，截去一段就很痛苦。”具体到文章一道，那就是“有话则长，无话则短。”“当长则长，当短则短。”总之，为文记事，或纡余有味，或语简而切，只要符合需要，都属允当。

法贵简当，使人易晓

“法贵简当，使人易晓。”这是明太祖朱元璋的主张。想必他是熟读过《史记·高祖本纪》，当中记载：汉高祖入关，召诸县父老豪杰曰：‘父老苦秦苛法久矣，诽谤者族，偶语者弃市。吾与诸侯约，先入关者王之，吾当王关中。与父老约，法三章耳：杀人者死，伤人及盗抵罪。余悉除去秦法。”“秦人大喜，争持牛羊酒食献飨军士。”裁判文书是“活的法律”，也当如此。民国公牍学大家许同莘在《牍髓》一书中就曾把“简”列为公牍八要之首。他说：

> 公牍修辞之法，可以吕叔简语括之，曰：“文章有八要：简、切、明、尽、正、大、温、雅。”不简则失之繁冗，不切则失之浮泛，不明则失之含糊，不尽则失之疏遗，不正则理不足以服人，不大则失冠冕之体，不温则暴厉刻削，不雅则鄙陋浅俗。

怎样能做到“简当”？刘勰提出要善于“熔裁”。他在《文心雕龙·熔裁》中说：“规范本体谓之熔，剪截浮词谓之裁。裁则芜秽不生，熔则纲领昭畅，譬绳墨之审分，斧斤之斲削矣。”我理解，所谓“熔裁”，一是提炼，二是删削。

先说提炼。提炼可用于多个方面。例如，诉讼请求的提炼。诉讼围绕着诉讼请求这个诉讼对象而开始、发展乃至终了。所以，能把诉讼请求提炼好，就好比把胎坐正了。我们日常见到的许多诉状，多是“满纸荒唐言，一把辛酸泪”，如果不加提炼，照抄照转，啰里啰嗦不算，也会造成射击者找不到靶心的效果。

再如事实的提炼。不是所有的事实都是重要的，什么是重要事实？大村敦志等在《民法研究指引》一书中曾经这样说：“在判决理由中，多数情形下会存在这样一部分内容：在叙述一般意义的、形式上的法律论后，多将该法律论嵌入原审认定的事实中，在此基础上得出结论。”“在构成判决之法律结论的前提的事实被捡拾起来记载于判决理由的情形，是该法院认为属于‘重要的事实’才载明的。”至于那些枝枝蔓蔓可有可无的事实，不独占据篇幅，还会使重要事实埋没其间。

又如理由的提炼。判决要有理由，理由也要提炼，首先要做到的是少说闲话，直截了当。樊增祥《批延川县陈令禀》就曾说：“凡作禀牍，少说闲话。……此等奇情险状，经该令夹叙夹议，已极啰嗦，而入手之初先从孔姓鞋铺及‘祥盛魁’杂货铺去年失窃、今年二月拿获一贼说起，然后说到三月初三，吾不知该令作墨卷时限于七百字，如何说得完也。”在《批陈令维藻禀》中，他又说：“能手作事与能手作文，皆与寻常人不同。同一禀也，会说话者，语语扼要；不会说话者，胶葛不清。同一案也，能问案者，直捷了当；不能问案者，蔓讼数年，犹不能结。此中消息甚微，出入甚大，人才之相越甚远。”

陆机《典论·论文》云：“立片言而居要，乃一篇之警策。”意思是说，一篇好文章须有警句，通过警句而突出主题。樊增祥则爱用“筋节语”一词。如《批扶风县谭令词讼册》云：“仆一生作公牍，专在筋节上说话，看公牍亦专在筋节处着眼。其确中窾要者必为拈出，百不失一。”窾要者，要害也，关键也。确中窾要，就是指准确抓住了问题的要害和关键。对于判案来讲，确中窾要还只是第一步，第二步还要能够说出来，说到位。用一两句“筋节语”说清复杂的问题，就是一个好方法。

卡多佐也是一个“筋节语爱好者”，他说：“司法意见若想具有说服力，它要么得有真诚与热情这种令人钦佩的品质，要么得有韵脚和对偶之类有助于记忆的力量，或是具有格言和警句的简洁和韵味。无视这些同盟军的帮助，司法意见也许永远不可能取得成功。”他还说：“尽管格言的普遍性和重要性已然衰落，法律真理如今已经变得过于繁复，无法用一句话来表达，但是对简洁精炼、言简意赅的措辞的需求并未减少，它们能够让人们充分理解并牢记心中。”他的司法意见书中也确实总有一些“令人难忘的句子”，比如：“有险必救。”“怕事别出门。”“相沿已久的定论，岂可轻言废弃。”这些句子有些都成了法律格言。卡多佐是在自觉地进行这样一项工作，他曾说：“从诗人的作品中沙里淘金，看是否有佳句值得我们铭记于心。”波斯纳对卡多佐的这一做法非常推崇，他说：“其字句不仅把他的意见刻在我们的记忆中，而且也有助于说服我们相信他选择的结论是可取的。”

我自己在写判词时，也爱用一些“警策之句”，用好了，可以一句顶十句。既简练，又能让人记得住。例如：王建设案——“过于随意的处理是不理智和没有意义的；从法的安定性出发，也不允许行政机关翻云覆雨，暮楚朝秦。”臧金凤案——“己所不欲，勿施于人。东邻少，未必西邻就多。再审申请人认为其宅基地面积被漏登，却将战火烧向与其本无权属争议的西邻，终究不是正途。”王福珍案——“‘一个没有理由的决定，等于一个猜不透的谜语’，一个理由变来变去的决定，同样容易降低人们对它的信任。”王守保案——“法谚云：‘法律不保护权利上的睡眠者。’所以，过于迟延地请求法律救济将不受到法律的保护。但在有些情况下，过早地请求法律救济，同样不被法律所允许。”崔志惠案——“无诉则无判，诉乃发动审判权的前提。”张远凤案——“法律规范作为一个体系，就好比一个森林，是由好多棵树木组成。只见一棵树木，难窥森林全貌。”这些句子给人们留下了比较深的印象，有不少人见到我时能够顺口将它们背诵出来；也有人在我的裁判文书底下留言：“哈哈哈！读到‘难以承载之重’，我就知道这个裁判的作者是谁了。”

有时，一大段话可能也难以说清楚一个法律问题，但用好了一个词，立马能让它标签化。我有时就爱自造一些这样的概念。例如在王槐柯案中，自造出一个政府信息的“客观存在”与“推定存在”。又如在张小平案中，提出了政府信息的“确实可见”与“转瞬即逝”。在闫水旺案中，琢磨出个“貌似咨询”。在艾年俊案中，归纳出“二审裁判与一审裁判的统一性”。在陈前生案中，改造出“谁行为，谁为被告；行为者，能为处分”这样一个规则。应当注意的是，佳语固自不朽，但也是可遇而不可求。“偶于无意为诗处，得一两句自然好。”这个“自然好”，可以理解为“当然好”，也可以理解为“顺其自然好”。刻意求之，就做作了。此外，“自造概念”也不全是文字技巧，也依赖于对于法意的精准理解，没有十分的把握不要贸然尝试，不然就会贻笑大方了。

说完提炼，再说删削。有关删削的句子，最出名的可能就是郑板桥的“删繁就简三秋树，领异标新二月花”了。很多人也不是不懂“删繁就简”的道理，为什么做不来？一个重要原因是觉着哪一句都好，舍不得割爱。所以首先要变“不忍”为“割忍”。袁枚的《续诗品三十二首》，其中就有一首以《割忍》为题：

> 叶多花蔽，词多语费，割之为佳，非忍不济。骊龙选珠，颗颗明丽，深夜九渊，一取万弃。知生必避，知熟必避，入人意中，

出人头地。

“一取万弃”，是说有一个就够了，剩下的一万个只能舍弃，不然就成了累赘。那一万个怎么舍弃呢？刘知几《史通·叙事》云：“叙事之省，其流有二焉：一曰省句，二曰省字。……《春秋经》曰：‘陨石于宋，五。’夫闻之陨，视之石，数之五，加以一字太详，减其一字太略，求之折中，简要合理，此为省字也。”俄国一位老编辑也曾举一例说明删削的方法：

> 有篇文章，我记得好像是描写蒂威尔城的示威游行的。文末说：“在游行的地方，曾来了地方警察，拘捕了八个游行示威的人。”这种类似的句子是很普通的。把它整个儿排印起来是否需要呢？譬如“地方”二字，难道在蒂威尔城来的警察，不是当地的，而是卡桑的吗？其次，“在游行的地方来了”云云，难道警察不来可以拘捕吗？至于“警察”云云，自然，不是母牛，也不是行路的人吧。所以，留下排印的仅为“八人被捕”，即只是所需要者，其余的统统删掉了。

平常见到的一些裁判文书，什么都往里边抄，不仅做不到删繁就简，有时还会惹出麻烦。曾有一篇公开上网的文书被热炒，问题就出在——它把一些不能见光的极为龌龊的场景巨细无遗地抄在了判决书里。有人说，这样的文书怎么能挂到文书公开网？我想说的是，当初压根儿就不应该把这些细节写进去。你们都读过三言两拍的删节本，对于“此处删去三百字”想必印象深刻，你们也知道在国外还实行电影的分级，为什么？就是考虑到少儿不宜。古人办案时，遇到暧昧之事尚且知道为人避讳，既不打破砂锅问到底，也会在判词中含蓄处理，当今的个别法官却根本不懂得这些道理。

当然，删削也是要有限度的，一片枝叶也不留，那棵树光秃秃的也不好看。唐弢就说过："艺术的渲染，细致的分析，删去了足以损害原意，或者已经成为作者个人风格的语言，那是应该坚决保持的。否则，文章只剩下'本质'，有骨无肉，那就又会是干巴巴，连吞也吞不下去了。"对于裁判文书来讲，把握好这个度也很重要，如果一味求简，删去的恰好是对于案件裁判非常关键的信息，那就得不偿失了。唐弢就曾讲过一个删削过度的故事：

> 欧阳公在翰林日，与同院出游，有马毙犬于道，公曰，"试书其事。"同院曰，"有犬卧通衢，逸马蹄而死之。"公曰："使子修史，万卷未已也。"曰，"内翰以为何如？"曰，"逸马杀犬于道。"

长期以来，人们都是觉得欧阳修的"逸马杀犬于道"水平更高，但唐弢有不同的见解："欧阳修并没有告诉我们马怎样杀死了犬，无论从'文'的角度或者从'史'的角度来说，'蹄'字在这里都是非常重要的，省略了这个动词，就不能说已经写出了这幕小悲剧的精神特征，更不必说传神了。"你们可能也感觉到了，如果类似的事情出现在案件审判中，那个"蹄"字没准儿就是定件量刑的最关键之点，当然万万不可省去。

樊增祥爱写短篇，追求"简洁了当"，但他同时也反对该说的一概不说，不该说的倒是禀告一大堆。在《批沔县禀》中，他连用了十一个问句，斥责下级刑名的"颟顸笼统"：

> 腊月十四日孙世宜夫妇出外，独留其母看家，十八日报称其

母被人打死。该民夫妇究于何日回家？该令往验，其所居有无邻右？曾否遗失物件？夫以五十九岁之妇，其非图奸可知。若未失物，则非图财可知。非奸非盗，平白将一老妇打死，岂非怪事？近来不通刑名办案，专以颟顸笼统自诩空灵，殊不知初禀之不可说煞者，乃有关罪名出入者也。即如此案并未获犯讯供，说不到罪名上去。至该令前往勘验，原不仅坐听喝报泛填尸格而已，其地或独居，或聚处，其家或失物，或不失物，均应随禀申叙。验毕，理应讯问尸子，因何夫妇并出？几日还家？还家时，是何景象？门户大开乎？抑虚掩乎？其母死于房内乎？死于门外乎？凡应讯应叙情节，一概不提。

简当，也依赖于多分段，并且尽量使用短句子。丹宁勋爵说："在写一本书或一份意见书时，你应该多分段落，而且每一段话都要分成几句话。整页印得满满当当的又不分段，看起来不舒服，甚至令人生厌。一大段话，不分句子，不大容易读懂。所以要把一大段话分成几句话来写。如果你认为必须用一个长句子，就应该在该断开的地方断开，有时还要加破折号，或者加冒号和分号，更多的是加逗号。这样可以使读者比较容易读懂。"樊增祥就是写短句子的高手。在他的《批宝鸡县杨令调元禀》中，针对清理监押，他有一段宏论："薄责释放，终于害民，重责久押，庶几知悔。户婚田土，钱债细故，一堂了解，可谓明决矣。然具结下堂，或应交钱，或应交人，或应交房、交地，均抗不交，再控再讯，再结再抗，终无了期。一经管押，莫不如期交领完事，此则管押之效也。"这样的句式，令人想起昆曲当中的"碧云天，黄花地，西风紧，北雁南飞"；令人想起京剧当中的"风声紧，雨意浓，天低云淡"。而那句"再控再讯，再结再抗"，一连四个叠字，更使得"终无了期"变得形象生动。

最后要说说，怎样能做到“使人易晓”？卡多佐认为：“对于法官来说，文风的至高无上优点就是明晰性。”明白准确，没有歧义，这可能是裁判文书区别于其他文章的最为重要的特质。而要做到这一点，首先是要心中有读者。丹宁曾说，“……很多人，不管是讲话人还是书写人，总是过多地想到他自己，他应该更多地想到他的听众或读者。”为此他提出了一个“主要原则”：“主要原则是指在你讲话或书写时，你应该时刻想到其他人——当然是指在法庭或国会会议厅或委员会会议室听你讲话，或者正在看你的文章或你的意见书或你的著作的那些人——的时间。你应该尽可能使他们的任务变得轻松些。”

裁判文书最直接的读者是当事人，间接的读者是社会公众。这些读者当中固然会有法科生和专业人士，但不是每个读者都具有他们的阅读能力。考虑到跟社会公众对话的需要，判决书的语言要尽可能通俗易懂。霍姆斯在给吴经熊的信里就说：“我认为最好是尽可能避免使用仅为哲学家熟悉而远离普通民众的冗长的技术性词汇，且不要使用太多的正式用语。”这是因为，“很难理解的不是思想，而是词汇，每个群体都有自己的行话，但外行人会为此感到烦恼。”尽管这可能是对写论文的建议，但对于判决书而言，道理是一样的。波斯纳也曾说：差劲的司法意见书，“显然用了太多行话，这是我称之为‘纯粹的’司法意见书写作风格的特色之一。那是有意的专门化的风格；相反的风格，也就是我所称的‘不纯粹的’法律风格，是简单的，非技术性的、口语化的、叙事的、短论式的。”反思我自己的判决，主要的缺点也是行话太多。那种能用家常话说清楚深奥法律问题的文书，真想再多写几篇。

临文时切须检点

姜夔《白石道人诗说》云："一家之语，自有一家之风味，如乐之二十四调，各有韵声，乃是归宿处。"强调的无疑是个性。普通法判决与大陆法判决最大的区别，可能就是个性。在一项研究中，剑桥大学彼得学院的罗德里克·穆迪博士认为，英格兰普通法判决的显著特征之一，就是每位法官在起草判词时都有自己的个性。说到个性，我们首先会想到丹宁勋爵，想到他独具一格的开场白。例如 Hinz v. Berry 案的判词：

> 这个案子发生在 1964 年 4 月 19 日，在肯特正是风铃草季节。欣茨先生和欣茨太太结婚已经十几年了，他们有四个儿女，年龄都在九岁或九岁以下。最小的只有一岁。欣茨太太是一位很热心的女人。除了她自己的四个孩子以外，她还是其他四个孩子的养母。除此以外，她还怀着她的第五个孩子，已经两个月了。
>
> 这一天，他们开着贝德福德牌敞篷汽车从顿布里奇到坎威岛去……

这样的像讲故事一样的开头，绝不是故作轻松的闲笔，而是刻意营造一种温馨的氛围，以形成一种强烈的反差——在随后，一场惨不忍睹的飞来横祸毁坏了这一切。说句实话，这种风格我很喜欢，也做过一些模仿。但是，个性是个双刃剑，模仿也不能过火，过火了就成了东施效颦。穆迪博士举了另一位法官梅加里在 Re v. Berry 案中的类似判词，就给人以不好的感觉：

> 埃罗尔·弗林是一个电影演员，他的表演给成千上万人带来了快乐……当他十七岁时在悉尼被学校开除，在接下来三十三年里，他过着充实、丰富、忙碌而多彩多姿的生活。在他的职业生涯中、在他的三次婚姻生活中、在与他的朋友一起生活中，在他与别人争吵中，在他与无数女人寻欢于床上时，他生活得激情澎湃也很不规律。

即使丹宁勋爵，收获的也不都是赞歌。穆迪博士就认为，丹宁勋爵的丰富而个人色彩浓重的风格并不是特别典型。他说："我们的司法体制允许这种夸张，但它们不是我们司法判决的主流。它只代表着一小撮爱出风头的人的做法……"另一位罗杰勋爵说得更不客气："它们给我的感觉就是矫揉造作——有点像摩斯大妈早期绘画的文字版。但摩斯大妈是一个未受过教育的人，而丹宁勋爵是一个非常聪明且接受过极好教育的人。没有人会像丹宁勋爵开场白里写的那样说话和写东西，当然除了写给儿童看的奇幻小说。"

卡多佐也是一位非常追求文学性和个性化的法官，但他深知边界在哪里，他也曾奉劝大家行文时一定要谨慎。他说："幽默的光彩并非不为人所知，但自始至终都在追求幽默的司法意见形式，则是非常可怕的冒险。它的合理性只能用成功加以证实，并且即使成功了，它也极可能发现批评者赞赏者的人数不相上下。"卡多佐讲过一则法官布莱姆威尔审理的一件涉及猪的倾向和嗜好的案子。一个篱笆被猪撞坏，它们跑了出来，乱窜之中又损坏了一辆有轨电车。判决是这样写的：障碍应当足够坚固，以防止相邻的主人受到猪的侵犯，但这不是指所有的猪，而是那些“活力和顽皮处在平均水平以上的猪”。这位博学的法官接着说：

我们也没有规定，必须设立极为密实坚固的篱笆，使任何一头猪都无法窜出来，或者它的高度要使马和阉牛也无法越过。人们很难说清楚这种要求的界限，因为如果另一边有足够强大的诱惑物，猪的力量足可以冲破任何篱笆。但是那个公司有义务设立这样的篱笆，如果猪没有特殊的游窜癖好或没有受到不寻常的诱惑时，它便无法穿过。

卡多佐总结道：“我并不想表达这样的想法，引人发笑的司法意见较为糟糕。我只是奉劝大家要谨慎。”

我们现在的裁判文书几乎是没什么个性的，但在古代却不是这样。古代曾有“灭门知县”的俗语，意指州县父母官权柄甚大，百姓千万得罪不得，否则可能招致灭门之灾。所以有些州县官作起判词来，就很放得开，嬉笑怒骂，声色俱厉，都属平常。例如清代徐士林的判词“太湖县民蔡方来冒祖占葬案”，在历数蔡方来种种恶行之后，陡然来了一段痛骂：

何物恶棍！冒人之祖，占人之地，侵人之冢，复敢诬人之祖妣为婢，诬人之父为仆。鬼蜮万状，可谓目无三尺者矣。

同是清代名吏的樊增祥，更是一个“嬉笑怒骂”专业户。他的许多判词，张口就是“尔真不是东西！”这类的咒语。例如《批陶致邦呈词》说：“胡说八道，尔之妻女不听尔言，反要本县唤案开导，若人人效尤，本县每日不胜其烦矣。不准。”不过，这种嬉笑怒骂体，在今天恐怕很难尝试。正像卡多佐所说，“它属于那些已经逝去的人”。这种风格，即使在当时也属另类。樊增祥自己在《樊山政书自序》中说，他的老师张之洞，虽然“最爱”他的判词，“每秦报至鄂，欣然披览。时对僚属诵之，且曰‘云门下笔有神，每言出若口，必与人异”，但他也非常严肃地指出，“藩司官不为小，而好作谐语是其一病”。樊增祥“感念斯言，为之泣下”，所以在编次《樊山政书》时，刻意“汰其甚游戏者”。清代著名师爷汪辉祖则这样说：

言为心声，先贵立诚。无论作何文字，总不可无忠孝之念。涉笔游戏已伤大雅，若意存刺诽，则天谴人祸未有不相随者。“言者无罪，闻者足戒。”古人虽有此语，却不可援以为法。凡能讳之字，讽时之语，临文时切须检点。读乌台诗案，坡公非遇神宗，安能曲望矜全。盖唐宋风气不同，使杜少陵、李义山辈，遇邢、章诸人，得不死文字间乎？士君子守身如执玉，慎不必以文字乐祸。

我写裁判，即使面对一点道理都不讲的人，也会耐着性子跟他讲道理。甚至可以说，越是跟这样的人打交道，你越要字斟句酌，小心翼翼，否则一句话不得体就会成为他控告的把柄。虽然这样，也还是有险些“失手”的时候。有一次写裁判，面对的是一个“马后炮”——他在再审申请书里，对于所申请公开的政府信息条分缕析，说得头头是道，但在最初申请时，却是语焉不详，不知道他要的究竟是什么。可是到头来，他却倒打一耙，怪政府不给他提供。那天我写得兴起，正儿八经讲完道理之后，在文末补了一句：“您这么门儿清，早干嘛去了？”助理看后，连说“不妥不妥”。记着哪一位文豪说过，写完文章，最好放几天，然后把你自己最得意的句子删掉，实属经验之谈。我们自己最引以为得意的，没准儿就是最露怯的。

小心不以文字惹祸，更多的还是顾及自身的安全，若要上升一个境界，就是要努力培养一颗波澜不惊的心。前英国最高法院院长廖柏嘉在他的演讲《判决与裁判意见》中说：“法官没有理由对当事人一方或律师感到不悦乃至愤慨。”即使面对的是个别胡搅蛮缠的人，也不要被他带坏自己的情绪，跟着他的节奏走。波斯纳曾说：“委婉的措辞在法律中有其位置。”我们要练就运用委婉措辞的功夫。以往，我们习惯于论证服从于结果，如果结果上不可能支持原告、上诉人或者再审申请人时，即使对于其有道理的理由和观点，也会不问青红皂白地一概驳回，动辄就是：“上诉无理”，“纯属狡辩”。这不是一种实事求是的态度。很多情况下，当事人的观点并不是“一无是处”。一概驳回的做法首先是偷懒心理在作怪，因为，为什么在有理的情况下还要驳回，就要论证。这当中可能也有顾虑：怕当事人纠缠；怕功力不够，反而把自己绕进去。事实上，不将当事人的意见“一棍子打死”，肯认其中那些比较合理的部分，反而更容易被接受，也更能让人感觉到，你对当事人的意见给予了充分的注意和考虑。

没时间写判决书？

案件越来越多是事实。在英国，情况也差不多。佩妮·达比希尔曾经对英国高等法院的行政法庭做过观察，这个法庭在2008年受理了1200件司法审查的申请和上诉。行政法庭隶属于高等法院的王座部，王座部总共有七十二位法官，但他们要处理与财产、信托、专利等有关的案件以外的其他一切民事案件和王冠法院的严重刑事案件。王座部还包括商事庭和海事庭。所以，行政法庭所能分得的法官数量可想而知。以下就是佩妮·达比希尔在《坐堂审案》一书中的描述：

> 这个法庭如今非常繁忙，以至于它的案件审判工作量比王座部的一般工作负荷还要大。甚至像威隶法官和拉斯林法官这样对公法既没有经验也没感觉的人也被征召过来审理行政诉讼案件。许多人根本没学过公法这个科目。

但是，他们似乎并没有以此为借口，在说理方面偷懒。

> 我看到沃西恩法官用一天时间对十二个书面申请进行裁决。他能够快速阅读并理解这些详细的文书、能盲打输入有说理的裁决，并能向我解释一切。换成是威隶法官，他可能半夜还在被这堆文书折腾。这些案子有些混杂，要求对所涉公共机构在不同的成文法下

的权力进行仔细审查。涉及的事务有移民、难民、假释、城乡规划、住房以及治安法官的量刑。沃西恩法官认真撰写裁决理由。

在中国古代，州县吏往往是集行政官与司法官为一身，政事讼事，样样纠缠。明代陆鳌在为颜俊彦《盟水斋存牍》所作序言中曾感慨：

李官，难也。折狱致刑，出生入死，一不中而人非鬼责随其后。虽迈种德如咎繇（皋陶），已不能无憾于画象之治。矧今日者上诎于所尊，中荧于请托，下淆于土宄、讼师之顽犷，据法则诽，徇情则骫，是非清心定力，曷克有济？广李官，难之难也。巡方之鉴衡，制府之筹咨，藩臬之稽考，十郡之廉察，十六属之禀仰，交萃于斯。一切簿书期会，日左右手画虑不给，是非谏识敏才，又曷克有济？

有些古语我们未见得都能看懂，但大意是说做推官是如何如何难，做广州的推官又是如何难上加难。但就是这位广州的推官颜俊彦，留下一本《盟水斋存牍》，收入判牍达1300余则。“或片言而折，或累牍而陈，摇霜掣电之外，往往见恻隐之性，所谓轰雷触石而安澜晏如也。”清朝有个徐士林，做过几个地方的知府、布政使和巡抚，官位不可谓不高，但他也非常勤奋。《清史稿》本传说他：“日治官文书，至夜坐白木榻，一灯荧然，手批日览，虽除夕、元辰弗辍。”他也有一本判词集《徐公谳词》行世。

清代另一位名吏樊增祥更是勤奋刻苦，他不仅遣词造句务求其工，甚至对下级报来的判词也常常援笔改之，以作示范。有一次，他翻阅咸宁县令易国勲报来的词讼册，上来就大加夸赞：“该令问案公允，固不待言。末后两画匠兴讼，判语用‘画墁求食，凶终隙末'，极为隽妙。"接着话锋一转，提出了更高要求："而造句未工，今就原本改之。云'同此画墁，大都志在求食，忽焉隙末，岂知讼必终凶'。"完了他还自嘲一番："事莫繁于首县，尤莫繁于藩司，首县作四六，藩司改之，可谓好整以暇。"意思是说，有谁能忙过县官呢？更有谁能忙过藩司呢？即使这样忙，县官写了判词，藩司我还给他润色，我们是多么地从容不迫呀！

可见，对于文字的讲究，决不可以案子多时间不够用来推脱。这是个习惯问题，也是个态度问题。一些有成就的法官从不同的角度谈到了对于撰写裁判文书的态度。伦奎斯特强调的是荣誉感，他说："在很大程度上，署名的法律意见是大法官工作唯一显著的记录，而这个职务的最佳报偿莫过于就重要的宪法问题写一份法律意见了。我在做联席大法官时，我迫切地期待领到任务，我想助理们比我还要心焦。助理们的任期仅有一年，如果我在那一年中领到写十七八份法律意见的任务，那么每名助理都有机会在五六份法律意见中作出自己的贡献。"罗伯特·莱弗拉尔则从反面强调荣誉感的重要性："那些最糟糕的裁判文书，多半出自没有荣誉感的法官之手，文书写作在他们心目中只是件麻烦事。"但是，"对那些喜好写作的法官来说，写作有内在的愉悦。"这一点突出表现在当他面对一个有某种新意的案件之时，他能够预感到，他笔下的文字，很有可能对未来的司法判决产生意义。因而，撰写这样一篇司法意见时，他关注的不只是解决纠纷，还有规则之治。

霍姆斯的话更直接地指向对待职业的态度，他说："一个人如何对待他所选择的事业，也就是他道德风范的最佳表现。生活既已将我卷入到法学之中，我就应当全力以赴，尽我力之所及，一丝不苟地来展现这一行业的美好前景，以表明它是举世之间至高无上的事业。"有了态度之后，能够将这态度转化为成效的就会是事实上的投入了。丹宁勋爵曾经这样回忆他上下班路上的情形：“同车的绝大多数乘客都在车上看报纸。可我从来不看。我浏览下一个案子的起诉书，或者思考下一个判决书的内容。”当然，只会下笨功夫也是不够的，所以万斯廷法官还特别强调职业艺术感，他说：“努力使法官意见书富有文采而避免过分修饰和累赘是值得的。起草意见书的法官应该具备一种职业艺术感。多数受人尊敬的美国法官如汉德、卡多佐、霍姆斯、布兰代斯和法德的声誉既来源于他们在判决中体现的智慧，也来源于其语言风格、文学才华。”

我自己的裁判文书，都是在非常繁忙的审判和管理事务之余挤时间写就的。在四巡的两年，周末、乃至春节假期，整个大楼里常常只有我一个房间的灯亮着。还记得巡回期满即将返回本部的时候，将近一个月，我都把自己关在宿舍里埋头写文书。每天傍晚时分，助理和书记员都会像交通员一样，用袋子取走一批，又送来一批新的。全部写完排版之后，我又加入了她们的校对流程。这种孜孜矻矻，固然取决于对于职业的尊重，但同时也是多年来养成的对于文字的极度讲究。我在后边会简单回顾到我过去的煮字生涯，不过那个时候，我并没有将写作与办案联系在一起，总以为写写豆腐块是非常不务正业的事情。但越往后越明白，法官也是个靠写作为生的行当。关于这一点，樊增祥的一段话说得很经典：

> 尝谓言语、文学、政事本是一串，不会说话、不能作文之人，其政事虽妥当，而决难出色。听讼者，政事之一端，坐堂要口才，禀详要文笔。

因此，你要想当一个出色的法官，一定要培养起对于写作的兴趣，而不能把写作当成一种负担。

如何学习行政法

章剑生教授曾经写过一篇《我们为什么偏爱李广宇法官的裁判？》，文章的开头写道：

> 在中国行政法学界，李广宇法官可以说是无人不知的。作为最高人民法院行政庭的资深法官，多年来他与其他最高人民法院法官们一道，一直致力于通过裁判行政案件，推动域外行政法理论“本土化”，创新中国行政法理论。

这个评价尽管让我很受用，但我自己知道，对于行政法，我不过是一个半路出家而且不太用功的学徒而已。我 1979 年就考上了大学，但读的并不是法律，而是文学。那时候的河北大学，甚至还没有法律系。在大学期间，我一直埋头写诗，有的甚至还被诗坛前辈田间的评论文章所肯定，但也仅此而已，一直没有写出什么名堂。毕业时误打误撞分到了河北高院，作家梦却一直不曾泯灭。参加完两年“严打”，得闲了，又开始涂鸦起来，不过已经将兴趣转向杂文，和同城的一群文青一起，发起成立了石家庄青年杂文学会，成了一名在当地小有名气的“专栏作家”。正在这个时候，法律业大成立了，作为本科生我本是可以免试入学的，但我有些不甘。后来最高人民法院与北大、人大、法大等高校合作，招收定向培养的研究生，我才动了学习法律的念头。先是在北大英语系强化了一年英语，接着便顺利考取了北大法律系行政法专业的研究生。记得入学前我去大钟寺青年公寓拜访姜明安教授，他说你考了宪法行政法专业第一名，可以随便选导师，我就在他推荐的罗豪才、萧蔚云、龚祥瑞三位教授中选择了罗老师。因为那时我已拜读了罗老师的几本行政法著作，是我心目中的中国行政法第一人。

在北大的三年，尽管听了一些名师的课，读了几本专业的书，但我仍然不务正业得很，课余时间几乎都用来写一本《书文化大观》。说起来，那本书在读书界还是有一些影响的，因为那个时候同类的出版物还很少。记得书出版之后不久，中国书店举办读书节，发函邀请我去做一场报告，我底气不足婉谢了没去。北大图书馆系肖东发教授的《中国书史》也把它列为参考书目，但他肯定想不到，这本书的作者竟是北大法学院逃逸的不用功的学生。还有半年就要毕业时，我考上了美国哥伦比亚大学的访问学者，这样北大的学业被迫暂时中断。在纽约的那一年里，也上过几堂行政法名家的课，像大名鼎鼎的欧内斯特·盖尔洪，就是我们的老师，但在他的课上也几乎没有听懂什么。那时的精力全用来泡东亚图书馆的中文书库了，在捡来的彩色打印纸的背面，陆续写了一百多篇文学书话。每写一篇就寄到国内报刊发表，有不少还被纽约的中文报纸《侨报》刊用，甚至还作为重点作者受邀参加了《侨报》的新年酒会。

回到北大的半年里，本来是要准备学位论文，但前两个月却又点灯熬油地写起《叶灵凤传》，只是到最后时刻才草草凑成一篇《美国行政立法要论》。这个文章不过是翻译了我从美国带回的一些英文资料，并且蹩脚地套用了罗老师的“平衡论”。但罗老师却给了我很多鼓励，还曾告诉我其中的部分内容被行政立法研究组的简报摘编。我至今还记着坐公交车去给答辩委员会成员张尚鷟、皮纯协老师送论文的情形。所幸答辩委员会的主席是我的自己的导师，罗老师笑眯眯地问了我一个非常简单的问题，就过关了。罗老师本来还希望我免试读他的博士，但我认真考虑了两天，还是决定回原单位去。因为到那时为止，我已参加法院工作十一年，仍然还是书记员科员，再在外面漂下去心里特别没底。虽然离开了罗老师，但此后很多年，我一直得到他的关爱。调往最高法院时，听说他为我说了很多好话；申报全国审判业务专家时，他又非常愉快地担任了我的推荐专家。每次见到他，他的温暖的大手总是握住我不肯松开。

重返河北高院，其实也没能从事行政审判，先是被任命为宣传科副科长兼人民法院报记者站副站长，风风火火干了将近一年，院长出事了，新院长到来后我被安排做了他的秘书。跟着领导跑了三年半，最后跑不动了，去石家庄中院挂职副院长，差不多也是三年半。再再后来，才通过竞争上岗做了河北高院的行政庭庭长，总算正儿八经地干了几年行政审判。这时期疯狂地买来许多行政法的书，还记得有一年在杭州参加行政法学会年会，与南开大学付士诚教授等人结伴去保俶路一家法律书店买书，各类行政法著作挑了整整两大捆。到北京出差的时候，法律出版社书店又成了必去之地。

2005年秋天的时候，我调到最高人民法院，担任行政庭副庭长。刚来的时候，战战兢兢，不敢多言，只是拼命读书，一直过了两三年，才开始试着写文章。那一年《政府信息公开条例》颁布了，感觉很对我的胃口，后来，又主持政府信息公开诉讼司法解释的起草，就因为这个机缘，钻研了许多问题，行政法的修养才有了一些提高。这也是我所要说的学习行政法的体会之一：挖一口井。为什么这样说？因为行政法是一个庞大的体系，漫无边际地读下去，很难抓住要领。从某一小的领域切入，就像深挖一口井，那口井会纵深地触及到方方面面，而又始终围拢在一起。我在一篇文章当中曾经这样说：

政府信息公开不仅是一项全新的行政活动方式，这一类全新的诉讼也给传统的行政诉讼模式和格局产生了很大冲击，所以这个司法解释的意义不仅在于及时应对针对这样一种全新的行政活动方式所产生的诉讼，某种程度上，它也成为一种全新的行政诉讼模式的探路者和先行军。我们回过头来再看这部司法解释，会发现它在诉讼类型化、判决方式方面所作的探索，很多都已为新的《行政诉讼法》所吸收。

我在挖政府信息公开这口深井的过程中，遇到许多行政法上的重要问题，除了诉讼类型化，像利害关系、诉的利益、判诉对应、暂时权利保护、行政诉讼民事诉讼化，都是在这期间关注并思考的。这期间再读行政法学经典读物，就不是泛泛而观，而是带着问题学，将各家学说比较着学，这就是我所要说的学习行政法的体会之二。

带着问题找答案，就会知道哪些书有料，哪些书很水。虽然王名扬的外国行政法三部曲早已是案头必备，但真的看进去也是在这时。在一个初冬的刮着大风的寒夜，我曾应马怀德老师的邀请到中国政法大学讲过一场《政府信息公开司法解释的台前幕后》，一开场我就谈到了王名扬：

接下来，还有一位法大人不能忘记，那就是咱们行政法学界的前辈大师王名扬先生。在座各位都读过他的外国行政法三部曲，而这个司法解释和我本人关于政府信息公开的著述，就直接得益于王老的《美国行政法》。我之前也不止一次读过这部书，但当你遇到问题的时候再去读，你会发现其中暗藏着许多把钥匙，供你去打开一把又一把的锁。政府信息公开这个话题在国内引起热议，只是最近几年的事情。回过头再看 1995 年出版的《美国行政法》，你才发现后面有很大篇幅是在讨论美国的《信息自由法》和《隐私权法》，很多概念，像信息的可分割性、单方审查、反信息自由法的诉讼，等等，都是从王老的书中学习的。我建议各位精读王老上下两册的《美国行政法》，这可是取之不尽、用之不竭的宝贵财富。

在写《政府信息公开司法解释读本》时，我找到了一个模板，这就是室井力、芝池义一、浜川清主编、朱芒翻译的《日本行政程序法逐条注释》，这哪里是"逐条"注释，简直是逐句、逐词注释，其精细深邃实在是前所未见。朱芒教授在"译者后记"里也谈到这一类"注释法学"著作所带给他的震撼：

> 在我学习和研究法律的路程上，第一次读到经典的逐条注释著作，感受到其中的学术力量，是在上世纪的九十年代初，可以说，《日本国宪法精解》一书对我的影响而言，是具有里程碑意义的作品。1990年初夏，当我第一次读到该书时，开始有一种恍然大悟的感觉，现实制度运行的积淀，学术理论研究的成果原来是可以这样进入具体的法条。……遗憾的是，在中国法律领域中，至今还尚无这类法律注释书。

我就依样画葫芦地写了一本有关政府信息公开诉讼的"注释书"，把许多前沿研究成果浓缩到对司法解释每一句话的注释当中。不仅使这本司法解释解读具有了不同于以往的样貌，对于我自己的学术旨趣和写作风格也产生了非常大的影响，以至于成为后来完成的《新行政诉讼法逐条注释》和《新行政诉讼法司法解释读本》的前奏。这就是我所要说的学习行政法的体会之三：找好书看。木心曾说："找好书看，就是找一个制高点。”行政法著作可谓汗牛充栋，但基本上大同小异，没必要都去读，也没有那样的时间和精力，所以就要选最好的读。不仅内容好，方法体例也要不同凡俗。读平庸之作，只会把你带得更平庸。

有了这一阶段的积累，到参与《行政诉讼法》修改时就感觉得心应手多了。不过，一直到新《行政诉讼法》颁布，很多问题也还是只知其一不知其二。如果说后来有了一个飞跃，那要得益于独立撰写《新行政诉讼法逐条注释》。在为另一本《新行政诉讼法司法解释读本》所写的跋语中，我记录了这一过程以及我的内心追求：

> 1990年秋天，第一部《行政诉讼法》开始施行。我恰好进入北京大学法律系，师从罗豪才教授研修行政法。那会儿，无论如何也没料到，二十四年之后，我会代表最高人民法院全程参与《行政诉讼法》的修改。并在随后主持新《行政诉讼法》司法解释的起草。
>
> 在《行政诉讼法》修正案通过之后，整整半年又两个月，几乎所有的晚间和周末，我都是在办公室度过，先后写出《新行政诉讼法逐条注释》和《新行政诉讼法司法解释读本》。写作过程的寂寞困苦难与人道，写作过程的别样欢乐也是他人所难体味。
>
> 写作的过程就是学习的过程。与大师先贤的对话恰是一种莫名的享受；享受的同时也不经意地完成了一次学问上的蜕变。我也在刻意尝试一种不同的叙述方式，既要说“是什么”，又要说“为什么”；既要说“怎么读”，又要说“怎么做”。法条注释也应该当作学术作品去经营。
>
> 我也始终在努力思考行政法应有的样态，也始终在追问行政诉讼的模式如何转换。限于体例，不可能完整捧出系统的主张，

但个中的片段絮语，却已隐含在全书的字里行间。学无止境，实践之树常青。我们总是期待着下一本，那么，下一本会是什么？

一个人写逐条注释，偷不了任何懒，每一条都要搞明白，这就是一种系统训练；而既要说“是什么”，又要说“为什么”的理念，又会让你追根溯源，不搞清来龙去脉誓不罢休。我还追求言必有出处，还记得，有时为了找一句最为到位的话，几乎翻遍所有的书橱。这样的苦功夫也能熟悉更多的经典名著，其中，哈特穆特·毛雷尔的《行政法学总论》和弗里德赫尔穆·胡芬的《行政诉讼法》成为我的最爱，以至于我在办案写裁定时也会把它们放到手边，当我遇到难题时总能在里边找到满意的答案，德国人的精细和缜密也能给人以潜移默化的影响。有一年我去位于明斯特小城的北威州行政法院访问，与德国同行畅聊一个下午的诉讼类型化，他们说：“感觉你跟我们是一个思维方式。”所以，我所要说的学习行政法的体会之四就是：不动笔墨不看书。王泽鉴曾说：“法学训练在于写作。”他强调：“写很要紧，不要想，要写。”想可以绕过去，写是万万绕不过去的。你们不一定都要写一部逐条注释，也没这个必要。但可以拣小题目写，结合案例写，写一个小问题就把这个问题的前前后搞明白，日积月累，就能提高。

后来，仅仅行政法的书已经难以使我满足，于是又将目光扩大到民法和民事诉讼法，民法方面，卡尔·拉伦茨的《德国民法通论》和王泽鉴的《民法学说与判例研究》读得最多；至于民事诉讼法，则喜欢日本的兼子一、中村英郎、新堂幸司和高桥宏志。这些书有的已经绝版多年了，很难找得来，但我都一一找来了。行政诉讼首先是一种诉讼，这个道理看似十分浅显，但真正体会到位的，未见得人很多。很多人都熟悉美国的行政法著作，可曾看到有关行政诉讼程序的内容？很少有。因为他们的司法审查同样适用民事诉讼程序，所以研究著作就只关心这些特殊的方面。我们的《行政诉讼法》也具有民事诉讼特别法的基因，很多程序问题不作重复规定，但这些略去的又离不开的内容在行政法著作中找不到，这就需要向民事诉讼的相关法律和文献伸出援手。近几年，我的裁判关注了诸如诉讼系属、诉讼标的、既判力、诉讼三阶段等等过去少被关注的内容，也产生了一些影响，其实其中的许多观点都是从民事诉讼著作当中偷师而来。行政诉讼民事诉讼化，不是新潮，而是回归。所以，这就是我所要说的学习行政法的体会之五：学习行政法，一定不要只看行政法。

法律与文学

不仅不要只看行政法，只看法律也是不够的。我曾发表过一个《法律与文学》的演讲，那是在第四巡回法庭的时候，第二批法律实习生的结业式上。那一天，四巡还迎来了一批特殊的客人，他们是河北大学政法学院的四十二名师生。我们为他们精心准备了丰富多彩的“巡回法庭初体验”活动，然后，他们就一起参加了法律实习生的结业式。在演讲的时候，我向河北大学的小学弟小学妹们透露了一个小秘密：和他们一样，我也是河北大学本科毕业生。十六岁开始，我在保定市合作路 1 号度过了四年最美好的青春年华。正是小学弟小学妹们的到来，鼓励我把心底里埋藏多年的关于法律与文学的想法讲了出来：

> ……说几句真心话。我从来不因河北大学的出身觉着矮人三分，很长一段时间里，感到不那么理直气壮的，是我毕业于中文系。非法的背景做法官，总难讲根红苗正。但到后来，我慢慢找到了几个知音，心里也多了几分底气。“法律的生命不是逻辑，而是经验。”谁说的？美国联邦最高法院大法官霍姆斯。霍姆斯在哈佛本科读的是文学，他说：“我的家族和我本人都天生对文学有浓厚的兴趣。”他后来能写出《普通法》、《法律的道路》这样的传世经典，以及众多影响深远的判决，既得益于他的志向、

他的激情，恐怕也得益于他非凡的文学造诣。

“一个法官的工作，在一种意义上将千古流传，而在另一种意义上又如白驹过隙。”说这话的，是差不多与霍姆斯齐名的另一位最杰出的法官卡多佐。他在哥伦比亚大学读的也是文学院，多年后，他把他的文学才华倾注到了文书写作，形成了“我们这个时代最出色的文风之一。”有人说这是“诗化语言”，有人说他是“艺术大师”，有人说：“其迷人的文风是他大名鼎鼎的重要原因。”我们不妨欣赏一段他的判词：“险情招来援救。遇难呼喊是对救助的召唤。法律在追究行为及其后果之间关系时，不忽视这些心灵反应。……援救的风险，只要不属胡乱行为，与事故共生共存。”

波斯纳法官在研究了霍姆斯和卡多佐现象之后，得出了这样一个结论：“文学力可能是法官的优秀特征中比分析力更重要的一个特征。”而能够千古流芳的，也更是“文学性”的法官。这话未尝不是夫子自道。有人说：“上帝给了波斯纳一支神笔，他可以写任何东西。”作为“前无古人”的“著述最丰的联邦法官”，波斯纳也是一个传奇——他虽然被誉为“在世的最有影响的法学家”，但他的第一个学位却是耶鲁大学的文学士；他虽然是一名联邦上诉法院的资深法官，但竟然没有一个法学博士学位。他既是“法律与文学”的领军人物，他也是一个“法律与文学”的完美融合体。

王泽鉴曾说：“法学的训练在于写作。”司法其实也是一份靠写作为生的职业。作为司法过程的最终结晶，裁判文书不仅是一种法律产品，也应当是一种文学产品。正如维柯所说：“古代法律是一种严峻的诗创作。”在中国古代，判词的确是一种文学体裁。唐代的科举考试分为“身、言、书、判”四项，“判”

就是判词。在近代之前，中国的司法官员往往同时具备文学家的身份或者追求。他们笔下的判词，不仅入情入理，而且文采斐然。不仅散骈并用，甚至以诗入判。我们来看一篇樊增祥写的《批张忠孝呈词》：“谁叫尔好作媒，惹此猢骚。以后少管闲事，所控不准，伤单附卷。左臂铁尖伤一点，不过米大也，值得打场官司乎？尔真不是东西。”真是嬉笑怒骂，个性十足，一点儿没有八股气。

不知何时，我们的裁判文书沦为了不忍卒读的新八股。究其根本，是不会说话，不会说人话，不敢说人话。爱德华·考文说：“法官乃会说话的法律。”对于法官，会说话，主要体现在会写一手好文书。“他们是为作出判决而说话。”但会说话并不代表一味堆砌辞藻，无度铺陈。即使在文学领域，那也是下品。会说话的最高境界，是精当准确，是言浅情真。圣保罗说：“若吹无定的号声，谁能预备打仗呢？你们也是如此，舌头若不说容易明白的话，怎能知道所说的是什么呢？”删繁就简三秋树，领异标新二月花。我们都爱读丹宁勋爵的文字，喜欢的就是那种通俗洗练，那种别致新颖。“正义不仅要实现，而且要以人们看得见的方式实现。”这是丹宁勋爵说的；正义不仅要实现，而且要以人们看得懂的方式实现。这是丹宁勋爵做的。他说：“风格是思想的外衣。”“我的判决书从头到尾都贯穿着我的风格。”这个风格就是生动。“当事人是带着活生生的问题来到法庭的，我也要使我的判决生动一些。”

丹宁讲过一个故事，有一个外行委托人来到普兰戴尔律师的办公室，却发现墙壁上不是摆着法律书籍，全都是历史和文学。律师指着那些书说：“这些是我执业的工具。不懂历史和文学的律师只是一个工匠，一个只会干活的工匠；如果他拥有这些知识，他就敢说自己是建筑师。”丹宁比那位律师更饱读诗文，尤其爱读莎剧。他说，他的判决书就像莎剧那样，一幕幕地拉开场景。木心也爱读莎剧。他说：“你们可惜看书太少。不但少，遍数也太少。莎剧，我看过五六十遍。为什么呢？每次读都不一样，到老都不懂透的。”我的两位实习生，六个月实习结束后，最大的感受是“书到用时方很少”。这就找到了成长的钥匙。

“归根结蒂，文学是对生活的省察。”书中自有白云苍狗，书中自有悲欢离合。文学，给你的不只是悲天悯人的情怀，还可以给你一双看破世间纷扰的慧眼。苏东坡说:“腹有诗书气自华。”我们学习文学，不仅在于学习遣词造句的本领，更为了以书为鉴，培育情感情怀，养吾浩然之气。“道德文章”德为先，“士先气节而后文艺”。因此，你可以不读中文系，但你不可以不读文学。陆游说：“汝果欲学诗，工夫在诗外。”我们讲：“汝果欲学律，先由文学起。”法律与文学，文质兮彬彬。这就是我今天送给母校同学的一个建议，这也是我送给四巡实习生的一段临别期许。

从学徒开始

法学学科是实践性很强的学科，巡回法庭作为司法改革的前沿阵地，可以为巡回区高校提供很好的教学实践平台。所以我一到四巡，就先后前往郑州大学和河南大学拜访，洽谈合作意向。后来又带队把庭审开到了武汉大学和安徽大学，模拟法庭里的火爆场面到现在都记忆犹新。很快，八家高校教学实践基地的牌子就挂在了四巡，我们也先后迎来了三批优秀的实习生。每当实习生到来或者结业的时候，我都要为他们讲点儿什么，其中一次的题目是《从学徒开始》，觉着跟我们这本小书的主题非常契合，所以也把它抄在这里。

> 就在几天前，在欢送第二批法律实习生的时候，我说：“第二批的结束，意味着第三批的开始。”转瞬间，第三批的同学就坐在了我们面前。盛夏时，我们相约四巡。四巡欢迎你，四巡因为你们的到来，又一次升腾起青春的气息。
>
> 不是每个人都有到最高法院实习的机会，而你们正是为数不多的幸运者之一。在这里，你们将会有六个月的实习期。不要虚度这段年华，不要小看这段经历。今天的经历，可能就是明天的财富。今天的助理，可能就是明天的法官。在美国，许多大法官，包括一些首席大法官，正是以法官助理的身份开启自己的司法生涯。

对于法官来说，多一个助理就是多了一个帮手；对于实习助理来讲，他应该首先把自己定位于一个法律学徒。英国的法官形成机制，更能直观地说明这一点。打从十二世纪开始，英国就有了法律学徒制度。如果有志于成为一名法官，就要赁屋于伦敦西区三大中央法庭附近，一边旁听，一边上课。这些简易的学校，日后演变成四大律师学院。著名法官丹宁勋爵，就曾就读其中的林肯律师会馆。

正如习近平总书记所说，法学学科是实践性很强的学科，法学教育要处理好知识教学与实践教学的关系。你们从法学院来到法院，就是从知识教学转到了实践教学。学业仍在继续，不过是换了一间教室。这个教室就像一个车间，而你们，就要从学徒开始。学徒的本分是谦卑，学徒的天职是勤奋，学徒的秘诀是不耻下问。

法庭是法官的舞台，法庭也是你们的阶梯教室。在这里，你们不仅可以有机会旁听各种庭审，甚至能坐在法官身前，亲自参与其中。你要熟悉审判程序，你要学会寻找争点，你要试着起草庭审提纲，你要观察法官如何指挥驾驭。目光在诉辩之间穿梭，长枪短剑，教会你什么是法庭话语。

事实是裁判的基础，法律为裁判的准绳。无论古今中西，举凡司法裁判的过程，无非就是在“务得事实”的基础上正确适用法律。去粗取精，去伪存真，由此及彼，由表及里。认定事实的方式，就是运用证据。认定事实的过程，既是一门科学，更是一门熟能生巧的技艺。

马克思说：“要适用法律就需要法官。”而适用法律，无非是寻找可资适用的法律规范、在法律规范冲突时进行选择适用、结合案件事实解释法律规范的含义、当法律规范出现漏洞时进行填补。要习惯于在法官指引下，结合案件梳理法律规范，在法律规范之间分析类比。过去你们在学校考试总是会背法条，那些枯燥无味的法条，考完试可能就还给了老师。只有面对具体的案件要解决，你对法条的印象才会刻骨铭心。通过梳理法律规范，你会更深切地理解，什么是请求权基础，什么是法不溯及既往，什么是类推适用，什么是概念体系。要读几本法律解释的书，包括法律释义、法学方法论，甚至可以关联阅读域外法律。参考借鉴外国立法，以解释本国法律，是现代文明国家的通例，也是比较法解释的根据。多学一种法律，就会增强一份力量，扩充一番视野。

先例应当遵循，裁判应当统一。法官总会为你布置类案检索的任务，此时千万不要应付差事。王泽鉴说："不读判决的话，我不知道我能研究什么。"判决是活着的法律，学习判决就是学习法律；读一篇好的判决，不亚于读十篇教科书。带着鲜活的问题，去寻找判例、比较判例、研究判例，更会事半功倍。

卡多佐说："在这整个国度的数百个法院里，每天都在进行决定案件的工作。"你的幸运不只是见到了这些决定本身，还在于见到了、甚或参与了这些决定的生产过程。决定的生产过程远不是自动售货机那么简单，而是要综合多种因素，包括事实的、法律的，情感的、伦理的，个体的、社会的。正如卡多佐所说："日复一日，以不同的比例，所有这些成分被投入法院的锅炉中，酿造成这种奇怪的化合物。"刚开始你注定是血气方刚，临走时你可能会老气横秋。不经意间，你走向了成熟。

先贤云："不动笔墨不看书。"法学的训练也在于写作。法学写作是你书本和实践知识的综合运用，法学写作也是提升你综合素养的最佳路径。说到底，司法也是一份靠写作为生的职业，法院为你提供了充足的法学写作的机会。有人说："连接法院与公众的主要是书面文字。书面文字归根结底是法院权威的来源和尺度。"在法院，最重要的书面文字无疑是判决。勇敢地接受撰写判决初稿的任务，细心地体会撰写裁判文书的心得。你会发现，一个判决，仅仅结果正确是不够的——它还必须公允合理、通俗易懂。裁判文书的重要任务，在于向外界解释说明判决是规范合理的，进而使公众信服并感到满意。

你还会发现，简洁与直白，远不如长篇累牍写起来简单。黄仲则诗云："结束铅华归少作，屏除丝竹入中年。"删繁就简，返璞归真，是一种人生境界，更是一种阅历积累。木心说："找好书看，就是找一个制高点。"如果你开始感叹——"书到用时方恨少"，那你就差不多成功了一半。找好书看，不仅可以升华你的气质、尖锐你的笔头、明亮你的慧眼，还会为你找到一个驱除寂寞和孤独的侣伴。作为一个有品格的法律人，你要习惯在纷扰的世界里乐享一个人的狂欢。

而今天，你要记住你还只是一个学徒。事成于琐屑，才折于骛远。"积土成山，风雨兴焉；积水成渊，蛟龙生焉。"沉下一颗心，过好每一天。祝福各位同学！也祝福既要办案，又要传道授业解惑的法官老师们！

没有经历过人生，不会知道人生是如此短促。如今我也快到退休的年龄了，可我觉着，自己仍然像个学徒，还有好多学问没有学到，还有好多问题没有思考清楚，要做的事情真的还有很多呢。

在终于要结束这本小册子——事实上也是将要结束我的法官生涯——的时候，我想起了霍布斯所说的那句话："一个法官过去了，另一个法官又来了，但是天地从不会过去。"我还想起了卡多佐《司法过程的性质》那段令人难忘的结束语：

先生们，未来属于你们。在一个无尽的过程中，我们应征来完成我们的工作。当我死去并消失很久以后，当我在这一过程中所扮演的小角色被人们遗忘很久以后，你们还将在这里来完成你们的那份工作，并将高举火炬继续向前。我知道，当火炬在你们手中时，那火焰将格外辉煌。

图书在版编目（CIP）数据

裁判是怎样写成的 / 李广宇著. -- 北京 : 法律出版社，2021（2022.3 重印）
ISBN 978 - 7 - 5197 - 5572 - 0

Ⅰ. ①裁… Ⅱ. ①李… Ⅲ. ①审判—法律文书—基本知识—中国 Ⅳ. ①D926.13

中国版本图书馆 CIP 数据核字（2021）第 072227 号

裁判是怎样写成的
CAIPAN SHI ZENYANG XIECHENG DE

李广宇 著

策划编辑 许 睿
责任编辑 许 睿
装帧设计 乔智炜

出版发行 法律出版社
编辑统筹 司法实务出版分社
责任校对 朱铁佳
责任印制 胡晓雅
经　　销 新华书店

开本 A5
印张 12.875　　**字数** 321 千
版本 2021 年 5 月第 1 版
印次 2022 年 3 月第 4 次印刷
印刷 北京中科印刷有限公司

地址：北京市丰台区莲花池西里 7 号（100073）
网址：www. lawpress. com. cn
投稿邮箱：info@ lawpress. com. cn
举报盗版邮箱：jbwq@ lawpress. com. cn
销售电话：010 - 83938349
客服电话：010 - 83938350
咨询电话：010 - 63939796

书号：ISBN 978 - 7 - 5197 - 5572 - 0　　**定价**：86.00 元
凡购买本社图书，如有印装错误，我社负责退换。电话：010 - 83938349